शिक्षक एवम् ज्ञानवान समाज
TEACHER AND KNOWLEDGE SOCIETY

संपादक

राजेन्द्र पाल सिंह

लता चन्दोला

SHIPRA

First Published in India in 2009

Rs. 550

ISBN: 978-81-7541-433-4

2014 Impression

Shikshak avm Gyanwan Samaj

Published by:
SHIPRA PUBLICATIONS
H.O.: LG 18-19, Pankaj Central Market, I.P. Ext.,
Patparganj, Delhi 110092, Ph. 22235152, 22236152
Br. Off.: Ansari Road, Daryaganj,
New Delhi 110002; Ph.9650028065, 9810522367
Email: info@shiprapublications.com
Website: www.shiprapublications.com

“जहां मस्तिष्क आशंकाओं से परे है और सिर है ऊंचा
जहां ज्ञान मुक्त है
जहां विश्व नहीं है खण्डित
मेरे पिता, ऐसी भूमि में मेरे देश को जाग्रत करो।”

– रवीन्द्र नाथ टैगोर

आमुख

1950 के दशक तक अमरीकी चर्चाओं में अमरीकी समाज को 'सूचना' से ओत-प्रोत करने की बात आर.एम. हचिन्स को करते पाया गया था। पिछले कुछ वर्षों में 'सूचना' का स्थान 'ज्ञानी' अथवा 'ज्ञानाधिष्ठित' समाज ने ले लिया है। दो छोटे किन्तु महत्त्वपूर्ण शब्दों के पीछे स्वयं ज्ञान की परिभाषा का प्रश्न है और उसे 'सूचना' से अलग करके देखने की बात भी है। यद्यपि सूचना के बिना ज्ञान की सम्भावना कठिन है किन्तु सूचना कभी ज्ञान का स्वरूप नहीं ले सकती। 'ज्ञान' मूल विचारों का आधार है और 'हल्कापन' उसकी प्रकृति का भाग नहीं है। ज्ञान सूचना के सत्यापित स्वरूप के बाद ही जन्म लेता है।

वैसे तो प्रत्येक समाज ज्ञानाधारित होता है और उसे जीवंत रखने के लिए प्रत्येक क्षेत्र में निरंतर ज्ञान की खोज करनी पड़ती है। शक्तिशाली और महत्त्वपूर्ण समाज का ज्ञान बहुआयामी होता है। साधारणतः इस प्रकार का ज्ञान छोटे कबीले या पिछड़े वर्गों में या तो होता ही नहीं या उन्हें उत्कृष्ट ज्ञान की आवश्यकता नहीं होती। उनका काम परम्परागत सामाजिक ज्ञान से चल जाता है। किन्तु स्पर्धा और होड़ में लगा समाज इस परम्परागत ज्ञान से अपना काम चलाने में असमर्थ होता है इसलिये उसे अपने ज्ञान के नये स्रोत भी तलाशने पड़ते हैं और उसके प्रकारों में निरन्तर बढ़ोतरी भी करनी पड़ती है।

अनेक उन्नत और जीवंत समाजों की भांति भारत को भी 'ज्ञानाधिष्ठित' समाज बनाने के लिए भारत सरकार ने एक 'राष्ट्रीय ज्ञान आयोग' का गठन किया है। इस आयोग के प्रयत्नों के फलस्वरूप अनेक स्थानों में गोष्ठियां हुईं और कुछ निष्कर्ष भी निकले तथा उन्हीं के अनुरूप संस्तुतियाँ भी हुईं।

शिक्षक प्रशिक्षण के क्षेत्र में इस दिशा में हमारा यह प्रथम प्रयत्न है। इस पुस्तक के माध्यम से हमने यह बताने का प्रयत्न किया है कि भारत प्रत्येक युग में ज्ञानवान रहा है तथा उसका ज्ञान बहुआयामी था। जैसे वेदों में सभी प्रकार का ज्ञान समाहित है और जिसकी उत्कृष्टता और प्रासंगिकता आज भी किसी से कम नहीं। उसमें

दिये गये ज्ञान—योग, औषधियाँ, संगीत, व्याकरण, हिसाब (विशेष रूप से ज्यामित), वातावरण संरक्षण आदि की उपादेयता आज भी हमारे लिए पथ-प्रदर्शक है। इसी प्रकार पूर्व मध्यकालीन भारत के धनवन्तरि शल्य चिकित्सा के अनन्य ज्ञानी थे। उपनिषदों में दिया ज्ञान दर्शन और नैतिक मूल्यों की पराकाष्ठा निर्धारित कर चुका है।

किन्तु आज के युग के ज्ञान प्राप्त करने के साधन और उद्देश्य अलग हैं। प्राचीन काल का ज्ञान कुछ ही वर्गों में सीमित था किन्तु आज के ज्ञान का विस्तार, वर्ग-सीमा, प्रकार आदि सभी बदल गये हैं इसलिए आज का ज्ञानाधिष्ठित समाज अपने में सबको लेकर चलने वाला समाज बन गया है। आज का युग प्रजातंत्र का युग है। इस दृष्टि से हमारा समाज विकास की अन्तिम सीढ़ी पर पहुँच गया है।

इसका यह अर्थ नहीं कि परम्परागत ज्ञान बेकार हो गया है और ज्ञानार्जन की नवीन विधियाँ ही कारगर हैं। पुराना ज्ञान सदैव महत्त्वपूर्ण रहेगा। यूनेस्को की रपट (2002) इस ज्ञान को भी सम्मान की दृष्टि से देखती है और नवीन तकनीकी ज्ञान से जन्मे, विकसित हुए और कम्प्यूटर, इंटरनेट से विस्तृत समाज को भी उतने ही प्रेम से देखती है।

प्रस्तुत पुस्तक ज्ञान के केवल कुछ ही आयामों की चर्चा करती है। अनेक आयाम को तो वह छूती भी नहीं है। यही इस पुस्तक की विशेषता और सीमा है। आशा है प्रस्तुत सामग्री अपनी नवीनता, गहराई और उपयोगिता के कारण स्वागत योग्य बन पड़ी है।

सुधार और विकास की सम्भावनायें सदैव बनी रहती हैं और उनका स्वागत भी होना चाहिये। इस पुस्तक के संपादन में सहायतार्थ हम सभी मित्रों, सुधीजनों, परिवारजनों का आभार प्रकट करते हैं।

राजेन्द्र पाल सिंह
लता चन्दोला

विषयानुक्रम

ज्ञान यात्रा में शिक्षा, शिक्षक एवं समाज

लता चन्दोला

ज्ञान मानव की विकास यात्रा का आदि है, मध्य भी और भावी विकास गाथा का प्रेरक आधार भी ज्ञान ही है। ज्ञान साध्य भी है और साधन भी। ज्ञान बल या शक्ति है तो शक्ति के खेल (पावर गेम) का उद्देश्य व आधार भी है।

ज्ञान की उत्कट अभिलाषा ही विकास के मार्ग प्रशस्त करती है। ज्ञान की यह जिज्ञासा ही अनेक कालजयी रचनाओं/विधाओं को जन्म देती है–चाहे वह साहित्य हो, संगीत, कला या कि कोई और विधा। धीरे-धीरे ज्ञान के कुछ क्षेत्र पूर्णता पर पहुँच जाते हैं और एक आदर्श (Benchmark) प्रस्तुत करते हैं। तब उनमें एक फुटनोट या टिप्पणी भी बहुत बड़ा योगदान होती है।

ज्ञान की उत्कृष्टता की अभिलाषा से प्राचीन सभ्यताएं या समाज भी परिपूर्ण थे– चाहे वह प्राचीन मिस्र हो, यूनान या कि भारतीय समाज। आज के विज्ञान-तकनीकी के उन्नत शिखर पर विराजित वास्तुकला मिस्र के पिरामिड के रहस्य को नहीं खोज पायी है। अरस्तू के ड्रामा के कथानक में हम नया कुछ नहीं जोड़ पाये हैं, न ही प्राचीन भारतीय आयुर्वेद में। आज प्रचलित योग के विविध रूप व तकनीकें प्राचीन योग शास्त्र पर ही आधारित हैं। बट्रेन्ड रसेल की मानें तो प्लेटो के बाद का समस्त दर्शन प्लेटो का एक फुटनोट या टिप्पणी मात्र है। इसीलिए ज्ञान आयोगों (यूनेस्को, 2002 व भारत, 2005) को भी रिपोर्ट में परम्परागत ज्ञान को महत्त्वपूर्ण स्थान देना पड़ा।

'असतो मा सद्गमय, तमसो मा ज्योर्तिगमय' की ज्योति ज्ञान ही है। परन्तु ज्ञान है क्या? ज्ञान तथ्यों/सूचनाओं का एकत्रीकरण, छांटना, विभेदीकरण, मंथन व अंततः वर्गीकरण एवं सामान्यीकरण है जो तथ्य पर आधारित होते हुए भी जलज कमल की भांति उससे भिन्न है। संशय, जिज्ञासा, निरीक्षण, परीक्षण तथा प्रमाण आधारित नियम-निर्धारण सूचना से ज्ञान तक की बौद्धिक चिंतन की यात्रा के विशिष्ट तत्त्व हैं। विचार-मंथन या विश्लेषण की यह प्रक्रिया स्वाध्याय, मनन तथा निदिध्यासन की भारतीय प्रणाली पर ही टिकी है। प्रश्नों के उत्तर की खोज सुकरात

को ज्ञानी बनाती है। उत्तर की खोज वह बाहर करता है किन्तु मंथन उसके अंदर होता है और अपने उत्तर अन्ततः स्वयं ही खोजने होते हैं। सूचना पर आधारित होते हुए भी ज्ञान उससे भिन्न है, उत्कृष्ट है। छब्बीस जनवरी भारत का गणतंत्र दिवस है–से लेकर गणतंत्र, उसका अर्थ तथा विस्तार ज्ञान का एक उद्धरण है। हीगल की शब्दावली का प्रयोग करें तो वाद-प्रतिवाद से उपजा संवाद है ज्ञान जो दोनों पर आधारित होते हुए भी उससे भिन्न है।

ज्ञान इन्द्रियजन्य से प्रारंभ होकर अन्तर्दृष्टि (Intuition) में पराकाष्ठा पर पहुंचता है। तर्क केवल एक सीमा तक ज्ञान पिपासु की सहायता करता है, उससे आगे अन्तर्दृष्टि ले जाती है। यह अन्तर्दृष्टि श्रीकृष्ण द्वारा अर्जुन को प्रदत्त अलौकिक दृष्टि है जो स्थूल जगत से परे उठकर विभिन्न कारकों/घटकों के मध्य संबंधों को दर्शाती है। ऐसा व्यक्ति प्राचीन काल के ऋषियों की भांति ज्ञान का दृष्टा हो जाता है। यह अन्तर्दृष्टि आर्किमिडीज को पानी के टब में मिली तो गौतम बुद्ध को तपस्या के बाद प्रसाद रूप में अर्पित खीर से। इसकी प्राप्ति एक रहस्य ही है।

वेद में तीन प्रकार के ज्ञानार्थियों का उल्लेख है। एक व्यक्ति तालाब के पास जाता है, मुंह पर पानी के छींटे देकर कहता है कि उसका स्नान हो गया। दूसरा व्यक्ति ठीक से हाथ-मुंह-पैर धोता है और कहता है कि उसका स्नान हो गया। तीसरा व्यक्ति पानी में डुबकियां लगाकर पानी के अंदर गहराई में जाता है, भली-भांति नहाता है और कहता है कि उसका स्नान हो गया। वेद के अनुसार ज्ञान इस तीसरे प्रकार के व्यक्ति के समक्ष ही स्वयं को प्रकट करता है–'जिन खोजा तिन पाइयां, गहरे पानी पैठ।' ज्ञान साधना से मिलता है–'सुखार्थिनो कुतो विद्या, विद्यार्थिनो कुतो सुखम्।' प्राचीन भारतीय मनीषियों ने विद्वानों की तीन श्रेणियां मानी हैं–अज्ञ, विज्ञ एवं प्रज्ञ। इनमें प्रज्ञ सर्वश्रेष्ठ है, ज्ञानी है।

आज के तकनीकी विकास के युग में ज्ञान तकनीकी से इतना जुड़ गया है कि प्रश्न उठता है कि क्या तकनीक अथवा तकनीकी (टेक्नोलॉजी) ही ज्ञान है? टेक्नोलॉजी ज्ञान का एक महत्त्वपूर्ण स्रोत है पर यह ज्ञान का पर्याय नहीं है। इसीलिए सर्वाधिक विकसित देशों को भी अन्य विकासशील देशों से भी ज्ञान व ज्ञानी निरन्तर लेने पड़ते हैं। अनेक कार्यों की आउटसोर्सिंग केवल आर्थिक कारणों पर ही आधारित नहीं है।

ज्ञानी समाज ज्ञान पर आधारित एक प्रगतिशील विकासोन्मुखी समाज है। मुक्त व प्रतिभागी यह व्यवस्था समाज के सभी वर्गों की प्रतिभागिता की इच्छुक है, न कि केवल एक व्यक्ति या मुट्ठी भर लोगों के विकास की। इस समाज में ज्ञान स्वयं में एक मूल्य बन जाता है या कि समाज के धर्म में परिणत एवं प्रतिष्ठित हो जाता है।

ज्ञान पर आधारित होने के कारण यह समाज अन्य आधारों, वर्गों या श्रेणियों को अस्वीकारता है। राजा कैकेय अश्वपति का मुक्त समाज उसे विभिन्न स्थानों से विद्वान ब्राह्मणों को आमंत्रित करने देता है जिससे समाज पूर्ण रूपेण ज्ञानी समाज बन सके जो भयमुक्त हो। संयुक्त राज्य अमेरिका तथा अन्य विकसित यूरोपीय देश ज्ञान की पूजा व खरीदारी करते हैं क्योंकि ज्ञान उनके लिए पूंजी है। वहां शोध, नवाचार (Innovation) तथा पेटेंट की संख्या इसी कारण विकासशील देशों से कई गुना अधिक है। विश्वविद्यालयों व उच्च शिक्षा संस्थानों की रेटिंग प्रतिवर्ष परिवर्तित होती रहती है। केवल भारतीय प्रबंधन संस्थान (अहमदाबाद) को यह गौरव प्राप्त हुआ है। विकासशील देश अभी भी ज्ञानी समाज की विशिष्टताओं को आत्मसात नहीं कर पाये हैं। दरिद्रता, अशिक्षा, लैंगिक असमानता, कुस्वास्थ्य, पर्यावरण असंतुलन के साथ-साथ एक प्रमुख कारण राजनीतिक इच्छा-शक्ति का अभाव भी है। यह राजनीतिक इच्छा-शक्ति न तो इन विकासशील देशों के राजनीतिक अभिजात वर्ग में है और न ही विकसित देशों की राजनीतिक व्यवस्था में अपने स्वार्थ से ऊपर उठ पाने की क्षमता है। अन्तर्राष्ट्रीय संस्थाएं भी विकसित देशों की सोच व दृष्टिकोण से परे हटकर सोचने में असमर्थ व अक्षम हैं। यथास्थिति इन सभी को उचित दीखती है।

जीवन के विविध क्षेत्रों में गुणवत्ता इस समाज का ध्येय है। गुणवत्ता की परिभाषा व आदर्श भी निरन्तर परिवर्तनशील हैं। वर्तमान भारतीय समाज भी गुणवत्ता का इसी कारण अधिक ध्यान देने लगा है। भारतीय समाज भी कुछ क्षेत्रों में ज्ञानी समाज है जैसे कि सूचना तकनीकी। अनेक भारतीय व्यक्ति व कम्पनियां देश-विदेश में इसके कारण प्रख्यात व प्रतिष्ठित हैं। किन्तु अन्य अनंत क्षेत्रों में अभी हम लक्ष्य से कोसों दूर हैं। सतत उत्कृष्टता, नवाचार व विभिन्नताओं को स्वीकृति एवं बढ़ावा दिये बिना यह लक्ष्य असंभव है। भारतीय मानव संसाधन की संख्या व योग्यता भारत के लिए भावी वर्षों में बेहद लाभप्रद होंगे।

पुस्तक के शीर्षक की चर्चा के समय केन्द्रीय हिन्दी संस्थान के निदेशक प्रोफेसर शंभुनाथ की 'ज्ञानी समाज' शब्द से असहमति थी। उनके विचार से 'ज्ञानी समाज' से एक अभिजात, आत्मकेन्द्रित व अभिमानी समाज का भान होता है जो स्वयं को दूसरों से श्रेष्ठ समझकर अलग-थलग रहता है। उनका विचार था कि 'ज्ञान समाज' शब्द अधिक उपयुक्त होगा, साथ ही Knowledge Society का उचित अनुवाद भी होगा। प्रयोग से स्वतः ही 'ज्ञान समाज' प्रचलित शब्दावली में प्रतिष्ठित भी हो जायेगा। 'ज्ञानी समाज' से एक कुलीन अभिमानी समूह का तात्पर्य उचित प्रतीत नहीं होता। अधजल गगरी ही छलकती है। जल से आपूरित तालाब तो

खाली प्रतीत होता है व फलाच्छादित वृक्ष झुक जाता है। प्राय: ज्ञान की पराकाष्ठा पर पहुँचे प्रज्ञ नम्र व विनयी होते हैं–'विद्या ददाति विनयम्, विनयात् याति पात्रताम्।'

ज्ञानी समाज वास्तविक अर्थ में एक प्रजातांत्रिक समाज है। इसमें प्रजातंत्र एक जीवन शैली है, केवल एक राजनीतिक व्यवस्था नहीं। यह प्रत्येक की राय को महत्ता देता है। यूनेस्को प्रतिवेदन (2002) भी समाज के प्रति दायित्व बोध को ज्ञानी समाज की एक विशेषता मानता है। कार्ल पॉपर अपनी पुस्तक 'ओपन सोसायटी एंड इट्स एनीमीज़' (Open Society and Its Enemies) में ज्ञान की सीमाओं की चर्चा करता है। मुक्त समाज निरंतर अपने ज्ञान की सीमाएं खोजने का प्रयास करते रहते हैं और इस प्रयास में अपनी सीमाओं का विस्तार करते हैं। तानाशाह समाजों को पॉपर मुक्त समाजों का शत्रु बताता है क्योंकि वे प्रतिभागिता के विरोधी हैं, असहिष्णु हैं। सूचना, विचार एवं अभिव्यक्ति की व्यापक स्वतंत्रता के अभाव में कोई समाज न तो ज्ञानी बन सकता है और न ही मुक्त समाज। इसीलिए विकसित समाज ज्ञानी समाज हैं जहां विरोध व भिन्न राय को भी महत्त्व दिया जाता है।

संप्रेषण व भाषा किसी समाज की उन्मुक्तता की उत्तम पहचान या कसौटी हैं। एक जीवंत मुक्त समाज का भाषा कोष निरन्तर बढ़ता रहता है। ज्ञान एक मुक्त, प्रतिभागी, भविष्यदृष्टा समाज में ही फलता-फूलता है जहां ज्ञान का निरन्तर सृजन व उपयोग जारी रहता है। यह समाज सुकरात है जो हर बिन्दु पर प्रश्न करता है। ज्ञान के अति विकसित क्षेत्रों में भी ये प्रश्न व प्रयोग जारी रहते हैं।

सतत प्रयोग, नम्यता-लचीलापन, सतत जुड़ाव (Connectivity), वैशिष्ट्य का विकास, विभिन्नता, नवाचार, सृजनात्मकता—इस प्रतिभागी, मुक्त, प्रजातांत्रिक समाज को ठहराव, अपरिवर्तनीयता, अलगाव, औसत श्रेणी, तानाशाही व एकरसता से भिन्न करते हैं।

समाज में ज्ञान के हर आयाम या क्षेत्र की अपनी उपादेयता है। अत: ज्ञानी समाज में व्यावहारिक, सैद्धांतिक, कौशल आधारित सभी प्रकार के ज्ञान में उत्कृष्टता पर बल दिया जाता है।

ज्ञान सदा से ही विभिन्न समाजों का अभीष्ट रहा है। आज का ज्ञानी समाज व्यापक जन प्रतिभागिता, प्रजातांत्रिक स्वरूप, ज्ञान वृद्धि की द्रुत गति एवं टेक्नोलॉजी की उत्कृष्टता के कारण प्राचीन व मध्यकालीन समाजों से भिन्न है जिनमें प्रतिभागिता केवल अभिजात वर्ग तक ही सीमित थी। आज ज्ञान के हर क्षेत्र का द्वार सबके लिए खुला है व देशों की सीमाएं भी धुंधली हो रही हैं। उत्कृष्टता पर ज्ञानी वर्ग सदा से बल देता रहा है पर आज ज्ञान वृद्धि की अति तीव्र गति, लचीलापन, क्रीड़ापूर्ण नियोजन व टेक्नोलॉजी पर भी बल है। मैसेचुसेत्स इन्सटीट्यूट ऑफ टेक्नोलॉजी

(संयुक्त राज्य अमेरिका) व भारतीय तकनीकी संस्थान (I.I.T) अपने कोर्स अपने छात्रों के अतिरिक्त औरों के साथ भी बांट रहे हैं।

ज्ञानी समाज की शिक्षा व शिक्षक कैसा हो? प्रारंभ में अभिजात वर्ग तक सीमित शिक्षा बीसवीं सदी से जनशिक्षा में परिणत हो आज सर्वशिक्षा अभियान का रूप ग्रहण कर चुकी है। पाठ्यवस्तु दर्शन, तर्कशास्त्र, धर्मशास्त्र, व्याकरण आदि सैद्धांतिक विषयों से लौकिक, वैज्ञानिक, व्यावहारिक व अति विशिष्ट, मांग आधारित विषयों में परिवर्तित हो चुकी है। शिक्षा प्राचीन भारत के स्वतंत्र वैयक्तिक धर्म से एक संस्थागत उद्योग, सामाजिक सेवा से विशुद्ध लाभ-आधारित व्यवसाय में परिणत हो चुकी है। विश्व भर की संस्थाएं अपनी शिक्षा की मार्केटिंग कर रही हैं। ऐसे में केवल वोट बैंक राजनीति के लिए उत्तम शिक्षा के ब्रांड के रूप में मान्य भारतीय शिक्षा संस्थानों की स्वायत्तता में कमी करना आत्मघाती होगा, भारी भूल होगी।

आज शिक्षा संस्थाएं एकाडेमिया से विश्वविद्यालयों तथा अन्य विभिन्न संस्थाओं में, औपचारिक शिक्षा से दूरस्थ, ऑनलाइन तथा वर्चुअल संस्थाओं से भी आगे निकलकर एडूसेट से पुनः व्यक्ति केन्द्रित होकर चक्र पूरा कर चुकी हैं। लैटिन, संस्कृत व राजभाषाओं से हटकर भाषा पर सुपरशक्ति संयुक्त राज्य अमेरिका की अंग्रेजी का आज वर्चस्व है। टेक्नोलॉजी ने भाषा पर भी आधिपत्य स्थापित कर लिया है। मुक्त समाज की व्यापक प्रतिभागिता, निरन्तर लचीलेपन व सजगता का एक उदाहरण है विकीपीडिया जिसमें पाठक स्वयं वैब पर निरन्तर जोड़ने के लिए स्वतंत्र हैं। एक देश तथा विभिन्न देशों के मध्य जुड़ाव व सीमारहितता का यह एक अच्छा उदाहरण है जिसमें पाठक निरन्तर सूचना-प्राप्ति व उसकी व्याख्या में लीन रहते हैं।

ज्ञानी समाज की शिक्षण संस्थाओं को आदर्श या प्रतिमान के रूप में चर्चा आधारित, प्रजातांत्रिक, प्रेरणादायी, व्यवसायगत विकास (Professional Development) पर आधारित, शिक्षणपरक, शोधपरक, योग्यतापरक, विभिन्नता समर्थक (राय/दृष्टिकोण/सोच), छात्र केन्द्रित (Client Centered), लचीले वातावरण (नियमों, समय आदि की नम्यता) के विकास पर ध्यान देना होगा। ये निर्धारक तत्त्व किसी शिक्षा संस्था की गुणवत्ता की कसौटी होंगे व उसके स्थान (Rank/Grade) को निर्धारित करेंगे। शोध के प्रकार व गुणवत्ता (नीतिगत, व्यावहारिक, सैद्धांतिक शोध आदि/ Policy Research, Applied, Basic, Theoretical Research, Action Research etc.), शोध का व्यवहार में प्रयोग, लेखों व पुस्तकों के प्रकार व गुणवत्ता, छात्रों को पुरस्कार (Awards), शिक्षक की

विद्यार्थी तक पहुंचने की क्षमता (सम्प्रेषण), आदि मानक शिक्षा संस्थानों की क्षमता का आकलन कर सकते हैं परन्तु संख्या के साथ-साथ गुणवत्ता का आकलन प्रत्येक कसौटी व मानक के लिए आवश्यक है अन्यथा आकलन प्रक्रिया महज औपचारिकता मात्र रह जायेगी और हम विश्व स्तर की सूची में स्थान नहीं पा सकेंगे।

आज के ज्ञानी समाज का शिक्षक मानवीय संवेदना से परिपूर्ण होने के साथ-साथ स्वयं नित नवीन ज्ञान के साथ कदमबद्ध होना चाहिए। वह विद्यार्थी को प्रश्न करना सिखाये, जिज्ञासु बनाये। विभिन्न स्रोतों से सूचनाओं को छांटना, विभेद करना व वर्गीकृत करना सिखाये तथा सूचना से ज्ञान की सीढ़ी तक चढ़ने की कला में दक्ष बनाये। विद्यार्थी को सही-गलत में अंतर करना सिखाकर स्वयं निर्णय लेने में पारंगत करे। तर्क का प्रशिक्षण दे। सम्प्रेषण (कौशल, प्रक्रिया, कला) में कुशल बनाये। यूनेस्को रिपोर्ट (2002) के अनुसार शिक्षक विद्यार्थी को टेक्नोलॉजी निष्णात, तर्कपूर्ण तथा सामाजिक दायित्व के प्रति संवेदनशील भी बनाये। शिक्षक प्रश्नोत्तर, तर्क, नवाचार को बढ़ावा देने वाली विधियों का प्रयोग, व्यक्तिगत विभिन्नताओं को स्वीकृति, विभिन्न दृष्टिकोणों को स्वीकृति देने वाली विधियों व दृष्टिकोण को अपनायें। शिक्षक को स्वयं भी औसत से अधिक तीक्ष्ण समझ व नवीनतम सूचना से लैस होना पड़ेगा व टेक्नोलॉजी निष्णात भी।

शिक्षक शिक्षा को विद्यालय के यथार्थ के निकट आकर भविष्य के लिए तैयारी करनी होगी। अनेक प्राइवेट कंपनियां इस खाली स्थान को भर रही हैं—इनटेल (Teacher Reach), लर्नेट, एडूकाम, कालजूम आदि के सॉफ्टवेयर बाजार में हैं। राष्ट्रीय शैक्षिक अनुसंधान एवं प्रशिक्षण परिषद्, सी.बी.एस.ई. आदि छात्र को स्वयं मुद्रित (प्रिंटेड) सामग्री तथा ऑनलाइन अभ्यास कार्य, प्रश्न पेपर, उनका मूल्यांकन तथा विविध प्रश्नों व शंकाओं के उत्तर उपलब्ध करा रहे हैं।

जैक मिडिलवुड तथा साथियों की पुस्तक 'A Learning School' का संदर्भ यहां प्रासंगिक होगा। उनके शोधों के अनुसार एक अच्छी शिक्षा संस्था को समझना होगा कि अधिगम एक आजीवन प्रक्रिया है, हर विद्यार्थी की सीखने व बेहतर करने की क्षमता में विश्वास करना होगा, भरोसा रखना होगा कि प्रयास से सफलता मिलती है, कि चुनौतीपूर्ण परिस्थिति, समस्याएं व कार्य सरल कार्यों से बेहतर हैं, कि सामूहिक कार्य (टीमवर्क) बेहतर है, विश्वास करना होगा कि विद्यालय एक विस्तृत समुदाय का हृदय है। उसे यह भी विश्वास करना होगा कि अभिभावक, पड़ोसी तथा समुदाय के सदस्य उसके अस्तित्व के लिए आवश्यक हैं।

ज्ञानी समाज के शिक्षक को विभिन्न संस्कृतियों की समझ आवश्यक है, विशेषतः संप्रेषण व भाषा के संदर्भ में। उसके विद्यार्थी विभिन्न पृष्ठभूमि से हैं, उसे

उदार, व्यापक दृष्टिकोण वाला, पूर्वाग्रह मुक्त व सहिष्णु होना होगा। संप्रेषण कौशल उसके लिए अनिवार्य शर्त है। भाषा व्यक्ति के सोच व व्यवहार को–उसकी समझ के माध्यम से प्रभावित करती है। अतः हमें यथार्थ को स्पष्ट व पूर्ण रूप से समझकर भाषा के उचित आदर्श प्रस्तुत करने होंगे। रचनात्मकता, मौलिकता तथा भिन्नता को स्वीकारना होगा।

ज्ञानी समाज का विद्यार्थी अति सजग, टेक्नोलॉजी प्रेमी व शीघ्रता प्रिय है। इंटरनेट, एडूसेट व सी.डी. के माध्यम से उसके सामने सर्वोतम भारतीय तथा विदेशी प्रतिभा व ज्ञान बिखरा पड़ा है। विभिन्न क्षेत्रों का ज्ञान उपस्थित है चाहे वह मैसेचुसेत्स इन्स्टीट्यूट ऑफ टेक्नोलॉजी (M.I.T.) का हो अथवा भारतीय टेक्नोलॉजी संस्थान (I.I.T.) का। अतः सर्वोत्तम श्रेणी का ज्ञान ही इस विद्यार्थी का ध्येय है। शिक्षक के सामने चुनौती कड़ी है। एडूसेट एक ही समय में पूरे विश्व के समक्ष ज्ञान के विभिन्न रूप, आयाम व क्षेत्र प्रस्तुत कर सकता है, भारत की तो बात ही क्या है। भारत के विभिन्न सुदूर, दुर्गम, दुरूह कोने में भी एडूसेट संपर्क स्थापित कर उपग्रह से शिक्षक प्रस्तुत कर सकता है। अतः कक्षा शिक्षक को चेतना होगा–मुकाबला सर्वोत्तम श्रेणी से है। कक्षा शिक्षक सूचना को छांटना, विश्लेषण करना, व्याख्या करना, वर्गीकरण करना सिखाये तभी वह प्रतिस्पर्द्धा में टिक सकता है।

सतत स्पर्द्धा, गति व उत्कृष्टता के इस समाज में शिक्षा को मानसिक रूप से स्वस्थ, शक्तिशाली, शारीरिक रूप से सक्षम, सामाजिक समूहों में भागीदारी में समर्थ, आध्यात्मिक रुझान वाले तथा स्वयं को जानने वाले विद्यार्थी को विकसित करना होगा जो विभिन्न तनावों व समस्याओं को ठीक से समझकर उचित निर्णय कर सके। सोच में सकारात्मक हो।

ज्ञान के अनन्य स्त्रोतों में आज शिक्षक भी एक स्त्रोत है। उसे ज्ञान की वृद्धि की गति से तालमेल बिठाना होगा। ज्ञानी समाज को भी शिक्षक के लिए ज्ञान के प्रतिमान या आदर्श परिभाषित करने होंगे। आदर्श की व्याख्या के साथ-साथ उनके मूल्यांकन के तरीके व तकनीकें भी विकसित करनी होंगी। नवाचार व निरत प्रयोग की विधियों का भी विकास करना होगा। प्रथम शिक्षक माँ है जो जीवन देती है। शिक्षक को भी माँ की भांति सहज शिक्षक बनना होगा। निरन्तर नवाचार एवं सजगता ज्ञानी समाज की कसौटी है व आदर्श भी, ठीक वैसे ही जैसे निरन्तर सजगता स्वतंत्रता की कीमत है। निरन्तर सजगता ज्ञानी समाज के शिक्षक का आदर्श है जो विकास का मार्ग है, दूसरा मार्ग विकास के विपरीत है।

स्वार्थपरक व्यक्तित्व से परे वैश्विक गांव का विद्यार्थी अत्यधिक लक्ष्य केन्द्रित (Focused), उदार, सहिष्णु, विवेकपूर्ण, प्रजातांत्रिक जीवन शैली का नागरिक है

जो विश्व समुदाय के हित में सोचे, निर्णय ले तथा कठिन, कठोर, मुश्किल निर्णयों को लागू करने की क्षमता वाला, सामर्थ्यवान, नागरिक समझ (Civic Sense) वाला प्रतिबद्ध नागरिक बन सके। अत: 'उत्तिष्ठ जाग्रत प्राप्य वरान्निबोध'।

संदर्भ सूची

Maheshwari, A.N., 'Teaching Through Internet' in R.P. Singh & G. Rana (eds) Teaching Strategies, APH, N. Delhi, 2004.

Hufford, Don, (Newman University, Kansas, USA), 'Creating Knowledge/ Creating Justice : Classroom Possibilities' in Teaching Teachers for Knowledge Society (Souvenir), AIATE & BDK College, Agra Oct. 13–14, 2007.

McEwan, E.K. & McEwan, P.J., 'Making Sense of Research', Corwin Press, California, 2003.

Middlewood, Jack, et.al., 'Creating a Learning School', Sage, London, 2005.

Brubacher, John S., 'Modern Philosophies of Education', Mc Graw Hill, New York, 1962, pp 74–96.

Mohanasundaram, K., 'Online Evaluation', in R.P. Singh & G. Rana (ed) Teaching Strategies, APH, N. Delhi, 2004.

Chandola, Lata, 'Strategies for Teaching Values : From is to Should' in R.P. Singh & G. Rana (ed) Teaching Strategies, APH, N. Delhi, 2004.

———, 'Campus Climate – An Indian Study', Radha, N. Delhi, 1995.

Singh, R.P. (ed), 'Teacher Training in India – Looking Ahead', Federation of Management of Educational Institutions, N. Delhi, 1997, pp 1–25.

———, and Rana, G. (ed), 'Teacher Education in Turmoil', Sterling, N. Delhi, 2002, pp 1–11.

Ackermann, Robert, 'Theories of Knowledge', Tata McGraw, Bombay, 1965, pp 20–24.

Pitroda, Sam (Chairman), National Knowledge Commission (2005) Report.

'Towards Knowledge Societies', UNESCO Report, 2005 (Online).

University News

Newspapers

राधाकृष्णन, 'हमारी संस्कृति', हिन्द पॉकेट बुक्स, 1989, पृष्ट संख्या 130-140.

चन्दोला, लता (सं.), 'सम्प्रेषण – विधा, कौशल और माध्यम', रवि बुक्स, दिल्ली, 2004.

ज्ञानवान समाज के रूप में भारत

सुनीता चौहान

प्राचीन काल से ही भारत को ज्ञान की भूमि माना गया है। हमारा संगीत, नृत्य, वास्तु कला, साहित्य, वेशभूषा आदि कलात्मक एवं सांस्कृतिक विरासत के उदाहरण हैं। इसके साथ-साथ भारत विज्ञान की आधुनिक शाखाओं के मूल सिद्धांतों का उद्गम स्थल भी रहा है। तथाकथित अरबी अंकों को स्वयं अरबी में 'हिंदसा' कहा जाता है। इसका अर्थ है कि वे 'हिन्द' (भारत) की उपज हैं। शून्य की परिकल्पना तथा दशमलव पद्धति भारतीय चिन्तन की देन है। प्राचीन भारत में खगोलशास्त्र, अंकगणित, ब्रह्माण्ड विज्ञान, भूगोल शास्त्र, शरीर रचना विज्ञान तथा भेषजशास्त्र, तर्कशास्त्र तथा भाषा शास्त्र, मूर्तिकला, वास्तु कला, संगीत तथा नृत्य शास्त्र एवं व्याकरण, अलंकार शास्त्र तथा युद्ध विज्ञान पर महत्त्वपूर्ण शोध-प्रबन्ध लिखे गये हैं।

भारतीय सभ्यता की प्रभावशाली उपलब्धियाँ उसकी उन्नति को दर्शाती हैं। यहां सदियों से अनेक धर्मों के संतों, कवियों, दार्शनिकों, वैज्ञानिकों, गणितज्ञों तथा खगोलविदों के प्रेरक योगदानों के द्वारा ज्ञान-प्रक्रिया निरन्तर चलती रही है। उनके नवीन विचारों, सिद्धांतों एवं व्यवहारों ने ज्ञान समाज के लिए ठोस आधार प्रदान किया है। एक वैदिक सूक्ति में कहा गया है "आनो भद्राः कृतवो यंतु विश्वतः" अर्थात सभी दिशाओं से उदात्त विचारों को आने दो। विचार तथा विचारधाराएं चाहे किसी भी देश एवं भाषा की हों हमें उन्हें उन्मुक्त भाव से ग्रहण करना चाहिए।

महान तमिल संत कवि तिरूवल्लुवर ने लगभग दो हजार वर्ष पूर्व ज्ञान की सर्वोच्चता पर बल देते हुए कहा था-"ज्ञान एक ऐसा हथियार है जो विनाश से बचाता है, यह ऐसा आन्तरिक किला है जिसे दुश्मन भी भेद नहीं सकते।" ज्ञान-प्राप्ति की दिशा में अग्रसर होने के लिए लोगों को दिया गया यह एक सन्देश था।

ज्ञान का अर्थ

सृष्टि के विभिन्न रहस्यों को खोलने के लिए निरन्तर किये जाने वाले प्रयासों का सीधा सम्बन्ध 'ज्ञान' से है। अतः तकनीकी विकास तथा अन्य अनेक कारणों से

'ज्ञान के विस्फोट' के रूप में माने जाने वाले इस युग को यदि 'ज्ञान का युग' कहा जाये तो संभवत: अतिशयोक्ति न होगी। परन्तु एक प्रमुख समस्या यह भी है कि अंतत: ज्ञान क्या है?

मुख्य रूप से ज्ञान का सम्बन्ध 'जानने' से है। जानने पर गहराई से विचार किया जाये तो हम पायेंगे कि 'जानना' के विभिन्न रूप हैं। जैसे–

– अनुभूति (लौकिक व अलौकिक)
– जानकारी या सूचना
– क्रिया

ज्ञान को दो प्रकार से प्राप्त किया जा सकता है–

1. बुद्धि के द्वारा चिन्तन मार्ग से। तथा
2. विभिन्न संदर्भों में अनेक प्रकार के अनुभूत अनुभवों के मार्ग से।

पाश्चात्य परम्परा में ये दो धाराएँ साफ-साफ दिखाई देती हैं जबकि भारतीय परम्परा में इन दोनों को जोड़कर चलने की कोशिश की गई है। भारतीय परम्परा के अनुसार 'ज्ञान' शब्द का प्रयोग दो अर्थों में होता है :

1. जानने के साधन के रूप में : जिसे जाना जाये वह ज्ञान है ('ज्ञायते अनेन इति ज्ञानम्')।
2. जानने की क्रिया के फल के रूप में : जाना गया जो वह ज्ञान है ('ज्ञातम् इति ज्ञानम्')।

ज्ञान के सामान्य लक्षण इस प्रकार हैं

- हर प्रकार की जानकारी या सूचना ज्ञान नहीं है।
- ज्ञान का लक्ष्य अज्ञान को समाप्त करना है तथा हर प्रकार की शंका का निवारण करना है।
- ज्ञान का स्वरूप स्वयं प्रकाशमय है, साथ ही यह अन्यों को भी प्रकाशित करता है।
- ज्ञान अंतर्विरोध से मुक्त होता है तथा भविष्य में घटने वाली घटनाओं से प्रभावित होता है।

ज्ञानी समाज की अवधारणा

ज्ञान समाज एक ऐसा समाज है जिसमें सृजन, सहभागिता, और ज्ञान का उपयोग देश की खुशहाली और जनता के कल्याण में महत्त्वपूर्ण भूमिका निभाते हैं। ज्ञानाधिष्ठित समाज के विषय में अन्तर्राष्ट्रीय जागरुकता बढ़ रही है। यह प्रगति की ओर अग्रसर एक ऐसा समाज है जिसे कौशल प्राप्त करने, प्रौद्योगिकी और ज्ञान के क्षेत्र में महत्त्वपूर्ण निवेश की आवश्यकता है। ज्ञानवान समाज की कुछ विशेषताएँ इस प्रकार हैं–

1. वह अपने सभी घटकों द्वारा ज्ञान का प्रयोग करता है तथा स्वयं को समृद्ध एवं शक्तिशाली बनाने का प्रयास करता है।
2. वह सामाजिक परिवर्तन को प्रेरित करने के लिए ज्ञान को प्रभावशाली एवं शक्तिशाली उपकरण के रूप में प्रयोग करता है।
3. वह नवीन प्रयोगों के प्रति प्रतिबद्ध एक विद्वान समाज होता है।
4. उसमें ज्ञान को उत्पन्न करने, अवशोषित करने, प्रसारित करने तथा उसे आर्थिक सम्पन्नता और सामाजिक कल्याण में प्रयोग करने की क्षमता होती है।

पूर्व प्रधानमंत्री श्री अटल बिहारी वाजपेयी ने "ज्ञान की सहस्राब्दि में भारत" विषय पर एसोचेम द्वारा आयोजित शिखर सम्मेलन में अपने उद्घाटन भाषण में प्रतिनिधियों को सम्बोधित करते हुए कहा—"ज्ञान आधारित समाज में हमें समानता पर आधारित न्यायोचित सामाजिक व्यवस्था कायम करने और तत्काल समाधान खोजने की दिशा में तेजी से कदम बढ़ाने के लिए नए और अभिनव तौर-तरीके ढूंढने में मदद मिलेगी।"

ज्ञान आधारित अर्थव्यवस्था

ज्ञानवान समाज के केन्द्र में है—ज्ञान की अर्थव्यवस्था। अर्थात एक ऐसी अर्थव्यवस्था जो सम्पत्ति के सृजन और जीवन की गुणवत्ता में सुधार करने के लिए सृजन, साझेदारी और उपयोग पर निर्भर है।

ज्ञानवान समाज के निर्माण के लिए आवश्यक तत्त्व

ज्ञानवान समाज की अवधारणा विश्व में तेजी से विकसित हो रही है। इस क्रान्ति के प्रमुख प्रेरक हैं—1. प्रतिस्पर्धा का माहौल उत्पन्न करना। 2. नेटवर्किंग क्षमताएं। 3. सामाजिक सम्बन्धों के साथ धन अर्जित करना तथा 4. युवाओं की क्षमताओं एवं योग्यताओं को पहचानना।

ज्ञान का प्रबन्धन

जैसे-जैसे ज्ञान अधिक मूल्यवान होता जाता है उसके उचित ढंग से प्रबन्धन की आवश्यकता भी बढ़ती जाती है। सभी प्रकार के ज्ञान विकास में सहायक होते हैं इसलिए राष्ट्रीय स्तर पर ज्ञान का प्रबन्धन आवश्यक हो जाता है। प्रस्तुत चित्र में राष्ट्र स्तरीय ज्ञान प्रबन्धन की एक रूपरेखा सुझाई गयी है—

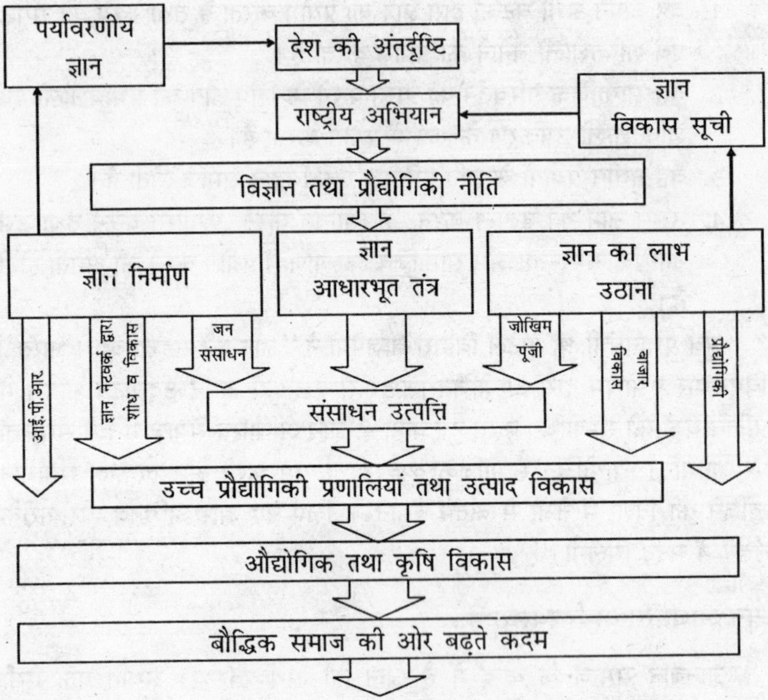

राष्ट्रीय ज्ञान प्रबंधन के लिए रूपरेखा

लक्ष्य निर्धारण

विज्ञान को समन्वित करने के लिए चार लक्ष्य निर्धारित किये गये हैं जो ज्ञानवान समाज की ओर आगे बढ़ने के लिए विज्ञान एवं प्रौद्योगिकी द्वारा निभाई जाने वाली भूमिका का आकलन करते हैं। नई खोज के लक्ष्यों से न केवल नई खोज का महत्त्व रेखांकित होता है, बल्कि यह सामाजिक, पर्यावरण संबंधी और आर्थिक लक्ष्यों की ओर भी संकेत करता है।

1. **नई पहल का लक्ष्य**—नई खोजों की भारत की क्षमता को बढ़ाने के लिए ज्ञान सृजन की रफ्तार बढ़ानी होगी और मानवीय पूंजी के विकास के साथ-साथ सामाजिक पूंजी, शिक्षा-प्रणालियों तथा नेटवर्क में भी बढ़ोत्तरी करनी होगी।
2. **आर्थिक लक्ष्य**—भारतीय उद्यमों की प्रतिस्पर्धा में टिके रहने की क्षमता को बढ़ाने के लिए नये और सुधरे हुए उत्पादों, प्रक्रियाओं, प्रणालियों और

सेवाओं के सृजन में ज्ञान के योगदान को बढ़ाना होगा।

3. **पर्यावरण संबंधी लक्ष्य**–पर्यावरण और इस पर असर डालने वाले जैव, भौतिक, सामाजिक, आर्थिक और सांस्कृतिक घटकों के विषय में जानकारी बढ़ने से ऐसा स्वस्थ पर्यावरण बनाए रखने में मदद मिलेगी जिससे प्रकृति और मनुष्यों को बढ़ावा मिले।
4. **सामाजिक लक्ष्य**–एक ऐसे समाज का निर्माण करने के लिए जिसमें भारतीय नागरिक स्वास्थ्य और स्वतन्त्रता का लाभ उठा सकें और जिसके प्रति उनके मन में भागीदारी की भावना हो। साथ ही सामाजिक, जैव पर्यावरण सम्बन्धी, सांस्कृतिक, आर्थिक और भौतिक निर्धारकों की अपनी जानकारी बढ़ानी होगी।

इन चार लक्ष्यों से निवेश सम्बन्धी निर्णयों पर अपेक्षित असर पड़ता है। इनसे दीर्घकालीन, पारस्परिक और अनुप्रयुक्त सामाजिक विज्ञान अनुसंधान सहित हर प्रकार के विभागीय अनुसंधान को नया सन्दर्भ प्राप्त होता है। भारत को ज्ञानोन्मुख समाज बनाने के लिए एक ऐसे विस्तृत ढाँचे की आवश्यकता है जिसमें अनेक उपसमूह हों और रणनीतिगत क्षेत्रों, संसाधन जुटाने के प्रयासों और आर्थिक संकेतकों आदि पर ध्यान केन्द्रित किया जाये। ज्ञान प्रबन्ध के लिए देशव्यापी नेटवर्क वाला ढांचे का प्रारूप भारत के पूर्व राष्ट्रपति डॉ. ए.पी.जे. अब्दुल कलाम ने उस समय तैयार किया था जब वह भारत सरकार के प्रधान वैज्ञानिक सलाहकार के रूप में ज्ञान-कार्यबल (Task force) के सदस्य थे।

योजना आयोग द्वारा गठित कार्य बल ने लक्ष्य-प्राप्ति की दिशा में आगे बढ़ने के लिए निम्नलिखित तरीके अपनाए हैं–

(क) भारत के ज्ञानवान समाज के रूप में उभरकर सामने आने से संबंधित मुद्दों को परिभाषित करना, उनका स्वरूप निर्धारण और सार्वजनिक नीति का संप्रेषण।

(ख) ज्ञानवान समाज में भागीदारी से वंचित वर्गों का प्रयासों में शामिल होना।

(ग) सार्वजनिक जागरुकता कार्यक्रमों का विकास।

(घ) ज्ञानवान समाज से संबधित अनुसंधान के मुद्दे।

(ङ) भारतीय संस्कृति को सूचना और संचार के ढांचे के माध्यम से अभिव्यक्त करने के प्रयासों में लगे कर्मियों के ज्ञान के प्रबंधन की दिशा में किए जा रहे प्रयासों में भागीदारी निभाना।

(च) समान रुचियों वाले अन्य समूहों के साथ संपर्क औr इस तरह के संपर्कों को बढ़ावा देना।

(छ) इन लक्ष्यों को प्राप्त करने की दिशा में सहायक तमाम गतिविधियों को बढ़ावा देना।

(ज) भारत को ज्ञानवान समाज बनाने की दिशा में उठाए जा रहे कदमों की वार्षिक प्रगति रिपोर्ट तैयार करना।

(झ) ज्ञानवान समाज के बारे में सार्वजनिक बहस के लिए राष्ट्रीय मंच बनाना।

(य) भारत के ज्ञानसंपन्न समाज के बारे में वेबसाइट का विकास।

किसी भी समाज की समृद्धि एवं उन्नति के लिए दो बातें आवश्यक हैं। ये हैं– धनोपार्जन के द्वारा समृद्धि तथा नैतिक मूल्यों की व्यवस्था। आज आवश्यकता इस बात की है कि प्रत्येक भारतीय को यह पता होना चाहिए कि हम संसाधनों में समृद्ध हैं। इसलिए यह आवश्यक है कि हम आशावादी मार्ग को अपनाते हुए प्रगति की राह पर अग्रसर हों और विकासशील भारत को विकसित बनाने के लिए युवाओं को उनके उत्तरदायित्व का अहसास करायें। देश की समृद्धि, शान्ति, सुरक्षा और खुशहाली के लिए कुछ संकल्प अवश्य करने चाहिए, जो अग्रलिखित हैं–

1. भारत से विदेशों में तथा ग्रामों से शहरों में होने वाला प्रतिभा पलायन रोका जाये। इसके लिए ग्रामीण विकास तथा युवाओं को उनकी प्रतिभा व क्षमता के अनुसार रोजगार के अवसर प्रदान किये जाने चाहिए।
2. देश के सभी बच्चों की शिक्षा पर विशेष ध्यान दिया जाना चाहिए।
3. महिलाओं को शिक्षा के लिए प्रोत्साहित करके उन्हें व्यावसायिक प्रशिक्षण कं अवसर प्रदान करने चाहिए।
4. अध्यापक शिक्षा में गुणात्मक सुधार किये जायें।
5. प्रौढ़ शिक्षा के लिए व्यवस्थित योजनाएं बनानी व लागू करनी चाहिए।
6. उच्च शिक्षा को राष्ट्रीय विकास के साथ जोड़ा जाना चाहिए।

'भारत रत्न' डॉ. ए.पी.जे. अब्दुल कलाम ने सन् 2020 में भारत के बारे में परिकल्पना 'भारत 2020' में कहा है : 2020 या उससे पहले ही भारत को विकसित राष्ट्र बनाना कोई सपना नहीं है। यह भारत के बहुत से लोगों के मन की परिकल्पना मात्र भी नहीं है। यह एक ऐसा मिशन है जिसे हम हाथ में ले सकते हैं और इसे प्राप्त करने में सफल हो सकते हैं।''

युगों–युगों से चली आ रही भारतीय संस्कृति, सभ्यता और ज्ञान की इस परम्परा का निर्वाह करते हुए हम जिस ज्ञान–युग में प्रवेश कर चुके हैं वहां कठोरता है, निराशा की संभावना है तथा पग–पग पर चुनौतियाँ हैं। इन सबका सामना करते हुए हमें स्वयं में आस्था तथा विश्वास रखना है, भारतीय संस्कृति एवं मूल्यों पर

भरोसा रखना है तथा दृढ़ निश्चय एवं दृढ़ संकल्प अपनाते हुए निष्काम भाव से देश की सेवा में जुट जाना है। गुरुदेव रवीन्द्रनाथ टैगोर की यह शुभकामना हमारी प्रेरणा-शक्ति है–

"जहां मस्तिष्क आशंकाओं से परे है और सिर है ऊंचा
जहां ज्ञान मुक्त है
जहां विश्व नहीं है खण्डित
मेरे पिता, ऐसी भूमि में मेरे देश को जाग्रत करो।"

ज्ञान की परम्परा–ज्ञानी, ध्यानी, योगी

बिन्दु अवस्थी

समाज के प्रत्येक वर्ग का विद्यालय जाना संभव नहीं है तो क्या उनके पास ज्ञान नहीं है। क्या उनमें विकास और शोधन की प्रक्रिया नहीं होती है ? ऐसा नहीं है। जिन्हें औपचारिक शिक्षा के साधन सुलभ नहीं हैं वे भी अनेक स्रोतों से ज्ञान प्राप्त कर अपनी जिज्ञासा को शान्त करते हैं। आत्मिक, आध्यात्मिक और सामाजिक उन्नति में यथासंभव उसी प्रकार योगदान देते हैं जिस प्रकार से वैज्ञानिक, डॉक्टर एवं विभिन्न स्कूल–कॉलेजों में पढ़ाने वाले शिक्षक और समाजशास्त्री। परन्तु यहां शिक्षकों का रूप बदल जाता है। वह रूप है–आध्यात्मिक शिक्षकों, माता–पिता एवं योगाचार्यों का। इस ज्ञान के प्रसार में आज जन–जन के बीच ज्ञानियों, ध्यानियों और योगाचार्यों की उपस्थिति समाज के प्रबुद्ध वर्ग के आवाहन पर होती है साथ ही उनके वचनों के प्रसार में मीडिया की भी महत्त्वपूर्ण भूमिका है जो समाज को शिक्षित करने का कार्य भी कर रहा है। प्रस्तुत आलेख में इसी विचार को प्रकाश दिया गया है।

धन्य है वह भारत देश जहां असाधारण विभूतियों ने जन्म लिया है। इसकी धरती को अपना कर्म क्षेत्र बनाया है और राष्ट्र की सेवा में अपने जीवन का समर्पण और बलिदान तक दिया है। ऐसे राष्ट्र सपूतों और सुपुत्रियों ने भारत का मस्तक विश्व में ऊँचा किया है। इनके कारण ही इस महान देश को विश्व गुरु भी कहा जाता है।

भारतीय संस्कृति विश्व की प्राचीनतम और महानतम संस्कृतियों में से एक है। 'वसुधैव कुटुम्बकम्' 'परोपकार: पुण्याय' एवं 'जननी जन्मभूमिश्च स्वर्गादपि गरीयसि' जैसे महान विचार इस देश के ऋषि–मुनियों और ज्ञानियों की देन है।

हमारे देश में विश्व की प्राचीनतम साहित्यिक रचना ऋग्वेद तथा अन्य वेद– अथर्ववेद, सामवेद, यजुर्वेद, स्मृतियां, पुराण, उपनिषद् आदि ज्ञान के अथाह भण्डार हमारी अतुलनीय धरोहर हैं। यहां महात्मा बुद्ध, महावीर स्वामी जैसे बौद्ध और जैन धर्म के प्रवर्तकों का प्रादुर्भाव हुआ है जिनकी शिक्षाओं का प्रभाव सम्पूर्ण समाज पर

पड़ा। उनसे शिक्षा प्राप्त उनके शिष्यगणों ने भारत देश एवं इसकी सीमाओं से बाहर जाकर प्रचार-प्रसार किया। अपाला और गार्गी जैसी असाधारण विदुषी महिलाओं ने अपने ज्ञान से सबको परास्त कर दिया था।

प्राचीन काल में वेदों, शास्त्रों आदि ग्रंथों की शिक्षा ऋषि-मुनि लोग मौखिक रूप से दिया करते थे और शिष्य भी उन शिक्षाओं का चिन्तन, मनन एवं अभ्यास करके अपने जीवन में उतार लिया करते थे। विश्व भर में हमारी बौद्धिक सम्पदा की चर्चा और गुणगान होता है। यही वह देश है जहां गुरु को गोविन्द अर्थात् ईश्वर का दर्जा प्राप्त है। कबीर दास जी कहते हैं–

गुरु गोविन्द दोऊ खड़े, काके लागू पॉय।
बलिहारी गुरु आपने, गोविन्द दियो बताय।

गुरु की अनन्त महिमा बताई गई है। मानव अपनी उन्नति जीवन के अनेक पक्षों में करता है। जीवन के चार प्रमुख लक्ष्य हैं–धर्म, अर्थ काम और मोक्ष। इनकी प्राप्ति का साधन धार्मिक, आर्थिक, सामाजिक और आध्यात्मिक उन्नति है। समाज के प्रबुद्ध लोग ज्ञानी संत-महात्माओं को आमन्त्रित कर उनके प्रवचनों से जनमानस को आध्यात्मिक लाभ प्राप्त कराने में सहयोग करते हैं।

मध्यकाल में ऐसे अनेक कवि हुए हैं जिन्होंने अपनी ज्ञान किरणों से साधारण जनमानस के हृदय तम को दूर करने का प्रयास किया था। इनमें तुलसीदास, कबीर, एवं रहीम प्रमुख हैं। तुलसीदास जी ने कहा है–

समय चूकि पुनि का पछताने। का वर्षा जब कृषि सुखाने।

तथा

सठ सुधरहिं सत संगति पाई।

सच्चे मित्र के लक्षणों के बारे में तुलसी दास जी कहते हैं–

जे न मित्र दुःख होहि दुखारी, तिन्हहि विलोकति पातक भारी॥
निज दुख गिरि सम रज करि जाना, मित्र के दुःख रज मेरु समाना॥

मित्र के लक्षणों के अतिरिक्त उन्होंने मधुर वचन बोलने के बारे में भी सीख दी है–

कागा काको धन हरे कोयल काको देत,
तुलसी मीठे वचन से जग अपनो करि लेत।

तथा

वशीकरण एक मंत्र है, तज दे वचन कठोर।
तुलसी मीठे वचन से सुख उपजत चहुँ ओर॥

रामचरितमानस जैसे अमर ग्रंथ की रचना कर तुलसीदास जी ने मर्यादा पुरुषोत्तम राम, पतिव्रता नारी सीता, लक्ष्मण, भरत, शत्रुघ्न जैसे आदर्श भाई और उनका भ्रातृ प्रेम, वचन निभाने वाले दशरथ, सुग्रीव जैसा मित्र, हनुमान जैसे भक्त आदि के ऐसे उदात्त चरित्र समाज के सम्मुख प्रस्तुत किये हैं जो भारतीय जनमानस के प्राण और आत्मा हैं। वे हमारी संस्कृति के अनूठे अनुकरणीय चारित्रिक उदाहरण हैं। हृदय में निवास करने वाले इन चरित्रों का जन-जन तक पहुँचना उनकी लेखनी की असाधारण क्षमता का प्रमाण है। समाज के शोधन में ये चरित्र बहुत सहायक है।

कबीरदास जी की सधुक्कड़ी भाषा और सामाजिक कुरीतियों व ढकोसलों पर किये गये प्रहारों को कौन नहीं जानता? उन्होंने अपनी शिक्षा किसी स्कूल या कॉलेज में नहीं ली और न ही अपने विचारों को बाँटने किसी मंच पर गये। उस महान विभूति के विचारों ने संसार को स्वयं ही अपनी ओर आकर्षित कर लिया। कबीरदास जी ने अपनी रचनाओं में मूर्ति पूजा, जाति-पाँति का भेद करने वालों, मस्जिद में ऊंची आवाज में नमाज पढ़ने वालों पर समान रूप से चोट की–

पाथर पूजे हरि मिलें तो मैं पूजूं पहार।
या ते यह चाकी भली पीसि खाये संसार।

तथा

कांकर पाथर जोरि के मस्जिद लयी बनाय।
ता चढ़ि मुल्ला बांग दे क्या बहरा हुआ खुदाय।

तथा

जात-पाँत पूछे नहीं कोई, हरि को भजे सो हरि का होई।

निर्गुण ब्रह्म के उपासक एवं ज्ञानमार्गी धारा के कवि कबीरदास जी ने अपने पदों या रचनाओं में आत्मा-परमात्मा के भेद को समाज के सामने खोल दिया है और छल-कपट में लिप्त रहने वालों को संसार की नश्वरता के बारे में साधारण भाषा में समझाया है–

हस्ति चढ़ाये ज्ञान की सहज दुलीचा डारि
स्वान रूप संसार है भूकन दे झख मारि।

कबीर की अन्य रचनाएं–रहस्यवाद व आत्मा-परमात्मा के भेद को समझाती हैं–

काहे री नलिनी तू कुम्हलानी, तेरे ही नाल सरोवर पानी
एवं
संतों भाई आई ज्ञान की आंधी रे।
भ्रम की टाटी सबे उड़ानी माया रहे न बांधी रे।

समय के सदुपयोग के बारे में कबीर दास कहते हैं–

काल्ह करे सो आज कर, आज करै सो अब
पल में परलै होयगी, बहुरि करैगो कब।

कबीर के भांति ही रहीम भी हिन्दी के महान कवि व अकबर के नवरत्नों में से एक थे। उनकी शिक्षायें भी दोहों के रूप में समाज को शिक्षित कर रही हैं और मानव-व्यवहार को मर्यादित कर चरित्र-निर्माण और अच्छे व्यवहार का संदेश देती हैं।

रहिमन धागा प्रेम का, मत तोड़ो चटकाये।
चटके से फिर न जुड़े, जुड़े गांठ पड़ जाये।
तथा
रहिमन वे नर मर चुके जे कहिं मांगन जायें
उनते पहले वे मुए जिन मुख निकसत नाहिं॥

कवि एवं लेखक तो अपनी लेखनी और वचनों से समाज को दिशा देते रहे हैं। 17वीं सदी में अंग्रेजों के भारत आगमन के साथ ही गुलामी का दौर आ गया। यहाँ की जनता अनेक प्रकार के अंधविश्वासों, कुरीतियों जैसे–सती-प्रथा, बाल-विवाह, जाति-पाँत, छुआछूत आदि से ग्रसित थी। अंग्रेजों का प्रभुत्व बढ़ने के साथ भारतीय जनता गुलामी की चक्की पीसने के क़गार पर थी। ऐसे ही काल में 19वीं सदी के मध्य में अनेक महापुरुषों का अवतरण हुआ जिन्होंने देश की जनता को जागरुक करने के लिए अनेक आन्दोलन चलाये। इन महापुरुषों में राजा राम मोहन राय, स्वामी दयानन्द सरस्वती, स्वामी रामकृष्ण परमहंस, स्वामी विवेकानन्द आदि प्रमुख नाम हैं जिन्होंने हारी-पिसी त्रस्त जनता में आत्म विश्वास जगाकर उसे मुख्य धारा में लाने का प्रयास किया। राजा राम मोहन राय (1772-1833) पूर्व एवं पश्चिम के ज्ञाता थे। उन्होंने 1828 में ब्रह्म समाज की स्थापना की, मूर्ति पूजा का खंडन किया और सभी धर्मों का ईश्वर एक बताया। उन्होंने छूआछूत, सती प्रथा तथा बाल-विवाह का विरोध किया तथा विधवा-विवाह की वकालत की। ईश्वर चन्द विद्यासागर जैसी असाधारण प्रतिभा के कारण 1856 में विधवा विवाह में बाधा हटाने संबंधी

कानून बना। उन्होंने स्त्री एवं कन्या-शिक्षा पर विशेष बल दिया तथा कन्या विद्यालय खुलवाये। 1867 में ब्रह्म समाज की स्थापना हुई जिसमें महादेव गोविन्द रानाडे जैसे कांग्रेस के संस्थापक नेता जुड़े। उन्होंने सामाजिक, शैक्षिक, राजनैतिक, आर्थिक उन्नति आदि जीवन के महत्त्वपूर्ण पक्षों पर जोर दिया। महाराष्ट्र में महात्मा ज्योतिबा फुले ने सत्यशोधक समाज की स्थापना करके इसी प्रकार की सामाजिक समस्याओं का निराकरण किया।[1]

भारतीय समाज के पुनर्निर्माण हेतु स्वामी दयानन्द सरस्वती ने 1875 में आर्य समाज की स्थापना की। उनकी प्रमुख रचना सत्यार्थ प्रकाश 1879 में प्रकाशित हुई थी। उन्होंने मूर्ति पूजा खंडन के साथ हिन्दुओं से वेदों की ओर लौटने का आवाहन किया। इन्होंने बालक-बालिकाओं और युवाओं के लिए स्कूल-कॉलेज खोले। आज भी ऐसे विद्यालय एवं महाविद्यालय विद्यमान हैं।

स्वामी रामकृष्ण परमहंस वेदान्त दर्शन के बड़े ज्ञाता थे। उनके महान शिष्य नरेन्द्रनाथ स्वामी विवेकानन्द के नाम से जाने गये। उन्होंने अपने गुरु की शिक्षा-दीक्षाओं का प्रचार किया तथा कलकत्ता में बेलूर मठ की स्थापना की। उन्होंने अपनी माता के जीवन से भी प्रेरणा ली थी। 1893 में शिकागो में सम्पन्न धर्म संसद में भाग लेकर विश्व को अपने आसाधारण ज्ञान का परिचय दिया था। उन्होंने कहा था कि सर्वहारा वर्ग की अनदेखी करने से समाज पिछड़ेगा। यह बात हर काल में समसामयिक है। उन्होंने भारतीय जनमानस में जोश और राष्ट्रीयता भर दी थी।[2]

सर सैयद अहमद खां भी 19वीं सदी के प्रमुख व्यक्तित्व हैं, जिन्होंने मुस्लिम समाज को शिक्षित करने में उल्लेखनीय योगदान किया। वे मात्र शिक्षा को ही समाज के उत्थान का अकेला साधन मानते थे। 1857 के गदर में रानी लक्ष्मीबाई, ताँत्या टोपे, नाना साहब, बेगम हजरत महल के शौर्य और बलिदान ने भी समाज में जोश भर दिया।

राष्ट्र को दिशा देने, गुलामी से मुक्त कराने, आत्म-निर्भरता के मंत्र देने, अहिंसा का पाठ पढ़ाने जैसे असाधारण कार्यों की सीख देने और इन्हीं अहिंसक हथियारों की मदद से राष्ट्र को अपने साथ चलाने वाले राष्ट्रपिता महात्मा गांधी ने वह कर दिखाया जिसकी अंग्रेजों ने कल्पना भी नहीं की थी। गांधी जी की शिक्षायें हर काल में न केवल भारत अपितु सम्पूर्ण मानवता के लिए अनुकरणीय हैं। आज गांधी जी पर बहुत से शोध हो रहे हैं यहां तक कि एक शोध में उन्हें इस युग का महानायक बताया गया है। गांधी जी के सिद्धान्त इग्नू, इ.डी.एच.इ.नी. (फ्रांस), आई.ए.सी. बिजनेस स्कूल (फ्रांस), बार्विचे यूनिवर्सिटी (जर्मनी) आदि के पाठ्यक्रमों में सम्मिलित किये गये हैं।[3]

गांधी जी ने अपने समय के युवा नेतृत्व जैसे जवाहरलाल नेहरू, गोविन्द वल्लभ पंत, मौलाना अब्दुल कलाम आजाद, सरदार पटेल, सरोजिनी नायडू आदि को आगे बढ़कर नेतृत्व क्षमता प्रदर्शित करने का मौका दिया। उन्होंने 'अहिंसा' को एक 'ब्रांड' के रूप में स्थापित किया। इसीलिए आज विवाद प्रबन्धन के लिए महात्मा गांधी की ओर मुड़कर देखने की जरूरत है।[4] फिल्मों में गढ़े गये किरदारों के माध्यम से भी आज गांधीगिरी फिर से लोकप्रिय हो रही है और पुनः नयी पीढ़ी के बीच भी समसामयिक हो चली है।

आज भी कुछ ऐसे संत-योगी हैं जो देशभर में प्रवचन कर समाज की आध्यात्मिक उन्नति करने में योगदान दे रहे हैं। जहां-जहां वे जाते हैं अपार जनसमूह उनके दर्शनों और वचनों को सुनने के लिए उमड़ पड़ता है। ऐसे राष्ट्र-संतों में आसाराम बापू जी, मोरारी बापू, श्री श्री रवि शंकर, बाबा रामदेव, सुधांशु जी महाराज एवं आनन्दमयी गुरु मां आदि हैं। इनके आध्यात्मिक शिविर विदेशों में भी आयोजित किये जाते हैं। रामदेव जी की योग साधना और जन-जन तक योग पहुंचाने के संकल्प को कौन नहीं जानता? रामदेव के विचार में भारत के विकास के लिए–जनसंख्या वृद्धि को हतोत्साहित करना, यातायात में अनुशासन, योग, आयुर्वेद, खेल और व्यायाम को बढ़ावा मिले तथा समाज के शीर्ष लोग आगे आकर नेतृत्व करें। उन्होंने बापू के स्वदेशी, दयानन्द के स्वराज्य एवं स्वाभिमान, स्वामी विवेकानन्द के ज्ञान, सुभाष, पटेल, भगत सिंह, चन्द्रशेखर आजाद, लक्ष्मीबाई, वीर सावरकर के शौर्य की आवश्यकता पर बल दिया है।[5] उन्होंने कहा है–"मैं जगा तो देश जागेगा, आगे बढ़ेगा। मुझसे भारत है। मेरे ज्ञान, मेरे कर्म एवं मेरे प्रत्येक आचरण का मेरे देश एवं देश की छवि पर प्रभाव पड़ता है। मैं अपने देश को पूरी दुनिया में सम्मान दिलाऊंगा। मैं तो ऐसा ही सोचता हूं और मैं आश्वस्त हूं कि प्रत्येक नागरिक ऐसा ही सोचेगा।[6] कर्मयोगी बाबा आम्टे (गांधीवादी) ने कुष्ठ रोगियों के लिए आश्रम और श्रमिक विद्यापीठ की स्थापना की। स्वामी अग्निवेश ने बंधुआ मुक्ति मोर्चा खोलकर श्रमिक समाज को अधिकारों के प्रति जागृत किया। उन्होंने आध्यात्मिक विकास, मस्तिष्क और आत्मा, प्रकृति तथा श्रम के तालमेल का संदेश दिया।[7]

संत ही नहीं अपितु सफलता की सीढ़ी चढ़ चुके व्यवसायी भी अपने दृढ़ निश्चय, सही मार्ग का चयन, कड़ी मेहनत और समर्पण के कारण देश को वैश्विक मानचित्र पर स्थापित कर रहे हैं। वे भी समाज के गुरु ही हैं क्योंकि उन्होंने जीवन की व्यावहारिक कठिनाइयों का सामना करते हुए सफलता को चूमा है। अतः आज भारत में ऐसे लोगों की भी कमी नहीं है जो ऊंचे ख्वाब देखते हैं और उन्हें साकार

करने की प्रेरणा भी देते हैं। दैनिक हिन्दुस्तान में युवा नेता ज्योतिरादित्य सिंधिया भगवतगीता का उदाहरण देते हुए कहते हैं 'समत्वम् योग उच्यते' अर्थात् सन्तुलन में ही योग का निहितार्थ छिपा है एक सन्तुलन जो कि आध्यात्मिकता और भौतिकता के बीच हो।[8]

अतः अंत में मैं कहना चाहती हूँ कि समाज का प्रबुद्ध वर्ग—चाहे वह शिक्षक हो, व्यवसायी, कलाकार, कवि, लेखक, अनौपचारिक रूप से शिक्षित ज्ञानी अथवा संत या योगी हो, प्रत्येक व्यक्ति जो ज्ञान बांटने में सक्षम है और समाज को अपने ज्ञान से लाभान्वित कर रहा है। उसके पास वह संप्रेषण शक्ति है जो जन-मानस के मन-मस्तिष्क और हृदय में स्थान बनाने में सक्षम है तो वह समाज को दिशा दे सकता है, उसका स्थान गुरु के समान है। उपर्युक्त लेख में जिन महापुरुषों, विदुषियों और वीरों-वीरांगनाओं का उल्लेख हुआ वे समाज के लिए आदर्श हैं और रहेंगे। ज्ञानी समाज के लिए भी ऐसे चरित्र अनुकरणीय हैं।

संदर्भ सूची

1. Social Science Part–1, NCERT, Delhi.
2. इन्टरनेट से प्राप्त गूगल सर्च पर उपलब्ध।
3. कादम्बिनी, अक्टूबर 2007, पृ. 27।
4. वही।
5. दैनिक हिन्दुस्तान–आगरा संस्करण, दिनांक 9 अक्टूबर, 2007, पृ. 1।
6. वही।
7. इन्टरनेट से प्राप्त, गूगल सर्च पर उपलब्ध।
8. दैनिक हिन्दुस्तान, दिनांक 6 अक्टूबर, 2007, पृ. 1।

शिक्षक और समाज

नीलम भटनागर

शिक्षा जीवन के विकास का साधन एवं साध्य है। शिक्षा मानवत्व का आधार है। पशु और मानव में मूलभूत अन्तर है कि पशु-पक्षी जीवन जीने की योग्यता के साथ जन्म लेते हैं। चिड़ियां चहचहाती हुई उड़ती हैं, मछली तैरती है, थलचर भूमि पर चलते हैं, परंतु हमें जीने के लिए सब कुछ परिवार व समाज से सीखना पड़ता है। शिक्षा हमें अनेक क्षेत्रों में शिखर पर प्रतिष्ठित कर देती है। आकाश, जल, थल सर्वत्र विचरण योग्य बना देती है। ज्ञान की अथाह अगम्य खोज जीने की कला में निपुण बना देती है। शिक्षा द्वारा भौतिक जीवन निखरता है, ज्ञान द्वारा आत्मिक आनंद प्राप्त होता है। शिक्षा से बुद्धि सूक्ष्म होती है। चिंतन का आयाम व्यापक होता है। बोध जाग्रत होता है कि कर्म जीवन का सार है, यही आनंद है–

हम निसर्ग के कर्म हैं, कर्म हमारा स्वभाव है,
कर्म ही आनंद है, सभी कर्मों का फल कर्म है। (दिनकर)

शिक्षा प्रदान करने के मूल स्रोत शिक्षक होते हैं। जैसा स्रोत वैसी धारा। वर्तमान परिवेश में आपा-धापी, तनाव, मूल्यहीनता की बात बार-बार दोहराई जाती है। इसका कारण क्या है? इसका उत्तर जीवन के व्यापक परिवेश में निहित है। हमारे जीवन चक्र की छः अरें (Spokes) हैं–शारीरिक, मानसिक, पारिवारिक, सामाजिक, आर्थिक, शैक्षिक तथा आध्यात्मिक। इनमें से एक भी पक्ष (अर) अविकसित हो तो जीवन का पहिया डगमगा जाता है और जीवन की गति अवरुद्ध हो जाती है। विडम्बना यह है कि तकनीकी दृष्टि से सर्वत्र विकास हुआ, फिर भी यह अवसाद क्यों? ज्ञानी समाज की चर्चा में सबकी उंगली शिक्षक की तरफ उठेगी। ठीक भी है शिक्षक हमें जीने की राह व दिशा देता है।

प्राचीन काल में शिक्षक नहीं गुरु होते थे, जिनके निस्पृही, संयत, आनंदी, जिज्ञासु, निष्कामी व्यक्तित्व का सान्निध्य शिष्यों को ज्ञान के साथ-साथ जीने की ऊर्जा भी प्रदान करता था, परंतु आज की स्थिति विपरीत है। यह विषमता दुमुखी

है। एक ओर गुरु नहीं शिक्षक हैं, दूसरी ओर शिष्य जैसा समर्पण व ज्ञान पिपासा विद्यार्थियों में नहीं है। आज शिक्षा के प्रति दृष्टिकोण परिवर्तित हो चुका है, इसीलिए शिक्षक की भूमिका भी पहले जैसी नहीं रही।

शिक्षक समाज का अंग है। वह शिक्षक से पहले एक व्यक्ति है, जिसके सामने सुरसा के मुख की तरह समस्याएं हैं, अंगद के पैर की तरह आर्थिक अभाव हैं, द्रोपदी के चीर की तरह महत्त्वाकांक्षाएं हैं। अत: सुयोग्य शिक्षक तैयार करने से पूर्व आवश्यक है एक पूर्ण विकसित व्यक्तित्व का होना। इस तथ्य को अस्वीकार नहीं किया जा सकता कि शिक्षक के ज्ञान का विस्तार होना चाहिए, उसको नई-नई तकनीक की जानकारी होनी चाहिए, सूचनाओं का भंडार उसके पास होना चाहिए, परंतु, ये सब सामग्री मात्र हैं। इसके साथ एक सजग, जीवन्त, संवेदनशील, ऊर्जावान, प्रफुल्लित, ज्ञानपिपासु, सकारात्मक, सामंजस्य स्थापित करने वाला व्यक्तित्व भी होना आवश्यक है। हम सब जानते हैं कि केवल सूचना देना शिक्षा नहीं। वह तो एक कम्प्यूटर व न्यूज चैनल भी दे देते हैं। पाठ पढ़ा देना, परीक्षा के लिए तैयारी करा देना एक सामान्य दायित्व है। महान शिक्षक वह है जो अपने जीवनादर्श व अनुभवों से प्रेरणा देता है। वर्तमान परिप्रेक्ष्य में समाज में ऐसे शिक्षक अपेक्षित हैं।

शिक्षक और शिष्य के मध्य गहरा भावनात्मक संबंध ज्ञान चक्षु खोलता है। शिक्षा जगत का यह वैशिष्ट्य है कि हमारे सामने जड़ वस्तु न होकर एक खिलता, ऊर्जस्वित जीवन्त अस्तित्व विद्यार्थी के रूप में होता है। चिकित्सक के सामने व्यक्ति तो होता है पर अस्वस्थ। इंजीनियर, मिल-मालिक, श्रमिक जो निर्माण करते हैं, वे निर्जीव होते हैं—इमारतें, वस्तुएं, सड़कें, पुल आदि। इनका उपयोग होने पर इनमें जीवन लहराता है। अत: शिक्षक की भूमिका अधिक उत्तरदायित्व पूर्ण तथा गरिमामयी है, क्योंकि विद्यार्थियों को केवल जीविकोपार्जन योग्य ही नहीं बनाना है, अपितु जीने योग्य व उत्साही भी बनाना है।

वर्तमान में शिक्षा कक्षा में पुस्तकों के माध्यम से या कम्प्यूटर, इण्टरनेट आदि से प्रदान की जाती है। ये सभी साधन सहज उपलब्ध हैं और उनका उपयोग भी हो रहा है, फिर भी मेरा ऐसा अनुभव है कि कोरी सूचनापरक शिक्षा मस्तिष्क में संग्रहीत होती है। परीक्षा में उत्तर पुस्तिका में अंकित होती हैं। परीक्षक द्रुतगति से मूल्यांकन करते हैं—और एक शिक्षक, प्रवक्ता की योग्यता हस्तगत हो जाती है। इन सबके बीच बहुत कुछ अमूल्य छूट जाता है—गुरु और शिष्य का परस्पर आत्मीय संबंध तथा गुरु के विवेक से प्राप्त जीवन-बोध। इनसे आज का विद्यार्थी वंचित रह जाता है। इस संदर्भ में एक लघु कथा का उल्लेख उचित प्रतीत होता है—

एक गुरु के तीन शिष्य विद्या प्राप्त कर चुके। उन्होंने गुरु से पूछा गुरु जी हम उत्तीर्ण हो गए। गुरु ने उत्तर दिया अभी अन्तिम परीक्षा शेष है। जब तुम लोग

गुरुकुल से घर जाओगे तो राह में वह परीक्षा होगी। तीनों शिष्य असमंजस में पड़ गए। अन्त में विदा लेकर चल दिये। चलते-चलते राह में कुछ कंटीली झाड़ियां पड़ी मिलीं। एक तो कूदकर आगे बढ़ गया। दूसरा किनारे से बचकर निकल गया। तीसरे शिष्य ने उन झाड़ियों को उठा कर रास्ता साफ कर दिया, फिर घर की ओर चल दिया। अचानक गुरु जी ने आवाज देकर पहले और दूसरे शिष्य को वापस बुला लिया और कहा अभी तुम्हारी शिक्षा शेष है। गुरुकुल वापस चलो। तीसरे शिष्य को आशीर्वाद दिया–कल्याण हो। यह कथा हमें आज शिक्षक और समाज के पारस्परिक संबंधों पर विचार करने पर विवश करती है। आज शिक्षक की भूमिका के लिए यह उदाहरण प्रश्न चिह्न लगाता है।

अतः शिक्षक के लिए जीवन की (6 अरें) सभी दिशाओं में चिन्तन व विकास अनिवार्य है। ज्ञान-दान, विद्यादान जैसा शब्द आज खोखला हो गया है, क्योंकि शिक्षा देना जीविकोपार्जन का साधन मात्र रह गया है। प्राचीन काल में गुरु सभी दबावों से मुक्त ज्ञान देता था और उसका समाज में मान होता था। गुरु निष्कामी साधक, प्रफुल्लित, सहृदय, नित्य ज्ञान की खोज में रत, सत्य, अहिंसा, संयम, प्रेम आदि गुणों से सम्पन्न तेजोमय व्यक्ति होता था। आज का शिक्षक तनाव युक्त, आर्थिक समस्याओं से ग्रस्त, जीवन की प्रतिकूलताओं से जूझता हुआ कक्षा में आता है फिर कैसे वह ज्ञान को संप्रेषित कर पाएगा। संप्रेषण के लिए स्थिरता आवश्यक है। स्थितप्रज्ञ जीवन के प्रत्येक क्षेत्र में सफल होता है।

उपर्युक्त विश्लेषण से निम्नलिखित तथ्य विचारणीय हैं। शिक्षक-शिक्षा-समाज के परिप्रेक्ष्य में कई कारक हैं जो शिक्षा के क्षेत्र में बाधक हैं–

1. ग्राहक बुद्धि का अभाव
2. संप्रेषणीयता में कमी
3. भौतिकतावादी सोच
4. तनावयुक्त परिवेश।

किसी पर दोषारोपण न करते हुए इन्हीं बिन्दुओं पर गहन विचार-विमर्श हमें समाधान तक पहुंचा देगा। समस्या में समाधान छुपा रहता है, जैसे जहां सुई गिरी है वहीं ढूंढने पर मिलेगी। समस्या समाज में जन्मी है, जिसका अधिकांश भाग मेरी दृष्टि में शिक्षित भी नहीं है। ज्ञानी तो कोई विरला ही मिलेगा, जो सबके साथ तादात्म्य स्थापित कर सके, भेद-भाव से ऊपर उठ 'वसुधैव कुटुम्बकम्' के शिखर तक सोच को पहुंचा सके। इसके लिए कबीर की तरह विवेक दृष्टि-सम्पन्न होना पड़ेगा–

साखी आंखिन ज्ञान की देखि समुझि मन माँहि।
बिनु साखी संसार का झगड़ा छूटत नाहिं॥

ज्ञानात्मक समाज की शैक्षिक प्रक्रिया में शिक्षक की भूमिका

विभा लक्ष्मी एवं शालिनी दीक्षित

आज का समाज ज्ञानात्मक समाज के नाम से जाना जा रहा है जिसमें दिन पर दिन विज्ञान व तकनीकी अपनी महत्वपूर्ण भूमिका अदा कर रहे हैं। इस कारण आज के युग को डिजिटल युग भी कहते हैं। इस डिजिटल युग के कारण ही शिक्षा के क्षेत्र में निरन्तर ज्ञान का विस्फोट होता जा रहा है जिसके कारण आज का समाज ज्ञानात्मक समाज के रूप में उभर रहा है।

ज्ञानात्मक समाज (Knowledge Society)

ज्ञानात्मक समाज ज्ञान में रुचि रखने वाले व्यक्तियों का एक औपचारिक संघ है जो कि अपने सम्मिलित ज्ञान का प्रभावकारी प्रयोग करने का प्रयास करते हैं और ज्ञान की इस प्रक्रिया में अपने नवीन ज्ञान का योगदान देने का प्रयास करते हैं। ज्ञानात्मक समाज में मनोवैज्ञानिक रूप में तकनीकियों के प्रयोग द्वारा सीखने, तर्क करने तथा अनुभव करने के अवसर प्राप्त होते हैं। ज्ञानात्मक समाज की मुख्य विशेषता है कि ज्ञानात्मक समाज में ज्ञान किसी भी मानवीय क्रिया को सम्पन्न करने वाला मुख्य तत्त्व है। समाज में सम्पन्न होने वाली आर्थिक, सामाजिक, सांस्कृतिक और अन्य सभी मानवीय क्रियाओं की प्रभावशीलता, समाज में व्याप्त ज्ञान व जानकारी पर निर्भर करती है। अत: ज्ञानात्मक समाज वह है जिसमें ज्ञान एक मुख्य सृजनात्मक बल है, चाहे वह मानवीय क्रिया के किसी भी पक्ष से सम्बन्धित हो।

ज्ञानात्मक समाज में तकनीकी की महत्त्वपूर्ण भूमिका है जिसमें स्थानीय भाषा, मेलिंग लिस्ट (Mailing lists), वेब पोर्टल (Web Portal), विकीज (Wikis), चैट रूम (Chat Room), वीडियो कॉन्फ्रेंस, वर्चुअल मीटिंग (Virtual Meeting), दूरस्थ शिक्षा (Distance Education) आदि ज्ञान के संचार को प्रभावी बनाते हैं।

वर्तमान तकनीकियों के कारण ज्ञानात्मक समाज में भौगोलिक नजदीकियां उत्पन्न करने में किसी भी प्रकार की बाधा नहीं आती। वर्तमान तकनीकियों के कारण ही ज्ञान को बांटने, संग्रहित करने तथा अन्वेषण करने की सम्भावना बहुत बढ़ जाती है।

आज के ज्ञानात्मक समाज में पुराने पाठ्यक्रम, पुरानी शिक्षण-विधियाँ, पुराने शैक्षिक प्रत्यय अब एकदम असंगत से प्रतीत होते हैं। ज्ञान के इस विकासक्रम के परिणामस्वरूप जहां शिक्षा का स्वरूप बदल रहा है, वहीं कक्षा-कक्ष परिस्थितियां, सीखने की प्रक्रिया, यहां तक कि शिक्षक का स्वरूप भी बदल रहा है। तकनीकी के इस युग में स्व-अध्ययन पद्धतियां विकसित हो रही हैं, जिसमें छात्र स्वत: ही ज्ञान प्राप्त करने का प्रयास करते हैं। आज विद्यार्थी सीखने के लिए ज्यादा-से-ज्यादा स्वतंत्रता एवं नवीन तकनीकियों से परिपूर्ण वातावरण चाहते हैं। शैक्षिक क्रियाओं का एक बड़ा भाग शिक्षकों की बजाय विद्यार्थियों के द्वारा ही प्रारम्भ किया जाता है और साथ ही नियन्त्रित भी किया जाता है। इस प्रकार का ज्ञान विद्यार्थियों का केवल ज्ञानात्मक विकास करता है जबकि भावात्मक तथा गत्यात्मक विकास अधूरे ही रह जाते हैं।

शिक्षक वर्तमान आवश्यकता के अनुरूप अपनी भूमिका से अनभिज्ञ है। भावी शिक्षकों को सीखना चाहिए कि वह साधन उपलब्ध कराने वाले (Facilitator) तथा सीखने की क्रिया के प्रबंधक (Manager) के रूप में कैसे कार्य कर सकता है जिससे कि ज्ञानात्मक समाज में शिक्षक व छात्र की भूमिका में संतुलन बना रहे। साथ ही समाज में संचार के स्वरूप समन्वयकारी वातावरण उत्पन्न कर सकें। शिक्षक व छात्र दोनों को यह स्वीकार करना चाहिए कि सीखने के लिए व लक्ष्य-प्राप्ति के लिए दोनों की ही सम्मिलित जिम्मेदारी है। शिक्षक ही शैक्षिक प्रक्रिया की वह कड़ी है जिसके माध्यम से शैक्षिक उद्देश्य एवं पाठ्यक्रम सार्थकता को प्राप्त होते हैं। अत: आज के तकनीकी युक्त ज्ञानात्मक समाज में शिक्षक की उतनी ही सक्रिय भूमिका रहती है जितनी कि परम्परागत शिक्षण-प्रणाली में। आज के डिजिटल युग की सीखने की प्रक्रिया में शिक्षक की भूमिका को हम इस प्रकार समझ सकते हैं :

1. **शिक्षक एक शिल्पकार (Sculptor) के रूप में :** एक शिल्पकार की तरह शिक्षक महत्त्वपूर्ण सामग्री को प्रस्तुत करने की पूरी जिम्मेदारी लेता है। वह विद्यालय की समय सारणी तथा पाठ्यक्रम को नियन्त्रित करता है। साथ ही विद्यार्थियों के क्रिया-कलापों को भी नियंत्रित करता है। वह बच्चों को अति शीघ्र व सरलता से प्रेरित करने के योग्य होता है। वह कभी-कभी कमजोर विद्यार्थियों के लिए समर्पित रहता है क्योंकि यह उसके कार्य का एक हिस्सा

है। शिक्षक द्वारा कक्षा में संवाद प्रस्तुत करने का उद्देश्य यह होता है कि वह पाठ्य-पुस्तक की प्रस्तुतियों को स्पष्ट कर सके, साथ ही विद्यार्थियों के कार्यों में सुधार कर सके।

2. **शिक्षक एक कलाकार (Entertainer) के रूप में :** शिक्षक एक कलाकार की तरह भूमिका अदा करता है। वह यह ध्यान रखता है कि उसकी यह जिम्मेदारी है कि वह अपने विषय में विद्यार्थियों की रुचि उत्पन्न करे तथा विषय के मुख्य बिंदु को समझने योग्य बनाए। वह विद्यार्थियों के साथ सक्रिय संवाद स्थापित करने की कोशिश करता है जिससे कि वे अपने विचारों को प्रस्तुत करने में सक्षम हो सकें। वह पूरी निष्पक्षता से अपने विषय को पढ़ाने तथा अच्छा कार्य करने में रुचि रखता है, मुख्यत: तब जब वह कक्षा में उपस्थित हो।
3. **शिक्षक एक कोच (Coach) के रूप में :** कोच विश्वास करता है कि जो भी कार्य के परिणाम हैं वह उसके प्रत्येक विद्यार्थी द्वारा किए गए कार्य पर निर्भर करते हैं और शिक्षक स्वयं को इस कार्य की गणना करने वाले के रूप में देखता है। वह प्रत्येक विद्यार्थी की पृष्ठभूमि, परिस्थितियां तथा क्षमताएं जानना चाहता है, साथ ही ऐसा वातावरण उत्पन्न करना चाहता है जिसमें विद्यार्थी अपनी क्षमता के अनुसार ज्ञान को प्राप्त कर सकें। वह उन्हें लक्ष्य के बारे में तथा उनकी प्राप्ति की सर्वश्रेष्ठ विधि के बारे में जानकारी देता है। साथ ही शैक्षिक कार्यक्रम की उनके साथ चर्चा करता है। उसे मूल्यांकन प्रणाली का स्पष्ट ज्ञान होता है वह विद्यार्थियों को पृष्ठपोषण देता है तथा उनकी सभी प्रकार की समस्याओं के समाधान पाने में सहायता करता है।
4. **शिक्षक एक प्रबन्धक (Manager) के रूप में :** शिक्षक अपने कक्षा-कक्ष व कार्यक्रम की व्यवस्था के लिए स्वयं को शिक्षण क्रिया के प्रबंधक के रूप में देखता है। शिक्षक को इस परिप्रेक्ष्य में अपनी जिम्मेदारियों व सीखने की प्रक्रिया से परिचित होना चाहिए। वह व्यक्तिगत भिन्नता के लिए जागरुक होता है और क्या करना है ? तथा क्यों करना है ? की व्याख्या करने के लिए अधिक समय लेता है। वह एक जनतांत्रिक नेता होता है जो कि सीखने की रणनीति पर विद्यार्थियों के साथ विचार-विमर्श करता है, लेकिन वह यह भी जानता है कि संरचना व प्रबंधन दोनों ही सीखने के लिए आवश्यक हैं।
5. **ज्ञानी समाज का प्रधान आश्रय :** शिक्षक समाज में राष्ट्रीय पूरक के रूप में प्रधान भूमिका निभाते हैं, विशेष तौर पर ऐसे दूरस्थ इलाकों में जहां आज

भी नवीन तकनीकी ज्ञान का प्रसार नहीं हुआ है, जहां किसी और माध्यम से ज्ञान नहीं दिया जा सकता। साथ ही ऐसे इलाकों के साथ-साथ अन्य तकनीकी युक्त वातावरण में भी ज्ञान को समझने योग्य बनाने में भी शिक्षक की भूमिका अत्यन्त महत्त्वपूर्ण है। अतः हम कह सकते हैं कि आज के ज्ञानात्मक समाज में भी शिक्षक सम्पूर्ण शिक्षा प्रक्रिया की रीढ़ के समान एक विशिष्ट व्यक्ति है। वह मित्र, दार्शनिक तथा मार्गदर्शक के रूप में कार्य करता है।

6. **सामाजिक अभियन्ता तथा सामाजिक कार्यकर्त्ता के रूप में :** विज्ञान व तकनीकी के युग में जहां विद्यार्थियों का ज्ञानात्मक पक्ष प्रबल हो रहा है वहीं भावात्मकता का स्थान कम होता जा रहा है। ऐसे में मूल्यों व परम्परागत विश्वासों को नये विचारों व अभ्यासों में समावेश करने का प्रयास शिक्षक ही कर सकता है।
7. **शिक्षक एक प्रमुख मार्गदर्शक :** प्रत्येक व्यक्ति के जीवन में शिक्षक के व्यवहार की अमिट छाप होती है। वह बाल्यकाल से ही शिक्षक के गलत या सही कार्य का अनुसरण करना प्रारम्भ कर देता है। इस स्थिति में शिक्षक को एक कुशल मार्गदर्शक के रूप में अपनी भूमिका निभानी चाहिए जिससे कि वह विद्यार्थियों को पूर्ण उत्साह व लगन के साथ प्रगति के मार्ग पर अग्रसर कर सके।
8. **शिक्षक राष्ट्र के निर्माणकर्त्ता के रूप में :** राष्ट्र का निर्माण नवीन तकनीकियों के समाज में आने से ही नहीं होता बल्कि एक योग्य व प्रशिक्षित अध्यापक के द्वारा इन तकनीकियों का उचित पद्धतियों द्वारा प्रयोग करना भी आवश्यक है। यह कार्य शिक्षक के द्वारा ही सफलतापूर्वक किया जा सकता है। यदि समाज में शिक्षक न हो तो ज्ञानात्मक व तकनीकी वस्तुएं केवल एक उस ढेर के समान होंगी जिनका समाज के लिए कोई उचित उपयोग नहीं हो सकता। अतः कहा जा सकता है कि शिक्षक ही राष्ट्र का वास्तविक रूप में व सही दिशा में निर्माण करता है।

निष्कर्ष

अब समाज इक्कीसवीं सदी में साँस ले रहा है जिसमें तकनीकी युक्त ज्ञानात्मक समाज का बोलबाला है। ऐसी परिस्थितियों में शिक्षा का कोई भी तंत्र उसके शिक्षकों के स्तर से ऊपर उठकर उन्नति नहीं कर सकता। हम चाहे कितने भी उत्तम

विद्यालय भवन, तकनीकीयुक्त पूर्ण सुविधा-सम्पन्न प्रयोगशाला तथा पुस्तकालय, कुशल तकनीकी युक्त प्रशासन-व्यवस्था तथा ज्ञानात्मक समाज की आवश्यकता के अनुकूल पाठ्यक्रम की व्यवस्था कर लें, यदि शिक्षक अपने व्यवसाय से उदासीन है तो ये सभी सुविधाएं या तो कम काम में लाई जाएगीं या फिर उनका दुरुपयोग होगा। अतः शिक्षा का सम्पूर्ण तंत्र शिक्षकों से प्रभावित होता है। शिक्षकों का दायित्व है कि वे ज्ञानात्मक समाज में अपनी भूमिका को समझकर एक ओर ज्ञान, विज्ञान व तकनीकी के विकास और अनुसंधान की आवश्यकताओं को पूर्ण करें और दूसरी ओर राष्ट्रीय अपेक्षाओं को ध्यान में रखकर संतुलित शिक्षा का स्वरूप विकसित करें जिससे कि शिक्षा ज्ञान का साधन बने और राष्ट्रीय कल्पनाओं को मूर्त रूप देने हेतु संबल बने तभी एक सम्पूर्ण ज्ञानात्मक समाज की स्थापना हो सकेगी। इसी ज्ञानात्मक समाज में व्यक्तियों का ज्ञानात्मक, भावात्मक व गत्यात्मक तीनों प्रकार का विकास सम्भव हो सकेगा।

संदर्भ सूची

Kocher, S.K., Secondary School Administration, Sterling Publication, N. Delhi, 1996, pp. 152-153.

Kumar, Ravindra, The Role of Teacher in Digital Era, University News, New Delhi, 2007, Vol. 45, No. 36, p. 8.

Machlup, Fritz, Knowledge society and its dimensions, 1992 www.google.co.in

सेगवाल, मनमोहन, शिक्षा, शिक्षक व समाज, नई शिक्षा, 2005, 38 (9), पृ.सं. 8।

सिंह, मयाशंकर, अध्यापक शिक्षा गुणात्मक विकास, अध्ययन पब्लिशर्स एण्ड डिस्ट्रीब्यूटर्स, 2004, पृ.सं. 23-35।

श्रीमद्भगवद्गीता का ज्ञान एवं उसकी उपादेयता

शिव कुमारी अग्रवाल

राष्ट्रीय ज्ञान आयोग ने अपने अध्यक्ष सैम पित्रोदा के हवाले से जनवरी 2007 में प्रस्तुत रिपोर्ट में कहा था कि हमें शिक्षा को गुणवत्ता के उन स्तरों तक पहुंचाना है, जो 21वीं सदी की आवश्यकताओं और चुनौतियों का मुकाबला कर सकें। वह रेखांकित करते हैं कि एक राष्ट्र की शक्ति व सामर्थ्य के आकलन का मापदण्ड यह है कि वह अपने ज्ञान की अर्जित पूंजी का उपयोग किस सीमा तक आम लोगों के सशक्तीकरण में करता है। पित्रोदा ने जिस ज्ञानाधारित समाज की संरचना की परिकल्पना की है, उसके लिए उच्च शिक्षा के क्षेत्र में विश्वस्तरीय गुणात्मकता के स्तरों तक पहुंचने की क्षमता विकसित करनी है। अभी हाल में हुए अंतर्राष्ट्रीय सर्वेक्षण में भारत के आई.आई.एम., अहमदाबाद को छोड़कर उच्च शिक्षा की गुणात्मकता के क्षेत्र में अन्य किसी संस्था का नाम नहीं था। अतः उच्च शिक्षा की गुणवत्ता पर ध्यान देना अपरिहार्य हो जाता है। प्राचीन भारतीय साहित्य में ज्ञान पर विस्तृत एवं गहन चर्चा की गई है। प्रस्तुत लेख भगवद्गीता में ज्ञान के स्वरूप एवं उसकी उपादेयता की विवेचना पर आधारित है। श्रीमद्भगवद्गीता में ज्ञान के स्वरूप, ज्ञानी व्यक्ति के लक्षण एवं उसके कार्यों पर विस्तार से चर्चा की गई है।

गीता के 18वें अध्याय में तीन प्रकार का ज्ञान बताया गया है, सात्विक, राजसिक व तामसिक। सात्विक ज्ञान का लक्षण बताते हुए कहा गया है–

सर्वभूतेषु येनैकं भावमव्ययमीक्षते।
अविभक्तं विभक्तेषु तज्ज्ञानंविद्धि सात्विकम्॥

(जिस ज्ञान के द्वारा सब वस्तुओं और प्राणियों में एक ही अनश्वर सत्ता दिखाई पड़ती है, जो विभक्तों में भी अविभक्त रूप से विद्यमान है, उस ज्ञान को तू सात्विक ज्ञान समझ)। राजसिक ज्ञान का लक्षण इस प्रकार वर्णित है–

पृथक्त्वेन तु यज्ज्ञानं नानाभावान्पृथग्विधान्।
वेत्ति सर्वेषु भूतेषु तज्ज्ञानं विद्धि राजसम्॥

जिस ज्ञान के द्वारा विभिन्न प्राणियों में उनकी पृथकता के कारण अस्तित्व की विविधता दिखाई पड़ती है, उस ज्ञान को राजसिक ज्ञान समझना चाहिए।

तामसिक ज्ञान का लक्षण इस प्रकार बताया गया है—

यत्तु कृत्स्नवदेकस्मिन् कार्ये सक्तमहैतुकम्।
अतत्त्वार्थवदल्प च तत्तामसमुदाहृतम्॥

परन्तु जो ज्ञान किसी एक कार्य (शरीर) को ही सब कुछ मान लेता है और उसके कारण का कोई ध्यान नहीं रखता और तत्त्वार्थ को नहीं समझ पाता और जो संकीर्ण है, वह तामसिक ढंग का ज्ञान कहलाता है।

गीता के अनुसार 'ज्ञानी' कौन है? गीता कहती है, समत्व बुद्धियुक्त व्यक्ति ही सच्चा ज्ञानी है। ज्ञानी वह है जिसका 'दुःखों के बीच मन उद्विग्न नहीं होता, सुखों के बीच उसकी इच्छा नहीं होती, राग, भय, क्रोध जिससे निकल गये वही स्थित धी मुनि है। जो चाहे, उसे शुभ प्राप्त हो या अशुभ, सभी विषयों में स्नेहशून्य रहता है, न उनका हर्षपूर्ण स्वागत करता है, न उनसे द्वेष करता है, उसी की बुद्धि ज्ञान में स्थित है। उसकी आत्मा इन बाह्य स्पर्शों में आसक्त नहीं होती, वह अपना सुख अपने अंदर ही पाता है।' इस प्रकार के ज्ञानी व्यक्ति ने, जिसने अपनी निम्न प्रकृति को जीत लिया है, वह अपने उच्चतर स्वभाव को सर्वोत्तम सत्ता और साथी के रूप में पाता है। वह ज्ञान से तृप्त हो जाता है, अपनी इन्द्रियों का स्वामी हो जाता है, उसकी दृष्टि समत्वमय हो जाती है, उसकी दृष्टि में मिट्टी, पत्थर व सोना सब बराबर हैं। शत्रु-मित्र, मान-अपमान, सुख-दुख, सर्दी-गर्मी में वह एक-सा शांत व सम रहता है, क्योंकि वह देखता है कि ये सब सम्बन्ध अनित्य हैं और जीवन की सदा बदलने वाली परिस्थिति से उत्पन्न होते हैं, वह साधु-असाधु, पतित, चाण्डाल व विद्वान अर्थात् मनुष्य मात्र के लिए सम आत्मभाव युक्त होता है। यही सात्त्विक व शांत बौद्धिक समता वाला ज्ञानी है। गीता में बार-बार इस बात को दोहराया है कि सिद्ध ज्ञानी सदा अपने उदार समत्व में स्थिर रहता हुआ सब जीवों की कल्याण-साधना में लगा रहता है, 'सर्वभूतहिते रताः'। सिद्ध योगी आध्यात्मिक एकांत की किसी भव्य अट्टालिका पर आत्मा के ध्यान में मग्न होकर नहीं बैठा रहता, बल्कि जगत के कल्याण के लिए, जगन्निवास भगवान के लिए बहुविध विश्वव्यापी कर्मों का कर्त्ता होता है।

'ज्ञान' शब्द भारतीय दर्शन शास्त्रों और योगशास्त्रों में सर्वत्र इसी परम 'आत्म-ज्ञान' के अर्थ में प्रयुक्त होता है। ज्ञान वह ज्योति है, जिसके द्वारा हम अपनी सत्य सत्ता में संवर्द्धित होते हैं, वह वस्तु नहीं जिससे हमारी जानकारी बढ़ती है और हमारी

बौद्धिक सम्पन्ति संचित होती है। यह भौतिक विज्ञान या मनोविज्ञान अथवा दार्शनिक या नैतिक या रस सम्बन्धी अथवा जागतिक और व्यावहारिक ज्ञान नहीं। यद्यपि ये सब भी हमारी उन्नति में मदद करते हैं, पर ये हमारी संभूति के अनित्य विकास में सहायक होते हैं, हमारी नित्य आंतरिक सत्ता के विकास में नहीं। यौगिक ज्ञान में इनका समावेश तब किया जा सकता है, जब हम इनसे परमात्मा, आत्मा, भगवान को जानने में मदद लें।

भौतिक विज्ञान को हम यौगिक ज्ञान तब बना सकते हैं, जब हम उनकी प्रक्रियाओं और घटनाओं के पर्दे को भेदकर उस एकमात्र सद्वस्तु को देख लें, जिससे सब बातें स्पष्ट हो जाती हैं। मनोविज्ञान विद्या को यौगिक ज्ञान तब बनाया जा सकता है जब हम उससे अपने-आपको जानने और निम्न अवस्था को छोड़ हम उच्च अवस्था में संवर्द्धित हो सके; दार्शनिक विद्या को हम यौगिक ज्ञान तब बना सकते हैं जब हम इससे पाप और पुण्य के भेद को जान जायें पाप को दूर कर और पुण्य से ऊपर उठकर दिव्य प्रकृति की निर्मलता में पहुंच जायें; रसविद्या को हम यौगिक ज्ञान तब बना सकते हैं जब हम इसके द्वारा भगवान के सौंदर्य को पा लें; जागतिक और व्यावहारिक विद्या को हम यौगिक तब बना सकते हैं, जब हम उसके भीतर से यह देख पावें कि ईश्वर अपनी सृष्टि के साथ कैसा व्यवहार करते हैं और फिर उस ज्ञान का उपयोग मनुष्य में निवास करने वाले भगवान की सेवा के लिए करें; परन्तु तब भी ये समस्त विद्यायें सच्वे ज्ञान की सहायक मात्र होती हैं। वास्तविक ज्ञान तो वही है जो मन के लिए अगोचर है, मन जिसका आभास मात्र पाता है। सच्चा ज्ञान तो आत्मा में ही होता है। ज्ञान का तात्पर्य सैद्धान्तिक अध्ययन या सही विश्वासों से नहीं कर दिया जाना चाहिए क्योंकि अज्ञान कोई बौद्धिक भूल नहीं, अज्ञान तो आध्यात्मिक अंधता है, इसे हटाने के लिए हमें आत्मा की मलिनता को स्वच्छ करना होगा और आध्यात्मिक दृष्टि को जगाना होगा। वासना की आग व लालसाओं के कोलाहल का दमन करना होगा, अस्थिर व चंचल चित्त को स्थिर करना होगा, एक ऐसी श्रद्धा प्राप्त करनी होगी, जो बौद्धिक संदेहों से विचलित न हो सके तथा बुद्धि को प्रशिक्षित करना होगा। ज्ञान एक प्रत्यक्ष अनुभव है, जो उसकी प्राप्ति के मार्ग में विद्यमान बाधाओं के हटते ही दूर हो जाता है, जैसे धूल से आवृत्त शीशे से धूल हटते ही उसका वास्तविक रूप छविगत हो जाता है। जिज्ञासु का यह प्रयास होना चाहिए कि उन बाधाओं को हटा दिया जाये या यूं कहें कि अविद्या का आवरण करने वाली प्रवृत्तियों को दूर कर दिया जाए।

ज्ञान और अज्ञान, प्रकाश व अंधकार की तरह एक-दूसरे के विरोधी हैं। जब ज्ञान का उदय होता है, तब अज्ञान मर जाता है और बुराई की जड़ ही कट जाती है।

मुक्त आत्मा संसार को जीत लेता है तब कर्म बन्धन नहीं रहता। जब हम इस ज्ञान तक पहुंच जाते हैं, तब हम भगवान में जीने लगते हैं।

मुक्ति अमर आत्मा का मर्त्य जीवन से पृथक्करण नहीं, अपितु सम्पूर्ण मनुष्य का रूपान्तरण है। यह मानव जीवन के तनाव को नष्ट करके प्राप्त नहीं की जा सकती अपितु उसे रूपान्तरित करके प्राप्त की जा सकती है। उसकी सम्पूर्ण प्रकृति सार्वभौम के दर्शन के प्रति विनत हो जाती है, उसके शरीर, मन प्राण लीन नहीं हो जाते अपितु शुद्ध हो जाते हैं और वह स्वयं अपनी सर्वश्रेष्ठ कृति बन जाता है। उसका व्यक्तित्व अपनी पूर्णता तक अपनी अधिकतम अभिव्यक्ति तक ऊपर उठ जाता है। उसकी समस्त गतिविधियाँ संसार को संगठित करने के लिए होती हैं–'चिकीर्षु लोक संग्रहम्'। आत्मा की गत्यात्मकता का, सदा इसके नये-नये विरोधों का अन्त तो संसार का अन्त होने पर ही हो सकता है। जो उच्चतम ज्ञान व मुक्ति के अधिकारी हैं, दूसरों का कल्याण करने के विचार से इस संसार का परित्याग नहीं करते। अपने-आपको प्रकृति के शरीर में लीन करके और उसके उपहारों का उपयोग करते हुए वे प्रकृति लीन आत्माएँ संसार के हित का साधन करती हैं। 'संसार को अपने आदर्श की ओर बढ़ना है और जो लोग अज्ञान व मूढ़ता में खोये हुए हैं, उनका उद्धार मुक्त आत्माओं के प्रयत्न और दृष्टांत, ज्ञान व बल द्वारा होता है। ये चुने हुए लोग ही मानव-जाति के स्वाभाविक नेता बनकर उचित नेतृत्व करते हैं।'

भौतिक पदार्थों द्वारा किये गये यज्ञों की अपेक्षा ज्ञानमय यज्ञ अधिक अच्छा है, क्योंकि निरपवाद रूप से सभस्त कर्म ज्ञान में जाकर समाप्त हो जाते हैं–'सर्वं कर्माखिलं पार्थ ज्ञाने परिसमाप्यते'। ज्ञान की अग्नि सब कर्मों (बन्धनों) को भस्मसात् कर देती है–'ज्ञानाग्नि सर्वकर्माणि भस्मसात्कुरुते।'

उस ज्ञान को तत्त्वदर्शी ज्ञानी लोगों से सविनय, आदर, प्रश्नोत्तर व सेवा द्वारा प्राप्त करो :

तद्विद्धि प्रणिपातेन परिप्रश्नेन सेवया।
उपदेक्ष्यन्ति ते ज्ञानं ज्ञानिनस्तत्त्वदर्शिनः॥
तस्मादज्ञानसंभूतं हृत्स्थं ज्ञानासिनात्मनः।
छित्त्वैनं संशयं योगमातिष्ठोत्तिष्ठ भारत॥

हे भारत! ज्ञान की तलवार से अपने हृदय में स्थित संदेह को, जो अज्ञान के कारण उत्पन्न हुआ है छिन्न-भिन्न करके योग में जुट जा और उठ खड़ा हो।

यहां अर्जुन से ज्ञान व एकाग्रता की सहायता से कर्म करने को कहा गया है। मनुष्य अज्ञानपूर्वक तथा अशुद्ध बुद्धि के साथ कर्म करता है, ऐसी अवस्था में इन

कर्मों के सम्बन्ध में उसका संकल्प भी अशुद्ध ही होता है, अतः वह कर्म बन्धन में पड़ता है, अन्यथा मुक्त आत्मा के लिए तो कर्म बन्धन का कारण हैं ही नहीं।

एकनिष्ठ बुद्धि ज्ञानदीप आत्मा में स्थिर होती है, आभ्यंतर आत्मज्ञान में एकाग्र होती है और इसके विपरीत जो बुद्धि बहु शाखावाली और बहुधंधी है, जो बहुत से व्यापारों में लगी है परन्तु अपने परमावश्यक कर्म की उपेक्षा करती है, वह मन की चंचल इधर-उधर भटकने वाली क्रियाओं के अधीन रहती है और बाह्य जीवन और कर्मों तथा उनके फलों में बिखरी रहती है।

गीता में श्रद्धा की मांग की है, पर विचार की स्वतंत्रता प्रदान कर बुद्धि का महत्त्व कम नहीं किया है। अर्जुन को सम्पूर्ण उपदेश सुनाकर भगवान उससे कहते हैं कि यह 'विचार अगर तुझे उचित लगे तो उस पर अमल कर'। इस तरह उन्होंने हम सबको अद्भुत स्वातन्त्र्य दिया है। यह स्वातंत्र्य ज्ञानी समाज की एक मूलभूत दशा अथवा लक्षण है। ज्ञान प्राप्ति के लिए श्रद्धा अत्यंत आवश्यक है : क्योंकि

श्रद्धावांल्लभते ज्ञानं तत्परः संयतेन्द्रियः।
ज्ञानं लब्ध्वा परां शान्तिमचिरेणाधिगच्छति॥

अर्थात् जो श्रद्धालु दिव्य ज्ञान में समर्पित है और जिसने इन्द्रियों को वश में कर लिया है, वह इस दिव्य ज्ञान को प्राप्त करके तुरंत आध्यात्मिक शांति को प्राप्त कर लेता है। श्रद्धा अंधविश्वास नहीं यह आत्मा का ज्ञान प्राप्त करने के लिए महत्त्वाकांक्षा है। यदि श्रद्धा स्थिर हो तो यह हमें ज्ञान प्राप्ति तक पहुंचा देती है। ज्ञान परम ज्ञान के रूप में संदेहों से रहित होता है, जबकि बौद्धिक ज्ञान में, जिसमें हम इन्द्रियों द्वारा प्रदान की गई जानकारी और तर्कों से निकले निष्कर्षों पर निर्भर रहते हैं, संदेहों व अविश्वास का स्थान रहता है। ज्ञान इन साधनों द्वारा प्राप्त नहीं होता। हमें आन्तरिक रूप से उसे अपने जीवन में लाना होता है और बढ़ते हुए उसकी वास्तविकता तक पहुँचना होगा। उस तक पहुंचने का मार्ग श्रद्धा व आत्म-संयम में से होकर है क्योंकि

अज्ञश्चाश्रद्धानश्च संशयात्मा विनश्यति।
नायं लोकोऽस्ति न परो न सुखं संशयात्मनः॥

अर्थात् जो मनुष्य अज्ञानी है। जिसमें श्रद्धा नहीं है और जो संशयालु स्वभाव का है, वह नष्ट होकर रहता है। संशयालु स्वभाव वाले व्यक्ति के लिए न तो यह संसार है और न परलोक और न उसे सुख ही प्राप्त हो सकता है।

कहने का तात्पर्य है कि हमारे पास जीवन के लिए कोई सकारात्मक आधार होना चाहिए, एक अचल श्रद्धा, जो जीवन की कसौटी पर खरी उतरे। तभी सत्य

ज्ञान की प्राप्ति संभव है। आज सकारात्मक चिन्तन व जीवन शैली पर निरन्तर बल गीता के ही विचार की पुष्टि करता है। गीता में वर्णित ज्ञान की आज के इस भौतिक युग में भी आवश्यकता है। गीता का सात्त्विक ज्ञान न केवल आत्मिक उत्थान हेतु आवश्यक है वरन् संघर्षरत प्रत्येक युग में ऐसे ही ज्ञान की आवश्यकता है।

गीता में कहा गया है–'न हि ज्ञानेन सदृशं, पवित्रमिह विद्यते।' अर्थात् ज्ञान के समान संसार में दूसरा कुछ भी पवित्र नहीं है। गंगाजल, सूर्य की किरणें आदि अनेक पवित्र वस्तुएँ संसार में हैं। उनके विषय में क्या कहना परन्तु ज्ञान की तुलना में एक भी पवित्र वस्तु नहीं हैं। इसीलिए ज्ञान से संपर्क नहीं टूटने देना चाहिए। गीता ज्ञान-प्राप्ति हेतु 'स्थित-प्रज्ञ' बनने का आदेश देती है। प्रज्ञा को स्थिर करने के लिए कोई बहुत ज्यादा पढ़ेगा तो लाभ मिलेगा, ऐसा नहीं, बल्कि विपरीत भी हो सकता है। गीता में कृष्ण अर्जुन से कहते हैं 'बहुत सुन-सुन कर तेरी बुद्धि क्षीण हो गई है, विचलित हो गई है, विद्वान् तो बन गया, लेकिन तुझे अनुभव शून्य विज्ञान मिल गया।'

प्राय: प्रज्ञा या बुद्धि को प्रखर बनाने के लिए अध्ययन करने के लिए कहा जाता है। परन्तु गीता ने इन्द्रिय-निग्रह की ओर ध्यान खींचा है। बुद्धि का तो गुण ही सत्त्व है। यहां तक कि संस्कृत में सत्त्व का अर्थ ही बुद्धि है। हमारे शरीर की व्यवस्था के अनुसार बुद्धि में सत्त्व है, मन व इन्द्रियों में रज है, शरीर में तम है तथा आत्मा गुणातीत है। ऐसी व्यवस्था के होते हुए भी सत्त्व प्रधान बुद्धि काम कहाँ करती है? इन्द्रियों के वश में होकर। अत: गीता में कहा गया कि बुद्धि धृति की पकड़ में होनी चाहिए। मनु ने धर्म के दस लक्षणों में 'धृतिक्षमादमोऽस्तेयम्' में पहला नाम धृति को दिया। धृति त्रिगुणात्मक है। अत: सात्त्विक बुद्धि के साथ धृति भी सात्त्विक होनी चाहिए। आज संसार पर दृष्टिपात करें तो इन्द्रियों को बाहर की ओर खींचने वाली अनेक आकर्षक वस्तुएँ हैं, जो पहले नहीं थीं। स्वाभाविक आकर्षण तो पहले भी थे, परन्तु अब उनके अलावा असंख्य कृत्रिम आकर्षण भी पैदा किये गये हैं। यथा—सिनेमा, दूरदर्शन, समाचार पत्र-पत्रिकाएँ, कम्प्यूटर, मोबाइल व साहित्य आदि। यह सब इन्द्रियों पर चारों ओर से निरन्तर आक्रमण करते रहते हैं। आज वैभव के चरम शिखर पर आसीन राष्ट्रों में नैतिक मूल्यों का पतन हो रहा है। अत: इन्द्रियों को संयम में रखना आवश्यक है क्योंकि संचार क्रांति के यही साधन आज मानवता का नाश कर रहे हैं।

संयम शाश्वत धर्म है। यदि हम संयम नहीं बरतते तो पचासों योजनायें भी व्यर्थ हैं। देश में संयम नहीं, तो राष्ट्रीय योजना से भी क्या होगा। लोग विषयासक्ति में पड़ेंगे और भ्रष्ट समाज का निर्माण होगा। मन व बुद्धि की शक्ति क्षीण हो जाएगी। शरीर जीर्ण-शीर्ण हो जाएगा। जब बच्चे ही दुर्बल होंगे, तो उस राष्ट्रीय योजना से

क्या लाभ? अतः संयम चाहिए। जो देश संयम छोड़ेंगे उनकी शाश्वत परम्परा नष्ट हो जायेगी। इंद्रिय संयम का महत्त्व इसलिए भी है कि उसे खोने से निर्णयकारी बुद्धि भी खो जाती है। अतः आज स्थितप्रज्ञ बनने की परम आवश्यकता है, निर्णय स्वयमेव ही मिल जाते हैं। वैसे तो जीवन में कई गुण आवश्यक हैं। फिर भी आजकल की समाज-रचना का सारा दारोमदार उचित निर्णय करने की शक्ति पर ही निर्भर है। हमारे शिक्षकों का ध्यान अब केवल अपने ही विषयों के दायरे में सीमित नहीं रहना चाहिए। विज्ञान के कारण आज दुनिया के समस्त देश अत्यंत निकट आ गये हैं, अतः आज स्थितप्रज्ञ के आदर्श की महिमा बहुत बढ़ गई है। आज इस युग की समस्यायें बढ़ी हैं, उनसे पैदा होने वाले मसले भी बड़े (पेचीदा) होते हैं, और देखते-ही-देखते अखिल जागतिक स्वरूप धारण कर लेते हैं। विश्व के किसी कोने में कोई साधारण-सी घटना घटती है, तो समस्त विश्व पर उसका प्रभाव होने लगता है। संसार भर के लोग उस पर सोचने लगते हैं तथा उस घटना पर शीघ्र निर्णय की जिम्मेदारी भी आ पड़ती है।

तकनीकी व विज्ञान के क्षेत्र में होने वाले द्रुतगामी विकास के कारण आज संसार के कुछ ही लोग समस्त संसार को स्पर्श करने वाले निर्णय करते हैं। अतः उनके निर्णय ऐसे होने चाहिए, जिनमें स्वार्थ की गन्ध न हो तथा शुद्ध न्याय, बुद्धि व विवेक से किये गये हों। ऐसे विशुद्ध निर्णय स्थितप्रज्ञ ही कर सकता है। हमारे लिए चिन्तन तो समग्र दृष्टि से करना ही उचित है, परन्तु हमारा कार्य-नियोजन विकेन्द्रित होना चाहिए, जिससे चिंतन में व्यापकता आयेगी तथा हमारे कार्यों को विशिष्टता प्राप्त होगी।

गीता की आज के युग में उपादेयता देखते हुए व्यापक रूप से, इसके अध्ययन-अध्यापन की नितान्त आवश्यकता है। भाव, भाषा, नैतिकता, व्यावहारिकता, साधना, जीवन में कर्मठता, समाज सेवा-भावना तथा आत्मोद्धार के लिए इस सुलभ व सुगम ग्रन्थ को आत्मसात करना प्रत्येक ज्ञानी व्यक्ति का कर्त्तव्य है, तभी ज्ञानी समाज सृजित होगा जो वर्तमान युग की चुनौतियों पर खरा उतर सकेगा।

आज एक ओर जबकि भौतिकवाद, समृद्धिवाद मानव पर हावी हो रहा है; स्वार्थपरायणता और अहंकार मानव को विवेकशून्य बना रहा है, मानवीय व नैतिक मूल्यों का तेजी से ह्रास हो रहा है, दूसरी ओर गरीबी से बेकारी, बेकारी से बेईमानी के कारण मानव त्रस्त है, दुःखी व परेशान है। दोनों अतियों से मानव स्वयं अपनी आत्मा को ही नष्ट करने पर तुला है। ऐसी स्थिति को स्वस्थ रखने का, मानव को सुखी रखने का एक मात्र उपाय नैतिक व मानवीय मूल्यों को पुनः प्रतिष्ठित करना है, और वह गीता जैसे सत्साहित्य की पुनः प्रतिष्ठा करने से ही हो सकता है। ऐसे

अनुपम ग्रन्थ की हित शिक्षा प्रत्येक मानव के हृदय में पहुँचकर असंख्य मलों का प्रक्षालन कर डाले। तमोगुण से रजोगुण और रजोगुण से सत्त्वगुण की ओर आये। तमोगुणी आहार छोड़कर, रजोगुण को जानकर, सात्त्विक आहार की ओर आयें। आज पोषण की दृष्टि से संस्तुत भोजन युक्त आहार-विहार एवं जीवन शैली, गीता में वर्णित सात्त्विक आहार-विहार व सतोगुण का उद्धरण प्रस्तुत करते हैं। ऐसा करके ही मानव जाति भयहीन होकर अपने चिदानन्द स्वरूप को पहचान पायेगी। मानव-जीवन सुख, शांति व आनन्द से परिपूर्ण हो जायेगा।

वैदिककालीन आचार्य – स्वरूप विश्लेषण

आशा शाह

वेदकालीन समाज में शिक्षा को सर्वोपरि महत्त्व दिया गया था। तत्कालीन शिक्षा के स्वरूप निर्धारण में आर्ष तत्त्ववेत्ताओं का गहन चिन्तन स्पष्टतः परिलक्षित होता है। वैदिक काल में शिक्षा के तीन प्रमुख घटक थे–आचार्यकुल, आचार्य और अन्तेवासी। मनीषियों ने इनके प्रत्येक पक्ष पर सूक्ष्मता से विचार किया।

आचार्यकुल और अन्तेवासी (विद्यार्थी) दोनों का प्रमुख निर्माता था–'आचार्य'। अतएव वैदिक काल में आचार्य को अत्यधिक महत्त्वपूर्ण स्थान पर अधिष्ठित किया गया। छान्दोग्योपनिषद् के अनुसार अच्छे आचार्य के सम्पर्क में ही मनुष्य वास्तविक ज्ञान प्राप्त कर सकता है।[1] तैत्तिरीयोपनिषद् (1.11.2) में शिष्य को अपने आचार्य में देवता के समान पूज्य बुद्धि रखने का निर्देश है–"आचार्य देवो भव।" आपस्तम्ब के अनुसार माता-पिता तो शरीर मात्र ही उत्पन्न करते हैं। आचार्य बालक को विद्या से उत्पन्न करता है, उसे श्रेष्ठ बनाता है अतएव उसका स्थान सर्वोपरि है।[2] विद्यार्थी आचार्य से कभी द्रोह न करे, उसका अपकार न करे।[3]

यास्क ने निरुक्त में 'आचार्य' शब्द का निर्वचन करते हुए लिखा है कि वह विद्यार्थी में सदाचार धारण कराता है, अर्थों (शास्त्रों के अभिप्राय) का संग्रह करता है तथा शिष्य में बुद्धि (ज्ञान-विज्ञान) का चयन करता है इसलिए वह आचार्य कहा जाता है।[4] आपस्तम्ब के अनुसार आचार्य वह है जिससे विद्यार्थी धर्म का चयन करता है, धर्म का ज्ञान प्राप्त करता है।[5] वैदिक साहित्य में आचार्य के लिए प्रमुखतया तीन शब्दों का प्रयोग किया गया है—आचार्य, गुरु और उपाध्याय। ये शब्द लगभग समानार्थक हैं।

वैदिककालीन आचार्य की प्रमुख अर्हता थी–उसके व्यक्तित्व का गुणमंडित होना। आचार्य के लिए चरित्रनिष्ठ होना, नैतिक गुणों से युक्त होना, परम अनिवार्य था। आपस्तम्ब का स्पष्टतः मत है कि आचार्य होने की पात्रता वही व्यक्ति रखता है जो निषिद्ध कर्मों से विरत और विहित कर्मों को करने वाला हो।[6] आचार्य यदि धर्म के मार्ग से भ्रष्ट नहीं होता था तो ही विद्यार्थी उससे समाप्तिपर्यन्त विद्या ग्रहण

करता था।[7] संस्कृत में 'धर्म' शब्द अत्यन्त व्यापक अर्थ में प्रयुक्त हुआ है। धर्म का अभिप्राय कर्त्तव्य और आचार से भी है। वैदिक वाङ्मय में आचार्य के कर्त्तव्यों का, आचार का, उसके आचार्यत्व के अनिवार्य गुणों का विस्तृत विवेचन मिलता है जिन्हें संक्षेपत: निम्नांकित प्रकार से निरूपित किया जा सकता है–

आचार्य की प्रथम पात्रता तो यही थी कि वह अपने विषय का प्रकांड पंडित होता था। आपस्तम्ब के अनुसार उपनयन संस्कार कराने वाला आचार्य ऐसे व्यक्ति को बनाना चाहिए जिसका जन्म वेदाध्ययन की अविच्छिन्न परम्परा वाले कुल में हुआ हो, जो सभी वेद-वेदांगों के यथावत् अर्थज्ञान से युक्त हो।[8]

आचार्य के व्यक्तित्व का अनिवार्य गुण था–विनम्रता। वे पूर्ण ज्ञान प्राप्ति के लिए इतने जिज्ञासु होते थे कि अपने से बड़े ज्ञानी के सम्मुख नतमस्तक होने में, उसका शिष्य बनने में किञ्चित् भी नहीं झिझकते थे, भले ही वह उनका प्रतिद्वन्द्वी ही क्यों न हो। इस सन्दर्भ में गोपथ ब्राह्मण का प्रसंग उल्लेखनीय है जिसके अनुसार मैत्रेय ने मौद्गल्य से शास्त्रार्थ में पराजित होने पर तत्काल अपनी पाठशाला बन्द कर दी तथा वे पूर्ण ज्ञान प्राप्त करने के लिए अपने प्रतिद्वन्द्वी के शिष्य बन गये।[9]

वैदिक युग के आचार्य में जहां एक ओर नम्रता और निरभिमानता होती थी तो दूसरी ओर अप्रतिम सत्यवादिता इन गुणों को और अधिक प्रखर बना देती थी। उपनिषदों का मूलमंत्र है–सत्य की विजय होती है, अनृत की नहीं।[10] उपनिषदों में अनेक ऐसे प्रसंग बिखरे पड़े हैं जिनमें आचार्य किसी विषय का पूर्ण ज्ञान न होने पर स्पष्ट शब्दों में, विनम्रतापूर्वक अपना तत्सम्बंधित अज्ञान स्वीकार कर लेते थे।[11] आचार्य के चरित्र की महानता ही इस निरभिमानता और सत्यवादिता के पीछे थी ऐसा कहना अत्युक्ति न होगी।

किसी भी प्रकार का ज्ञान-विज्ञान-तत्त्वज्ञान हो–सभी के लिए मूलभूत अनिवार्यता होती है सत्य के प्रति गहरी आस्था और जिज्ञासा की प्रवृत्ति की। किसी भी श्रेष्ठ शिक्षक में इस गुण का होना अनिवार्य है। वैदिककालीन आचार्यों में सत्यान्वेषण और जिज्ञासा की प्रवृत्ति सर्वत्र ही दिखायी देती है। वे सत्य की शोध में नि:संकोच भाव से अन्य योग्य विद्वानों के पास जाकर उनसे तत्त्वज्ञान लेते थे।[12] उपनिषदों में अनेक स्थानों पर 'मीमांसांचक्रु:' अर्थात् जिज्ञासा की भावना से युक्त होकर विचार-विमर्श किया और 'ब्रह्म-अन्वेषमाणा:' (ब्रह्म की खोज करते हुए) जैसे शब्दों का प्रयोग किया गया है जो तत्कालीन आचार्यों की सत्यान्वेषण की गहरी लगन के सूचक हैं। तत्कालीन आचार्यों की परिषदें अथवा समितियां भी होती थीं।[13] ये विद्या सम्बन्धी ऐसी उच्च संस्थाएं थीं जिनमें विद्वान स्थान-स्थान से आकर अपनी शंकाओं का समाधान खोजते थे और विषय का गहराई से विश्लेषण करते थे। आचार्यों के लिए ये परिषदें विशेष

महत्त्वपूर्ण स्थायी विद्या-संस्थाएं थीं जो देश के विविध जनपदों में थीं। राजाओं द्वारा विद्वत्सम्मेलनों का भी आयोजन किया जाता था जिनमें देश के प्रकाण्ड विद्वान एकत्रित होकर विद्या सम्बन्धी महान प्रश्नों पर गंभीर विचार करते थे।[14]

आचार्य का सर्वोपरि कर्त्तव्य था स्वाध्याय (स्वयं विद्या का उपार्जन, ज्ञान की वृद्धि) और प्रवचन (सुपात्र शिष्यों का अध्यापन)। तैत्तिरीयोपनिषद् की शिक्षावल्ली (1/9/1) में अत्यन्त स्पष्ट रूप से आचार्य को निर्देश दिया गया है–"आचार्य का कर्त्तव्य है कि वह अपने व्यवहार में औचित्य और अनौचित्य का ध्यान रखते हुए स्वाध्याय और प्रवचन करे। सत्य बोलते हुए स्वाध्याय और प्रवचन करे। तप (कष्टसहिष्णुता) करते हुए स्वाध्याय और प्रवचन करे। इन्द्रियसंयम करते हुए स्वाध्याय और प्रवचन करे। मन को शान्त रखते हुए स्वाध्याय और प्रवचन करे। अग्निहोत्र आदि धार्मिक कर्म करते हुए स्वाध्याय और प्रवचन करे। अतिथि-सत्कार करते हुए स्वाध्याय और प्रवचन करे। समाज के प्रति अपने कर्त्तव्यों का पालन करते स्वाध्याय और प्रवचन करे। गृहस्थ धर्म (सन्तानोत्पत्ति, सन्तानपालन आदि) का सम्पादन करते हुए स्वाध्याय और प्रवचन करे।.... मुद्गल के पुत्र नाक का मत है कि स्वाध्याय और प्रवचन को ही प्रमुख कर्त्तव्य समझना चाहिए क्योंकि वही सच्चा तप है।"[15]

आचार्य के स्वरूप का एक विशिष्ट पक्ष था–अन्तेवासी से उसका सम्बन्ध और व्यवहार! वैदिक वाङ्मय में अनेक स्थानों पर गुरु-शिष्य के सम्बन्धों की आत्मीयता, पवित्रता और मधुरता बिखरी पड़ी है। आचार्य के स्वरूप का विश्लेषण इस बिन्दु के किञ्चित् विस्तार किये बिना अधूरा ही रह जाता है।

आचार्य के हृदय में अन्तेवासी के लिए सहज स्नेह-वात्सल्य था। उसके लिए अपना पुत्र और अन्तेवासी दोनों समान होते थे।[16] वे अपने शिष्य को 'सोम्य' इस प्यार भरे शब्द से सम्बोधित करते थे।[17] सोम्य अर्थात् सौम्य जो चन्द्रमा के समान प्यारा और सौम्य गुणों से युक्त है। गुरुपत्नी भी उसे मातृवत् स्नेह देती थीं और पुत्रवत् पालन-पोषण करती थीं।[18] आचार्य जिन मन्त्रों से होम करते थे, वे उनके आचार्यत्व के पूर्ण निर्वाह की कामना को व्यक्त करते हैं। उनकी प्रार्थना है–"सब ओर से ब्रह्मचारी विधाध्ययन के लिए मेरे पास आयें। वे विभिन्न विषयों के अध्ययन के लिए मेरे पास आयें। उत्कृष्ट बुद्धि से युक्त ब्रह्मचारी मेरे पास आयें। मेरे ब्रह्मचारी संयम-शीलयुक्त बनें। मेरे ब्रह्मचारी शांत स्वभावयुक्त बनें।"[19] इन मंत्रों में आचार्य के व्यक्तित्व की गरिमा समायी है तो विद्यार्थी की विशिष्टता भी प्रतिबिम्बित होती है। ज्ञानार्जन के लिए ये विशेषताएँ अनिवार्य व अपरिहार्य हैं। आचार्य विद्यार्थी को अपना ज्ञान देने और उसके उदात्त चरित्र का निर्माण करने के लिए आकुल हैं। आचार्य शिष्य से सच्चा स्नेह

ही नहीं करते थे, उसे सम्मान भी देते थे।[20] वे शिष्य को बिना कुछ छिपाये सम्पूर्ण ज्ञान देते थे। जो ऐसा नहीं करता था, वह आचार्य पद का अधिकारी नहीं माना जाता था।[21]

आचार्य और अन्तेवासी में जो अपूर्व तादात्म्य भाव था उसका परिचय प्रतिदिन अध्ययन-अध्यापन के प्रारम्भ में की जाने वाली उनकी सह-प्रार्थना से मिलता है- "हे परमात्मन्! हम दोनों की साथ-साथ रक्षा करें। साथ-साथ अनुग्रह करें। हमारे प्रयत्नों में एकचित्तता हो। हमारा अध्ययन हमें तेजस्विता दे। हममें कभी परस्पर द्रोह बुद्धि न हो।"[22] आचार्य की प्रार्थना है-"हम दोनों (शिष्य और आचार्य) को साथ-साथ यश-प्राप्ति हो। हम दोनों को साथ-साथ ज्ञान का तेज मिले।"[23] आचार्य का शिष्य के लिए यह स्वस्तिभाव उसे गुरु से सुदृढ़ अटूट सम्बन्धों से जोड़ देता था और वह उनके प्रति आजीवन श्रद्धा भाव से जुड़ा रहता था।

इस प्रकार वैदिक काल में आचार्य में ज्ञान की पराकाष्ठा और सदाचरण की उत्कृष्टता—दोनों का मणिकांचन संयोग होता था। प्रकाण्ड विद्वान, सद्गुणी, सदाचारी, सत्यान्वेषी, निरभिमानी, कर्त्तव्यशील, तपःशील, एकनिष्ठ भाव से स्वाध्याय और प्रवचन में आनन्द की अनुभूति करने वाला और अन्तेवासी के लिए सर्वतोभावेन समर्पित—यह है वैदिककालीन आचार्य के स्वरूप की एक झलक मात्र! ऐसा गरिमामय आचार्य बालक का बाल्यावस्था में ही उपनयन संस्कार कराके उसे माता-पिता के घर से आचार्यकुल (गुरुकुल) ले जाता था। 'उपनयन' का अर्थ ही है 'अपने निकट ले आना'। गुरुकुल नगर से दूर प्रकृति के सुरम्य वातावरण में होते थे। आचार्य के गरिमायुक्त व्यक्तित्व के अनुरूप ही आचार्यकुल का वातावरण होता था। अन्तेवासी वहां आचार्य के सान्निध्य में सामान्यतः बारह वर्ष तक निवास करता था। आचार्य अन्तेवासी को अनुशासन, संयम, श्रम, व्रतयुक्त जीवनचर्या में सहजता से ढाल देते थे। आचार्यकुल की दिनचर्या इस प्रकार व्यवस्थित थी कि प्रत्येक विद्यार्थी का शारीरिक-मानसिक विकास होता था। सम्पूर्ण शिक्षा और आवास निःशुल्क था। पाठ्य-विषय अत्यन्त विस्तृत थे।[24] आचार्य विद्यार्थी की योग्यता और क्षमता के अनुरूप ही उसे ज्ञान देते थे। वे प्रत्येक वर्ण के बालक को उसके अनुरूप कार्य को कुशलता से सम्पादित करने का भी सम्पूर्ण प्रशिक्षण देते थे।

इस प्रकार वैदिक काल में आचार्य ही अन्तेवासी के बहुमुखी विकास का कर्त्ता था। उसी का यह दायित्व था कि वह विद्यार्थी का शारीरिक, मानसिक, बौद्धिक आत्मिक—सभी प्रकार का पूर्ण विकास करे। ज्ञानी और आचारनिष्ठ आचार्य अपने जैसा ही भासमान और सुयोग्य नागरिक समाज को देता था—'अग्निनाग्निः समिध्यते।' युवा ब्रह्मचारी शिक्षा समाप्ति के बाद, समावर्तन संस्कार कराके, जब गुरु और

गुरुकुल से विदा लेता था तो वह ज्ञान की आभा से दीप्त, चारित्र्य और सद्गुणों की सुगन्ध से परिपूर्ण, आजीविका को कुशलता से चलाने में दक्ष, व्यक्तिगत, पारिवारिक, सामाजिक दायित्वों का श्रेष्ठता से निर्वहन करने में समर्थ, समाज और राष्ट्र के निर्माण के लिए समर्पित एक सुयोग्य नागरिक होता था! और इस सबका प्रमुख श्रेय–आचार्य की अनवरत सतत साधना को ही था!

संदर्भ सूची

1. आचार्यवान पुरुषो वेद। छान्दोग्योपनिषद् 6.14.2
2. आपस्तम्बधर्मसूत्रम् 1/1/1/16–18
3. तस्मै न द्रुह्येत् कदाचन। तदैव 1/1/1/15
4. आचार्यः कस्मात्? आचार्य आचारं ग्राहयति। आचिनोति अर्थान्। आचिनोति बुद्धिम् इति वा। निरुक्तम् 1/4
5. यस्माद्धर्मानाचिनोति स आचार्यः। आपस्तम्बधर्मसूत्रम् 1/1/1/14
6. आपस्तम्बधर्मसूत्रम् 1/1/1/12
7. तदैव 1/1/1/13
8. तदैव 1/1/1/12
9. गोपथ ब्राह्मणम् 1/1/37
10. सत्यमेव जयति नानृतम्। मुण्डकोपनिषद् 3/1/6
11. द्रष्टव्य प्रश्नोपनिषद् 6/1; बृहदारण्यकोपनिषद् 3/7/1; छान्दोग्योपनिषद् 5/11/1–4
12. छान्दोग्योपनिषद् 5/11/1–7; 7/1/1–5
13. बृहदारण्यकोपनिषद् 6/2/1; छान्दोग्योपनिषद् 5/3/1
14. बृहदारण्यकोपनिषद् 3/1/1; छान्दोग्योपनिषद् 5/11/1–7
15. .... स्वाध्याय प्रवचने एवेति नाको मौद्गल्यः। तद्धि तपस्तद्धि तपः। तैत्तिरीयोपनिषद् 1/9/1
16. छान्दोग्योपनिषद् 3/11/5–6; बृहद्आरण्यकोपनिषद् 6/3/12
17. मुण्डकोपनिषद् 2/1/1; छान्दोग्योपनिषद् 4/4/4–5
18. छान्दोग्योपनिषद् 4/10/2–3
19. तैत्तिरीयोपनिषद् 1/1/4
20. छान्दोग्योपनिषद् 5/11/5; कठोपनिषद् 1/1/
21. आपस्तस्बधर्मसूत्रम् 11/8/28
22. सह नाववतु/सह नौ भुनक्तु/ सह वीर्यं करवावहै। तेजस्वि नावधीतमस्तु। मा विद्विषावहै। तैत्तिरीयोपनिषद् 2/ शान्तिपाठ।
23. सह नौ यशः। सह नौ ब्रह्मवर्चसम्। तैत्तिरीयोपनिषद् 1/1/3
24. मुण्डकोपनिषद् 1/4–5

उपनिषद् : उच्चतम ज्ञान एवं शिक्षण विधियां

बीना कुमारी गुप्ता

उपनिषद्कालीन शिक्षा के प्रमुख घटक थे–आचार्य, अधिकारी (अन्तेवासी अथवा शिष्य), विषय एवं शिक्षण-विधियां। उपनिषद् ज्ञान, ज्ञान की उच्चतम सीमा है। उपनिषदों में अपरा विद्या, समाज ज्ञान और परा विद्या अर्थात् आत्मज्ञान अथवा परमात्मा के ज्ञान का वर्णन है।[1] मानव जीवन धर्म, अर्थ, काम और मोक्ष–चार पुरुषार्थों को पूर्ण करने के लिए बना है।[2] इन पुरुषार्थों का ज्ञान देने वाला ही आचार्य अथवा गुरु कहलाता है। उपनिषद्कालीन गुरु स्वयं गुणमण्डित होकर अपने शिष्य को भी चारित्रिक गुणों से विभूषित करते थे।[3] उपनिषद् काल में गुरु अधिकारी अथवा शिष्य को जो ज्ञान देते थे–वही आत्मज्ञान था। आत्मज्ञान ज्ञान की पराकाष्ठा है। आत्मज्ञान जैसे दुरुह विषय की शिक्षा देने के लिए गुरु कुछ शिक्षण-पद्धतियों को अपनाते थे, उनकी उपादेयता आज भी विद्यमान है क्योंकि इन शिक्षण-विधियों के प्रयोग से अज्ञात विषय भी ज्ञात हो जाते हैं, अविदित भी विदित हो जाते हैं और फिर जानने योग्य कुछ भी शेष नहीं रहता है।[4] गुरु के सान्निध्य से आत्मज्ञान जैसे पारलौकिक ज्ञान को शिष्य गुरु द्वारा प्रयुक्त जिन शिक्षण पद्धतियों से अनायास ही समझने में सक्षम होते थे, उन विधियों का प्रयोग आज के सामाजिक परिवेश में आवश्यक है। शैक्षिक जगत् रूपी व्यावसायिक मण्डी में गुरु का उत्तरदायित्व और अधिक बढ़ गया है। उसे समाज में प्रत्येक को योग्य नागरिक बनाना है। उपनिषद्कालीन शिक्षण-विधियों के पुनरावलोकन की आवश्यकता को देखते हुए यहां उपनिषद् कालीन शिक्षण विधियों का वर्णन किया जा रहा है। इनमें प्रमुख हैं–परोक्ष विधि, व्युत्पत्ति विधि, सूत्र विधि, आख्यायिका विधि, सादृश्य विधि, वाद विधि, समन्वय विधि, स्वगत भाषण, प्रश्नोत्तर, तात्कालिकोत्तर, अध्यारोप-अपवाद विधि, कार्य-कारण विधि, प्रयोगात्मक विधि आदि।

परोक्ष प्रविधि वह विधि है, जिसमें गूढ़-से-गूढ़ विषयों को समझाने के लिए संकेतात्मक शब्दों का प्रयोग किया जाता है अर्थात् अलौकिक विषय ज्ञान के लिए

लौकिक विषय का उद्धरण देना। 'परोक्ष-प्रिया इव हि देवा'[5] यह श्रुति ऋषियों की परोक्ष प्रियता को सूचित करती है। छान्दोग्य उपनिषद् की शाण्डिल्य विद्या के सन्दर्भ में कहा गया 'सर्वं खलु इदं ब्रह्म, तज्जलान् इति शान्त उपासीत्।'[6] यहां संसार की उत्पत्ति, स्थिति और लय का कारण है—इस अलौकिक विषय को समझाने के लिए तज्जलान्—इस संकेतात्मक शब्द का जो कि लौकिक रूप में दृश्य है, प्रयोग किया गया है। इसी प्रकार श्वेताश्वर उपनिषद् में सृष्टि की उत्पत्ति, स्थिति और प्रलय को दर्शाने के लिए घूमते हुए चक्र और प्रवाहित होती हुई नदियों का उदाहरण प्रस्तुत किया गया है।[7] इस प्रकार गुरु द्वारा विषय को समझाने के लिए लौकिक दृष्टान्तों का प्रस्तुतीकरण करने से शिष्य को समझाने में आसानी तो होती ही है, साथ ही साथ उसकी चिन्तन क्षमता का भी विकास होता है। स्थूल से सूक्ष्म और सूक्ष्म से सूक्ष्मतम विषयों में प्रवेश कराने के लिए परोक्ष विधि उत्तम विधि है।

व्युत्पत्ति प्रविधि वह विधि है जिसके द्वारा शब्दों की निष्पत्ति बताई जाती है और शब्द का अर्थ स्वत: ही स्पष्ट हो जाता है। शब्द और उसके अर्थ को न समझने पर उसका विस्मरण सहज है, लेकिन शब्द किस प्रकार बना है—उसमें उसका अर्थ निहित होता है। अत: शब्द एवं अर्थ का हृदयंगम अनायास ही हो जाता है। छान्दोग्य उपनिषद् में पुरि (शरीर) में शेते (शयन करना) इस अर्थ के आधार पर पुरुष शब्द बनता है, जिसका अभिप्राय आत्मा अथवा चैतन्य तत्त्व से है।[8] इस शब्द निष्पत्ति को ही व्युत्पत्ति प्रविधि के नाम से जाना जाता है। 'ओम्' शब्द की व्युत्पत्ति के आधार पर जाग्रत, स्वप्न एवं सुषुप्ति अवस्था तथा इनसे भिन्न तुरीय अवस्था का बोध कराया गया है।[9] आज की शिक्षण-व्यवस्था में इसका प्रयोग न के बराबर हो रहा है। इसलिए शब्द और शब्द के अर्थ को समझाना दुष्कर हो गया है। भाषा पर पकड़ रखने वालों के लिए इसकी उपादेयता है, ताकि वे शब्द से अर्थ और अर्थ से मन्तव्य तक आसानी से पहुंच सकें।

विस्तृत और गम्भीर विचार को अल्प अक्षरों वाले सूत्र (या फार्मूला) में निबद्ध कर उपदेश देना, तदुपरान्त उसकी विशद व्याख्या करना—यही सूत्र प्रविधि है। 'तत् त्वं असि',[10] 'अहं ब्रह्मास्मि',[11] 'सर्वं खलु इदं ब्रह्म',[12] 'ओऽम्'[13] आदि सूत्र वाक्यों द्वारा शिष्य गुरुप्रदत्त विस्तृत व्याख्यान को सूत्र रूप में अपने मस्तिष्क में अंकित कर लेता है और विशद व्याख्यान उस सूत्र से सम्बद्ध होकर अनायास ही मस्तिष्क में अंकित हो जाता है। विज्ञान एवं गणित विषयों में इस प्रविधि का प्रयोग किया जाता है, जबकि अन्य विषयों में भी इसका प्रयोग किया जाना चाहिए।

आख्यायिका विधि के प्रयोग में गुरु द्वारा आख्यान सुनाकर शिष्य को शिक्षित किया जाता है। आख्यान मनोरंजक होने के कारण शिष्य द्वारा अनायास ही ग्रहीत हो

जाते हैं। उपनिषद् साहित्य में आचार्यों ने इस विधि का सर्वाधिक प्रयोग किया। इसका एकमात्र कारण है कि उपनिषदों में आत्मज्ञान जैसा गुह्य विषय वर्णित है। ब्रह्म जिज्ञासु के लिए विनय आवश्यक है—इसकी शिक्षा के लिए ऋषि ने 'उमा-हेमवती-इन्द्र' आख्यायिका का आश्रय लिया।[14] इसी प्रकार इन्द्रियों का परस्पर श्रेष्ठता प्रतिपादन का विवाद छान्दोग्य उपनिषद् में वर्णित है।[15] यम-नचिकेता आख्यायिका द्वारा कठोपनिषद् में आत्मज्ञान तथा मृत्यु के उपरान्त आत्मा की गति आदि का ज्ञान वर्णित है।[16]

सादृश्य प्रविधि के अन्तर्गत गुरु समानता के दृष्टान्त द्वारा मूल मन्तव्य को समझाते हैं। आत्मा-परमात्मा सम्बन्धी अलौकिक विषय के ज्ञान के लिए लौकिक दृश्य वस्तुओं से समानता दर्शाकर मूल मन्तव्य तक पहुंचाया जाता है। याज्ञवल्क्य ऋषि ने अपनी पत्नी मैत्रेयी को दुन्दुभि, शंख और वीणा के सादृश्य के माध्यम से अद्वैत आत्मज्ञान का उपदेश दिया है।[17] छान्दोग्योपनिषद् में आरुणि ने मधुमक्खियों द्वारा विविध पुष्पों से लाये गये रसों में माधुर्य रूप एक रस की प्राप्ति तथा विविध दिशाओं से बहती हुई नदियों के समुद्र में पहुंचने पर एकरूपता की प्राप्ति का सादृश्य बताकर भेदों में अभेद भाव का ही समर्थन किया है।[18] वस्तुतः उपदेश प्रणाली के लिए सादृश्य प्रविधि को मूर्धन्य माना गया है।

वाद प्रविधि का दूसरा नाम वाकोवाक्य प्रविधि है। इस विधि में ज्ञान की अभिव्यक्ति संवादों द्वारा की जाती है। कठोपनिषद् में दुरूह एवं अलौकिक ज्ञान नचिकेता-यम के संवाद रूप में व्यक्त है।[19] बृहदारण्यक उपनिषद् में याज्ञवल्क्य-मैत्रेयी संवाद,[20] मुण्डकोपनिषद् में शौनिक-अंगिरा संवाद[21] आदि मुख्य रूप से इस प्रविधि के ही उदाहरण हैं।

परिषद्, सभा, गोष्ठी आदि में जब एक विषय पर अनेक ऋषि अपने-अपने विचार व्यक्त करते थे, तब कोई अन्य प्रबुद्ध ऋषि उन सभी के अविरोधी विचारों का संग्रह कर सिद्धान्त अथवा विचार का प्रतिपादन करते थे—यही समन्वय विधि कहलाती थी। छान्दोग्य उपनिषद् में सृष्टि के विषय में विवाद करते हुए छह ऋषियों के मतों का समन्वय करके कैकेय अश्वपति ऋषि ने सिद्धान्त की स्थापना की है।[22] इसी प्रकार बृहदारण्यक उपनिषद् के चतुर्थ अध्याय में राजा जनक के द्वारा प्रस्तुत छह आध्यात्मिक विचारों का समन्वय याज्ञवल्क्य ऋषि के द्वारा प्रस्तुत किया गया है।[23] आज भी किसी विषय पर विद्वानों के मतों को प्रस्तुत कर शिक्षक उनका समाहार अपने शब्दों में प्रस्तुत कर समन्वय विधि का प्रयोग करता है।

जब कोई गुरु अन्य ऋषि-महर्षियों के वाद-विवाद को प्रस्तुत न कर अपने अनुभवों को ही अपने वक्तव्य द्वारा प्रस्तुत करता है—उस पद्धति को ही स्वगत

भाषण विधि कहा जाता है। जैसे–बृहदारण्यक उपनिषद् में अन्तर्यामी ब्राह्मण के विषय में याज्ञवल्क्य ऋषि का वक्तव्य स्वगत भाषण विधि का उदाहरण है।[24] कठोपनिषद् में नचिकेता के तृतीय प्रश्न के समाधानार्थ यम ने प्रश्नों के उत्तर को यथावत् रूप में न देकर अपने अनुभवों का विस्तृत रूप से वर्णन कर नचिकेता को उपदेश दिया।[25] आज शिक्षा जगत् में इसी पद्धति को अपनाया जाता है, लेकिन यह अनुभव पर नहीं, पुस्तकीय ज्ञान पर आधारित है। इस पद्धति को भाषण या लैक्चर पद्धति के नाम से जाना जाता है।

तात्कालिकोत्तर प्रविधि में शिक्षार्थी की जिज्ञासा अथवा प्रश्नों के उत्तरार्थ इसका प्रयोग कर गुरु उपदेश देते थे। छान्दोग्योपनिषद् में इन्द्र-विरोचन आख्यायिका में उन दोनों के प्रश्न का पूर्ण समाधान न कहकर प्रजापति ने किञ्चित तात्कालिक समाधान प्रस्तुत किया। इन्द्र ने अनेक बार तप किया और बार-बार पास जाकर अंत में ब्राह्मण के उपदेश को प्राप्त किया।[26] गुरु शिष्य की जिज्ञासा की शान्ति अथवा उसके प्रश्न के समाधान के लिए तत्काल परिवेश के अनुसार उत्तर देते हैं। इस विधि के प्रयोग के लिए अधिक अनुभव एवं अधिक ज्ञान की आवश्यकता होती है।

प्रश्नोत्तर प्रविधि में पूर्व प्रश्न का जो उत्तर है, उसी को लक्ष्य कर बार-बार वही प्रश्न किया जाता है। इस प्रकार बहुत दूर तक प्रश्नों की परम्परा चलती रहती है, और अन्त में उत्तर ज्ञात होता है। बृहदारण्यक उपनिषद् में याज्ञवल्क्य-जनक संवाद[27] तथा गार्गी-याज्ञवल्क्य संवाद के अवसर पर[28] इस विधि का प्रयोग किया गया है।

रस्सी में सर्प के आरोप के समान ब्रह्म में ब्रह्माण्ड का आरोप कहलाता है। वेदान्त दर्शन के अनुसार ब्रह्मा को ब्रह्म रूप में न देखकर ईश्वर के रूप में समझना और ईश्वर को सारे ब्रह्माण्ड का कारण स्वीकार करना, तदुपरान्त ईश्वर से आकाश, वायु, अग्नि, जल तथा पृथ्वी की क्रमश: उत्पत्ति मानना ही अध्यारोप है। इन पञ्चीकृत पांच भूतों के सत्त्व एवं रजस् गुण से पांच ज्ञानेन्द्रियां, पांच कर्मेन्द्रियां, पांच वायु, बुद्धि और मन की उत्पत्ति तथा अपञ्चीकृत पांच भूतों से पञ्चीकरण की प्रक्रिया से पञ्चीकृत पांच भूत और उन पांच भूतों से सम्पूर्ण ब्रह्माण्ड की उत्पत्ति मानना ही अध्यारोप है। इस प्रकार ब्रह्म में ब्रह्माण्ड का आरोप ही अध्यारोप है। इसके ठीक विपरीत सृष्टि के उल्टे क्रम से ब्रह्माण्ड का ब्रह्म में विलय दर्शाना ही अपवाद है। सृष्टि का वर्णन करते हुए अध्यारोप-अपवाद विधि का प्रयोग उपनिषदों में किया गया है। 'सर्वं खलु इदं ब्रह्म',[29] 'तत्त्वम् असि',[30] 'अहं ब्रह्मास्मि',[31] 'अयं आत्मा ब्रह्म'[32] वेदपरक वाक्यों का उपदेश अध्यारोप-अपवाद प्रविधि से दिया गया है।

कार्य से कारण तक पहुंचने की विधि ही कार्य-कारण ग्रहण विधि कहलाती है। इस संसार में हम देखते हैं कि कार्य की उत्पत्ति कारण से होती है। जैसे मेज का कारण

लकड़ी है, घड़े का कारण मिट्टी है, वस्त्र का कारण तन्तु है, ठीक इसी प्रकार अन्न आदि को देखकर क्रमशः इसके कारण और उसके कारण की तह तक पहुंचते हुए सत् तक पहुंचते हैं। छान्दोग्योपनिषद् में अन्न से जल, जल से तेज और तेज से क्रमशः सत् तक पहुंचने का वर्णन है।[33]

नेति-नेति विधि का अभिप्राय है कि जिसका वर्णन किया गया है उतना ही पर्याप्त नहीं है, वह उससे भी कहीं अधिक है। गुरुओं ने इस प्रविधि के द्वारा ब्रह्म के अनन्त, असीमित एवं अपरिमित रूप का बोध कराया है।[34] कोई भी ब्रह्म का यथावत् वर्णन करने में सक्षम नहीं है—इसी को समझाने के लिए इस विधि का प्रयोग किया गया है।

प्रयोगात्मक प्रविधि में गुरु शिष्य को प्रयोग द्वारा प्रशिक्षित करता है। उपनिषद् काल में योग प्रशिक्षण के समय गुरु इस विधि का प्रयोग करते थे। आज वैज्ञानिक स्थूल परीक्षणों में इसी प्रयोगात्मक विधि का अधिकाधिक प्रयोग करते हैं।

आज की शिक्षण-पद्धति में उक्त सभी विधियों का प्रयोग नहीं किया जाता है, क्योंकि उपनिषदों का पाठ्य-विषय आत्मज्ञान था और आज केवल सांसारिक विषय अथवा लौकिक विषय ही पाठ्यक्रम में है। आत्मज्ञान जैसे दुरूह एवं उच्चतम ज्ञान के अध्यापन के लिए उक्त सभी शिक्षण प्रविधियां लाभप्रद सिद्ध हो चुकी हैं, तब स्थूल विषयों के प्रशिक्षण में इन विधियों की उपादेयता को कोई नकार नहीं सकता है। अतएव आज के शिक्षकों को इन विधियों से अवगत होना, उनके प्रयोग अवसर को जानना तथा उनका यथास्थान प्रयोग करना आवश्यक है।

सन्दर्भ सूची

1. मुण्डकोपनिषद् 1/1/4/5
2. राधाकृष्णन, 'उपनिषदों का सन्देश', पृ. सं. 140
3. निरुक्त 1/14
4. बृहदारण्यकोपनिषद्
5. ऐतरेय उपनिषद् 3/14
6. छान्दोग्योपनिषद् 3/14
7. श्वेताश्वतर उपनिषद् 1/4-5
8. छान्दोग्योपनिषद् 6/8/1-3
9. बृहदारण्यक उपनिषद् 1/4/10
10. छान्दोग्य उपनिषद् 3/6/1
11. बृहदारण्यक उपनिषद् 1/4/10
12. छान्दोग्य उपनिषद् 3/6/1

13. माण्डूक्य उपनिषद्
14. केन उपनिषद्—तृतीय एवं चतुर्थ खण्ड
15. छान्दोग्य उपनिषद् 5/1/6/15
16. कठोपनिषद् अध्याय 1—प्रथम एवं द्वितीय बल्ली
17. बृहदारण्यक उपनिषद् 2/4/1-14
18. छान्दोग्य उपनिषद् 6/9-10
19. कठोपनिषद् (सम्पूर्ण)
20. बृहदारण्यक उपनिषद्
21. मुण्डकोपनिषद्
22. छान्दोग्योपनिषद् अध्याय 5, खण्ड 11-18
23. बृहदारण्यक उपनिषद् (चतुर्थ अध्याय)
24. बृहदारण्यक उपनिषद् 4/3-4
25. कठोपनिषद्—प्रथम अध्याय, द्वितीय बल्ली
26. छान्दोग्य उपनिषद् : अध्याय 8, सातवें खण्ड से अन्त तक
27. बृहदारण्यक उपनिषद्—चतुर्थ अध्याय
28. बृहदारण्यक उपनिषद्, तृतीय अध्याय
29. छान्दोग्य उपनिषद् 3/14/1
30. छान्दोग्य उपनिषद् 6/8/7
31. बृहदारण्यक उपनिषद् 1/4/10
32. माण्डूक्य उपनिषद् 1/4/10
33. छान्दोग्य उपनिषद् 6/8/3
34. ईशावास्योपनिषद्—5

    तदेजति तन्नैजति तद् दूरे तदान्तिके।

    तदन्तरस्य सर्वस्य, तदु सर्वस्यास्य बाह्यतः।

धर्मतंत्र का सैद्धान्तिक आधार

प्रमोद कुमार दुबे

ऋग्वेद के पुरुष सूक्त (10/90) में 'प्रथम धर्म' का उल्लेख मिलता है—(यज्ञेन यज्ञमयजन्त देवास्तानि धर्माणि प्रथमान्यासन—ऋ. 10/90/16)। देवों ने यज्ञ (पुरुष) के साधन से जो यज्ञ किया, वह यज्ञ कर्म प्रथम धर्म है। सूक्त में बताया गया है कि 'देवों ने एक ऐसा पुरुष देखा, जिसके हजारों सिर हैं हजारों आंखें हैं और हजारों पांव। वह भूमि को चारों ओर से घेरकर खड़ा है। उसका दस अंगुल, भाग घेरे के भीतर है और शेष भाग घेरे से बाहर। उसका एक भाग, भूमि, जल, अग्नि, वायु, आकाश नामक पंचतत्त्व हैं और शेष तीनों भाग ऊपर द्युलोक में प्रकाश रूप हैं। वह पुरुष बीते दिनों में था, भविष्य में रहेगा और वर्तमान में है। जो कुछ भी है, जहां कहीं है, वह सब कुछ वही पुरुष है।'

पुरुष का अर्थ है, जो सबको पूरित करता है और जो पुर में रहता है (छान्दोग्य 3/12/6)। इस पुरुष में तीनों लिंग (स्त्री, पु., नपुं.) और तीनों आवेश (धन, ऋण, उदासीन) हैं। यह सर्वत्र है, यह शून्य है, केवल एक है। यह पूर्ण है। इसके अकेले होने का कोई अर्थ नहीं होता, पर इसके बिना संख्यायें शुरू नहीं होतीं। इसके भीतर नौ तक की संख्याएँ हैं। यह दस हैं, सौ हैं, हजार हैं। इसके साथ एकमात्र होने की विशेषता जुड़ी हुई है। यह तीनों काल में है और काल के बाहर भी।

सृष्टि की देव-शक्तियों ने पुरुष को यज्ञ के अधीन किया है। इसी से संवत्सर उत्पन्न हुआ। इसमें सात गतिमान ग्रहों की परिधियां हुईं। ग्रह-पिण्डों के मध्य समान किन्तु विपरीत वेगों में संतुलन बना, त्रिसप्त सूत्र के ज्यामितीय आकार में सतत स्थायित्व उत्पन्न हुआ और ब्रह्माण्ड रूपी शरीर सक्रिय हो गया। सूर्य इसकी आत्मा और मन चन्द्रमा। संवत्सर का एक भाग उत्तरायण—देवों का दिन और दूसरा भाग दक्षिणायन—देवों की रात हुए। सूर्य के चारों ओर पृथ्वी के परिभ्रमण से जो वृत्त छः ऋतुओं का चक्र घूमता रहता है। इस यज्ञ में बसंत ऋतु घी है, ग्रीष्म ऋतु ईंधन और शरद ऋतु हवि है। सृष्टि का यह यज्ञ कार्य प्रथम धर्म है। इस धर्म के अधीन

देव समाज है, इस समाज का आर्थिक स्रोत विरल अवस्था में रहने वाले पंचतत्त्व हैं और उत्पादन हैं पंचतत्त्व प्रधान वृक्ष-वनस्पति, प्राण प्रधान पशु-पक्षी और मन प्रधान मनुष्य। साथ ही सब में पंचतत्त्व, प्राण और मन हैं। यह स्थूल उत्पादन पृथ्वी के जीव-जगत के रूप में दिखाई दे रहा है।

प्रकृति के विविध उत्पादनों से धरती भरी हुई है। प्रकृति शब्द का अर्थ है, जो शक्ति काल को आकृति प्रदान करे, आकार देकर बोधगम्य बना दे। संवत्सर भी काल को उत्पादित करता है। वह सूक्ष्म प्रकृति है। उसमें सृष्टि-यज्ञ चलता रहता है। इसलिए संवत्सर और उसके यज्ञ को प्रजापति कहा गया (संवत्सर एवं प्रजापति–1/6/3/5) शत.ब्रा., संवत्सरो यज्ञः प्रजापति–1/2/5/12 शत. ब्रा.)। सृष्टि रचना के धर्म-कार्य को प्रथम धर्म कहा जाता है। धर्म एक प्रक्रियात्मक शब्द है। इसके अर्थ में हमेशा सापेक्षता दिखती है–किस संदर्भ में धर्म? किसका धर्म? इसे स्वतंत्र परिभाषा में बांधना उचित नहीं है। अन्यथा, यह जड़ हो जायेगा और काल ब्राह्य भी। यह सतत है, सनातन है। पूर्वमीमांसा सूत्र (1/1/2) ने धर्म को वेद द्वारा प्रेरित और अनुशंसित कार्य कहा है। यह परिभाषा ऋग्वेद में आये प्रथम धर्म की ओर इशारा करती है। पर, धर्म को सीमा में नहीं बांधती। धर्म शब्द विज्ञान, संस्कार, कर्त्तव्य, आचार इत्यादि के अर्थों में अपने में समेट लेता है। यह अभ्युदय और निःश्रेयस् को–भौतिक उन्नति और आध्यात्मिक उन्नति दोनों को एक साथ फलित करने वाला प्रयत्न भी बनता है। धर्म के तीन स्कंध हैं (त्रयो धर्म स्कन्धाः –छान्दोग्य. 2/23/1)। पहला स्कंध यज्ञ है, दूसरा तप है और तीसरा आचार। यह एक-दूसरे के पूरक हैं। धर्म शब्द का कोई पर्याय शब्द नहीं हो सकता। इसका अनुवाद करना पाप है। क्योंकि अनुवाद से इसके अर्थ की हत्या हो जाती है और इसके अर्थ के प्रकाश से रहित मनुष्य अंधा। धर्म शब्द की अर्थ-व्याप्ति यज्ञ के समान ही अणु से लेकर ब्रह्माण्ड तक है। अणु से महत् सृष्टि तक धर्म के साथ सर्वत्र दसांगुल पुरुष उपस्थित है। जहां धर्म होगा, वहां यज्ञ और पुरुष का रहना आवश्यक है। प्रथम धर्म इन्हीं दोनों का कार्य है।

पृथ्वी यज्ञरता है। पृथ्वी में धर्म है। पृथ्वी पुराधाता है, इसके अन्तस् की अग्नि पुरोहित। पंचतत्त्व पुरोधाता है, पंचतत्त्वों की रश्मियां पुराहित। पृथ्वी की गति संवत्सर की भांति चक्रात्मक और यज्ञात्मक दोनों हैं। यह क्षैतिज दिशा में एक बिन्दु से चलकर पुनः उसी बिन्दु पर लौटती है, बाहर के सोम को खींचकर अपने अग्नि-पात्र में हवन कर देती है। यह अपने पुर को पूरित करती रहती है। इसमें निरंतर यज्ञ क्रिया चलती रहती है। यह द्युःलोक में व्याप्त सविता को आवाहित करती है। सविता इसकी वरेण्य है, आवाहनीयाग्नि है। सविता मन की अधिष्ठात्री है। 'सव'

का अर्थ है मन। सविता दसों इन्द्रियों में मन को संचालित करती है, प्रत्येक प्राण-केन्द्र को जाग्रत करती है, देव-शक्तियों की योजक-प्रबन्धक है। इसे पृथ्वी मनुहार कर अपने भीतर बुला देती है। पृथ्वी के रंगों में उतरी हुई सविता की सावित्री रश्मियां गायत्री कही जाने लगती हैं। सावित्री का कार्य-क्षेत्र सूक्ष्म और व्यापक है। इसके प्रभाव से काल के अश्व सात रश्मियों के रूप में दौड़ते हैं। आगे चलकर स्थूल आकार ग्रहण कर लेते हैं। सावित्री पंचतत्त्वों की रश्मियों का संयोजन करती है और गायत्री पार्थिक पंचतत्त्वों का संयोजना। पार्थिव सृष्टि-वृक्ष-वनस्पति-पशु-पक्षी और मनुष्य गायत्री की सृष्टि है। इन दोनों शक्तियों का छन्द एक ही है, केवल अवस्था भेद से इन दोनों में अन्तर है। पृथ्वी द्वारा सविता का आवाहन और उससे आत्मसंवर्धन का कार्य पृथ्वी का यज्ञ-कर्म है। यज्ञ की गति ऊर्ध्व है। ऊर्ध्व और क्षैतिज दो गतियों में सृष्टि सक्रिय है। इतिहास और स्मृतियां क्षैतिज गति से संग्रहित होते हैं, वेद और ज्ञान-विज्ञान ऊर्ध्व गति से संचित किये जाते हैं। स्मृति पुरोधाता है। श्रुति (वेद) पुरोहित। विश्व जीवन की व्यवस्था इन दोनों से हो पाती है।

ब्रह्माण्ड की संचालक-शक्ति की जो भूमिका पृथ्वी के संदर्भ में प्रकट होती है उससे विश्व-जीवन प्रभावित होता है। समाज-व्यवस्था संवत्सर के ॠतु परिवर्तन से प्रभावित होती है इससे समाज का अर्थ-तंत्र प्रभावित होता है। इसलिए सनातन धर्म में पृथ्वी के जीवन-यज्ञ को पूरी तरह अनुसरण करने का प्रयास किया गया है। पृथ्वी के यज्ञ में सूर्य (सविता) आवाहन की अग्नि है, चन्द्रमा दक्षिणाग्नि और पृथ्वी की अग्नि गार्हपत्य अग्नि है। इन तीनों अग्नियों में एक क्रमिक संबंध है। यज्ञ का विज्ञान ज्योतिष से समझा जा सकता है। ब्रह्माण्ड के ग्रह पिण्डों से शरीर का संबंध किस प्रकार है? इसकी व्याख्या ज्योतिष करता है। यह प्राकृतिक व्यवस्था है। इससे मनुष्य अपनी क्षमताओं के विकास में सहयोग ले सकता है, साथ ही मनुष्य एक स्वतंत्र सत्ता भी है। वह अपनी इच्छा का संसार बन सकता है। कयोंकि उसके शरीर रूपी पुर में भी दस अंगुल का यज्ञ-पुरुष उपस्थित है।

यदि मनुष्य पृथ्वी के यज्ञ कर्म को अपने जीवन से जोड़कर कार्य करता है, उसे प्रकृति का सहयोग मिल पाता है। लेकिन जब वह भौतिक विकास के लिए प्रकृति और उसके नियमों की उपेक्षा करता है, तब वह अपने सर्वनाश को बुलावा दे रहा होता है। भारत की सामाजिक और आर्थिक व्यवस्था वेद में बताये गये प्रथम धर्म के अनुरूप स्थापित हुई। आज भी यह व्यवस्था है, परन्तु इसके आधार की साफ-सुथरी व्याख्या चुनौती बनी हुई है। इसका पहला कारण है वेद की समुचित व्याख्या का अभाव, उसकी तप-साधना और आचारों का क्षरण। वेद द्वारा स्थापित वर्णाश्रम धर्म का रूढ़ होकर जातियों में परिवर्तित हो जाना और यज्ञ के युगीन विधान से

निरंतर संस्कार के कार्यों का नहीं होना। इन दुर्व्यवस्थाओं के पीछे ऐतिहासिक कारण है। फिर भी सनातन कभी रुकता नहीं, कभी नष्ट नहीं होता। जैसे पृथ्वी कभी रुकती नहीं, सृष्टि में व्यास ब्रह्मनाद ओंकार कभी रुकता नहीं।

वेद की त्रयी-विद्या सृष्टि से निरंतर गतिमान है। वह सविता आज भी पृथ्वी के बुलावे पर आ रही है, पृथ्वी के चौबीस घंटे के काल छंद गायत्री में प्रविष्ट होकर इसकी प्राण-ऊर्जा का पोषण कर रही है। प्रथम यज्ञ कर्म से प्रथम धर्म को उत्पादित करने वाली देव-शक्तियां देव सृष्टि में व्याप्त हैं। उपनिषद् कहता है, एक बार मृत्यु ने देवताओं का पीछा किया। देवता मृत्यु से बचने के लिए वेदों के छन्द में छिप गये। मृत्यु उन्हें खोजती हुई आयी। उसने छंद में छिपे देवताओं को ऐसे देखा, जैसे मछली मारने वाला मछेरा जल के भीतर मछलियों को देख लेता है। देवता मृत्यु को देख डर गये। वे वेद के छन्दों को छोड़ ओंकार में प्रवेश कर गये। ओंकार सृष्टि का मूल है। उसमें मृत्यु कैसे प्रवेश करती, उसका भी अन्त हो जाता, वह लौट गई। आख्यान बताना चाहता है कि ओंकार में भी अन्त है, समाधि है, पर, वह सृष्टि का बीज है। उसमें प्रवेश पाकर मृत्यु से बचा जा सकता है और पुनः सृष्टि की जा सकती है। पर, मृत्यु के मुंह में जाकर इच्छित सृष्टि का विस्तार करना संभव नहीं है। सनातन धर्म मृत्यु के अंधकार की ओर नहीं, बल्कि ओंकार से प्रकाश की ओर प्रेरित करता है जो सृष्टि में शाश्वत रूप से व्याप्त है। ज्यों-ज्यों मृत्युदायी आक्रांता कोलाहल थमने लगता है, ओंकार का शंख नाद सुनाई देने लगता है, वेद की त्रयी विद्या प्रकट भूमिका में गोचर होने लगती है। इस प्रकार सृष्टि के प्रथम यज्ञ की सूक्ष्म व्याप्ति सदैव बनी रहती है। मृत्यु सदृश प्रलय भी—चाहे वह पांच भौतिक हों या ऐतिहासिक, मृत होने वाले पदार्थों को ही मृत कर सकता है, अमृत कभी मृत नहीं हो सकता।

पुरुष सूक्त (ऋ. 10/90) में बताया गया पुरुष अमृत है और चूंकि वह अन्न से विकसित होता है, उसमें अमृत और मृत दोनों पदार्थ हैं। वह आध्यात्मिक और भौतिक दोनों ऐश्वर्यों की केन्द्रीय सत्ता है। उसके दंशागुल विराट देह के चार भाग होते हैं। उसके मुख से ब्राह्मण, बाहु से राजन्य (क्षत्रिय), जंघे से वैश्य और पांव से शूद्र वर्णों की उत्पत्ति होती है। इस कथन को बिना ठीक-ठीक समझे समाज में आरोपित करना न उचित है, न आवश्यक। जाति वाली वर्णाश्रमी व्यवस्था प्रवृत्ति वाली वर्ण-व्यवस्था को क्षतिग्रस्त करती है। प्रत्येक जातियों में चारों प्रवृत्ति के व्यक्ति हो सकते हैं। हर जगह अर्थाकांक्षी व्यक्ति विचारशील व्यक्तियों को क्षतिग्रस्त करने में सफल हो सकता है। 'अपानी' इच्छाएं व्यक्ति को विचार वंचित करती हैं। क्योंकि विचार उदान प्राण का विषय है और दैहिक इच्छा अपान प्राण का विषय। व्यक्ति के भीतर भी दृश्यमान अर्थकारी कार्यों का दबाव अधिक बना रहता है और

वैचारिक कार्यों की उपेक्षा हो जाती है। यही स्थिति दैहिक स्तर पर, परिवार स्तर पर और जातियों, वर्गों, संगठनों, राजनीतिक पार्टियों, संस्थाओं सहित अन्य कार्य समूहों में साफ-साफ दिखाई देती है।

वर्ण संयोजन समाज से पहले व्यक्ति की अपने देह का विषय है। विराट दस में जो चार है वह स्वभाव से ही अद्‌भुत है। इसे छान्दोग्योपनिषद् (4/3/8) में भी कृत कहा गया है। यह चौपड़ की बिसात है। यह प्राणों में है, प्रवृतियों में है, मनुष्य देह में है और गणित में है तो ज्यामिति में भी है। वेद द्वारा उत्पादित दस के गणित में संसार अपना हिसाब-किताब चला रहा है। लेकिन वेद का ऋण तथाकथित विकसित विश्व चुकाने को तैयार नहीं है। वह आज भी यही चाहता है कि वेद हमें दे सकता हो तो दे दे, लेकिन भूलकर भी किसी से यह न कहे कि वह दाता है। उसके सांस्कृतिक अस्तित्व में वर्चस्व की कोई क्षमता भी है। यही प्रवृत्ति 'अपानी' प्रवृत्ति है, अर्थाकांक्षी भोगवादी प्रवृत्ति है, पतनोन्मुख प्रवृत्ति है और यही मृत्यु-उन्मुख प्रवृत्ति भी है। जिस समाज में, जाति में, संस्था में, परिवार और देह में अमृत का मान नहीं है, विचार की प्रतिष्ठा नहीं है, उसका विकास चाहे जितना दिखता हो—मृत है, अंधकार है। विश्व बाजार में अपानी अर्थकारी शक्तियों के हाथों बिकने वाले विचारकों-चिन्तकों, वैज्ञानिकों का उपयोग किस दिशा में हुआ? सृजन में हुआ या ध्वंस में ? चतुर्वर्ण के मानदण्ड पर विचारना चाहिए कि इस द्यूत क्रीड़ा में कौन जीत रहा है? यदि शकुनी जीत रहा है तो कौरव-पाण्डव निश्चित रूप से महाभारत के युद्ध की ओर बढ़ रहे हैं। सर्वनाश संभावित है। चतुर्वर्ण की उत्पत्ति दस संख्यक विराट से होती है। इस सूत्र को जातियों के उठा-पटक में उलझाकर रखने की जरूरत नहीं है। इसका प्रयोजन बड़ा है। इसकी व्याख्या का क्षेत्र सम्पूर्ण विश्व-जीवन और उसकी व्यवस्था होना चाहिए।

दस संख्यक विराट से उत्पन्न चार संख्यक व्यवस्था का सूत्र कैसे क्रियाशील होता है? अर्थाश्रित समाज विचाराश्रित समाज को क्यों क्षतिग्रस्त करता है? इनमें संतुलन का कोई मार्ग है अथवा यही प्रकृति का नियम है? इन प्रश्नों का उत्तर भी चार संख्यक व्यवस्था की शक्ति संरचना में निहित है। प्रत्यक्ष रूप से योग की सामान्य क्रियाओं द्वारा जैसे व्यक्ति अपना स्वास्थ्य संतुलित करता है, जीवन शैली बदलता है, चित्त की वृत्तियों को समायोजित करके अपना व्यवहार संयमित कर लेता है, वैसे ही प्राणों के संयम से विश्व-जीवन को दुर्व्यवस्था से मुक्ति दिलाई जा सकती है।

विराट यज्ञ-पुरुष में स्वयं योग सक्रिय है। मनुष्य देह में दस इन्द्रियां हैं और द्विगुणित रूप में पांच प्राण हैं। दस इन्द्रियों में पांच ज्ञानेन्द्रियां हैं, पांच कर्मेंद्रियां।

इन्हें संचालित करने वाले प्राण भी दस होते हैं। इनका वर्गीकरण पांच में किया गया है इन प्राणों के चार क्रियाशील भाग हैं–उदान, व्यान, समान और अपान। समान-अपान देह के अधोभाग में और व्यान-उदान ऊर्ध्वभाग में स्थित हैं। बाहरी प्रकृति में भी जल, भूमि अधोभाग और अग्नि-वायु ऊर्ध्वभाग एक ही क्रम में व्यवस्थित हैं। समान और अपान वैश्य और शूद्र प्रवृत्तियों के कारक हैं, उदान और व्यान ब्राह्मण और क्षत्रिय प्रवृत्तियों के कारक। देह की आन्तरिक प्रकृति और बाह्य जगत की प्रकृति दोनों में चारों प्राणों की भूमिकाएं भी एक प्रकार की हैं। देह में दृश्यमान अर्थकरी कर्मों की प्रवृतियां समान और अपान प्राणों से प्रेरित होती हैं। भूमि और जल की तरह ठोस अनुभवगम्य उपलब्धियों को ही सामान्यतः देखा और जाना जाता है। बाजार की आर्थिक शक्ति सबको प्रभावित करती है। क्योंकि प्राण देह पर टिके हुए हैं, देह अन्न इत्यादि जरूरतों पर टिकी हुई है और इन्हीं जरूरतों पर बाजार लगा हुआ है।

अर्थ शक्ति का सबसे अधिक दबाव शहरी जीवन पर पड़ता है। शहर का विकसित रूप अर्थाश्रित होता है। गांव प्रकृति और बाजार के बीच की व्यवस्था है और वन्य जीवन पूर्णतः प्रकृतिजीवी व्यवस्था। यह वर्गीकरण भारत की पुरानी व्यवस्था में स्पष्ट रूप से था और इसका नियमन भी राज्य द्वारा किया जाता था। किन्तु, अभी शहर गांवों को निगलता जा रहा है। साथ ही शहर गांव को अर्थाश्रयी बनाकर विकसित करने का उल्टा दावा भी कर रहा है। इससे चारित्रिक ह्रास, वैचारिक पतन हो रहा है। शहर को अपने स्वरूप का बोध होना चाहिये कि वह वस्तुतः है क्या? समान और अपान प्राणों की प्रवृत्तियां ही शहर का मूल चरित्र गढ़ती हैं। भोग और उत्पादन, की प्रवृतियों में सब कुछ झोंक देने का अर्थ है–दो ऊर्ध्व प्राणों व्यान और उदान की अवहेलना, जिनमें अमृत प्रधान प्रवृत्तियां हैं, विचारशील उदात्त प्रवतियां। इनसे वंचित होकर समाज-व्यवस्था पतन की ओर बढ़ती जाती है। विचित्रता यह भी है कि समान और अपान अधोप्राणों की प्रवृत्तियों के बिना उदान और व्यान ऊर्ध्व प्राणों की प्रवृत्तियों को दृश्यमान अस्तित्व नहीं मिलता।

इन चारों प्राणों के संवर्ग को मूल प्राण से ही अमृत प्राप्त होता है। इसी प्रकार का संबंध पांच ज्ञानेन्द्रियों का पांच कर्मेन्द्रियों से और पंचतत्त्वों का संबंध भी उनकी रश्मियों से है। घन, तरल और विरल अवस्थाओं का एक-दूसरे से काल-चक्र के अनुसार क्रमिक संबंध है। ये ताने-बाने विराट की देह-संरचना के अनुरूप हैं, जिसमें दैनिक, मासिक और वार्षिक अहोरात्रियों की क्रमशः एकसूत्रता है। मनुष्य भी दैहिक-मानसिक और चैतसिक स्तरों पर कार्यशील होते हैं।

जिनकी रुचि चैतसिक वृत्ति में नहीं है, उन्हें ब्राह्मण होने में कष्ट होगा। इसी प्रकार देह प्रधान व्यक्ति को मानसिक वृत्तियों में पीड़ा होगी। प्रत्येक कार्य को पैसों में देखने की रुचि रखने वाले व्यक्ति को आर्थिक लाभ वाले कार्य ही अच्छे लगेंगे। यद्यपि सभी वृत्तियों में त्रिवर्ग है—धर्म है, अर्थ और काम है। चैतसिक काल के भेद से निर्मित रुचि भिन्नता में एक ही विराट पुरुष की छटाएं हैं।

बाह्य यज्ञ और आभ्यंतरिक तप का अविभाज्य संबंध भारत के मनीषियों को प्रारम्भ से ज्ञात था। एक समय आया जब भारी भौतिक साधनों से होने वाले यज्ञ-अनुष्ठानों के प्रति उदासीनता आयी। तांड्य ब्राह्मण (25/18) साक्ष्य देता है कि भौतिक साधनों से होने वाला यज्ञ आत्म-यज्ञ का रूप लेने लगा, यज्ञ की धारणा सूक्ष्म हो गयी। तपस्या और ज्ञान की प्रधानता बढ़ी। सम्पूर्ण जीवन को ही यज्ञ माना जाने लगा। जीवन-यज्ञ का ऋत्विज कोई दूसरा व्यक्ति न होकर, स्वयं मनुष्य देह की इन्द्रियां हो गयीं। वाणी होता, चक्षु अध्वर्यु, मन ब्रह्मा, श्रोत उद्गाता और अन्य अंग चमसाध्वर्यु माने गये। दोनों नेत्रों के मध्य भाग को यज्ञ में सदस्य को स्थान पाने वाला आकाश माना गया। भौतिक साधनों से होने वाले यज्ञ में अध्वर्यु मौन रहकर अनुष्ठान का निरीक्षण करता रहता है। वह यज्ञ-वेदी की उत्तर दिशा में बैठता है। उसका मुख दक्षिण दिशा की ओर में रहता है। ब्रह्मा यज्ञ का संचालक होता है। उद्गाता ऋचाओं का गान करता है। यज्ञ की रूपरेखा बनाना और उसे विधिवत सम्पन्न करवाना 'होता' का कार्य है। 'होता' यज्ञ वेदी की पश्चिम दिशा में बैठता है। उसका मुख पूरब दिशा में रहता है। चमसाध्वर्यु सहयोगी का कार्य करता है। इस प्रकार सभी इन्द्रियों को ऋत्विज के रूप में नियोजित मानकर आन्तरिक यज्ञ का विधान प्रचलित हुआ।

जैसे श्रोत यज्ञों को सम्पन्न करने के लिए एक सूर्योदय से दूसरे सूर्योदय की एक अहोरात्रि को प्रातः माध्यन्दिन और सायं नामक तीन सवनों में विभाजित किया गया और सवनों का वैदिक छन्दों एवं देवताओं से संबंध निर्धारित किया गया—इसी क्रम को मनुष्य की आयु के साथ भी नियोजित माना गया। चौबीस वर्ष की वय तक प्रातः सवन, गायत्री छंद और वसु देवता, चौबीस से चौवालीस तक माध्यन्दिन सवन, त्रिष्टुप छन्द और रुद्र देवता तथा चौवालीस से अड़तालीस वर्ष के वय तक सायं सवन जागती छन्द और आदित्य देवता निर्धारित किए गए। इस निर्धारण के आधार थे—चौबीस अक्षर का गायत्री छन्द, चौवालीस अक्षर का त्रिष्टुप छन्द और अड़तालीस अक्षर का जागती छन्द (छान्दोग्यो. 3/16/1-7)।

यह आन्तरिक यज्ञ कोई अचानक हुई खोज नहीं था। कालक्रम से सम्वत्सर-यज्ञ अणु से लेकर महत तो निरंतर हो रहा है। जो यज्ञ खगोल में चल रहा है उससे

पृथ्वी और पृथ्वीवासी मनुष्य, पशु-प्राणी, वृक्ष-वनस्पति प्रभावित ही नहीं, उसी यज्ञ की अनुकृति में प्रवृत्त हैं। कण-कण और क्षण-क्षण अखंड मंडलाकार गति में सम्मिलित हैं। इस तथ्य की घोषणा वेद ने कर रखी है। प्रथम यज्ञ का यह संदेश है कि मनुष्य भी वही करे जो सृष्टि की देव-शक्तियां कर रही हैं, उनके विपरीत कार्य न करे। इस धारणा का कारण यह था कि सारे पदार्थों की उत्पत्ति यज्ञ से होती है। इच्छित पदार्थों की प्राप्ति भी यज्ञ से होती है। देवों ने सुख-समृद्धि, यश-प्रतिष्ठा यज्ञ से प्राप्त की, मनुष्य को भी दैवीय यज्ञ का यथाविधि अनुकरण करना चाहिये। आज भी मनुष्य अपनी इच्छा-पूर्ति का यज्ञ कर रहा है, सुख-सुविधाओं के उत्पादन में व्यस्त है। लेकिन, आज वह प्रकृति के अनुसरण में नहीं है। पहले तो वह प्रकृति-विजय का स्वप्न देख रहा था, अब उसे आपदा-प्रबंधन, जीव-जगत की रक्षा, पर्यावरण की चिन्ता जैसे विषयों में उलझना पड़ रहा है। विचित्रता यह है कि देव-यज्ञ के अनुरूप मनुष्य का आचार बनाने के अथक प्रयत्न हमेशा हुए, फिर भी संयम का बांध हमेशा टूटता ही रहा। महाभारतकार का कहना है कि 'धर्म के अनुशासन में अर्थ और काम का सेवन होना चाहिये। वह बार-बार भुजा उठाकर यह घोष्णा करता है। लेकिन, कोई नहीं सुनता।' आज भी काम मनुष्य के स्तर को जानने का मानदंड है।

देव-यज्ञ के सारे उपकरण दैवी हैं। इस यज्ञ की अनुरूपता प्राप्त करने के लिए लौकिक यज्ञ के उपकरणों को भी दैव संस्कारों से परिमार्जित करना पड़ता है। संस्कार रहित उपकरणों से यज्ञ नहीं किया जाता। संस्कार से ही यजमान, पुरोहित, अग्नि इत्यादि उपकरण दैवीय गुणों से सम्पन्न होते हैं। इसके लिए उन वेद मंत्रों का उपयोग किया जाता है जिनकी ध्वनि तरंगों में घिरे हुए आकाश में देव-शक्तियां रहती हैं। वही शब्द रूप वेद भौतिक उपकरणों को भी देवतुल्य बना देता है। वेद मंत्रों में वही मल वाग् है जिससे ऋग्-यजुष्-साम उत्पन्न होते हैं और सृष्टि-यज्ञ प्रारम्भ होता है। जिस यज्ञ के कार्यों में विभागानुसार अग्नि, इन्द्र, मित्र, वरुण, यम, मातरिश्वा आदि देवता नियुक्त हैं।

जीव-जगत के निर्माण के लिए होने वाले प्राणिक यज्ञ में निरंतर सूक्ष्म देव-शक्तियों की भूमिका होती है। बाह्य यज्ञ में जैसे आहवनीय अग्नि, दक्षिणाग्नि और गार्हपत्य अग्नि स्थापित होती है, जो क्रमशः सूर्य, चन्द्रमा और पृथ्वी की अग्नियों का प्रतिनिधित्व करती हैं, देह-यज्ञ में भी इन तीनों अग्नियों का प्रतिनिधित्व क्रमशः प्राण, व्यान और अपान करते हैं। इन्हें भी द्युलोक, अन्तरिक्ष और पृथ्वी से सम्बद्ध समझा जाता है। जैसे मूल वाग् घनीभूत होकर सृष्टि के सूक्ष्म पंचतत्त्वों की रश्मियों में बदला जाता है, रश्मियां भी घनीभूत होकर ध्वनि हो जाती हैं। शब्द रूप ध्वनि

आकाश को सृजित करती हैं। आकाश वायु में, वायु अग्नि में, अग्नि जल में, जल भूमि में क्रमशः मूर्त होते हैं। इसी प्रकार प्राण से पंचज्ञानेन्द्रियों की रचना होती है। प्राण का सम्बन्ध सूर्य से, व्यान का सम्बन्ध चन्द्रमा से और अपान का सम्बन्ध पृथ्वी से है। पंचतत्त्वों की रश्मियों की अग्नि को चित्याग्नि कहते हैं और इनसे होने वाले यज्ञ को 'पंचचितिक यज्ञ'। इन ज्योतिर्संरचनाओं को चित्र-शिशु भी कहा जाता है। यही चिति या वेदी कही जाती है।

जैसे गर्भस्थ शिशु का प्राण माता के स्वास-प्रस्वास से जुड़ा रहता है, समष्टि प्राण सावित्री से व्यष्टि प्राण गायत्री से जुड़ी रहती है। इन दोनों का आवागमन होता रहता है। पंच तत्त्वों की कुल रश्मियों का योग तीन सौ साठ होता है। इन रश्मियों को 'मयूख' कहा जाता है। इनका संबंध देह में व्यान प्राण से और ब्रह्माण्ड से चन्द्रमा से है। गर्भकोश में शुक्र-शोणित से निर्मित भ्रूण प्राणों के संकुचन और प्रसारण से विभाजित एवं संवर्द्धित होता रहता है (प्राणों वै समञ्चन प्रसारणम्-शत.ब्रा. 8/1/4/10)। प्राण का संकुचन ऋग् है और प्रसारण साम। सम्वर्द्धन की क्रिया यजुष् से होती है। भ्रूण का विकास छन्द के संख्या क्रम में होता है। एक से दो, दो से चार, चार से आठ, आठ से बारह, सोलह इत्यादि (चतुश्चत्वारिंशच्चमेष्टा चत्वारिंशच्च मे यज्ञेन कल्पन्ताम्-यजु. 18/25)। यजुर्वेद (18/66) और ऋग्वेद (1/164/36) में गर्भकोश में होने वाले आणविक यज्ञ की चर्चा हुई है। वेद ने गर्भकोश को खौलता हुआ पात्र कहा है जिसमें सोम भरा रहता है। इसमें भी होत्रकर्म चलता है। इस यज्ञ के 'होता' देव-शक्तियां हैं। वही प्राण का आवाहन करती हैं, हवन करती हैं, जीवन यज्ञ का संवर्द्धन करती हैं। प्राण के माध्यम से प्रवेश कर दस संख्यक पुरुष इस यज्ञ में भी कारक बनता है-(यो वै प्राणः स आयु। सोऽयं पुरुषेऽन्तः प्रविष्टो दशधा विहितः-शत.ब्रा. 5/2/3/10)। यहां भी वही विराट पुरुष उपस्थित है जिसकी नाभि से अन्तरिक्ष, सिर से द्युलोक और पांव से पृथ्वी उत्पन्न हुई। देह स्तर पर भी वह तीनों सृष्टियां करता है। उसके ऊर्ध्व देहांग द्युलोक, मध्य देहांग अन्तरिक्ष और अधो देहांग पृथ्वी है। यहां भी वह सात अग्नियों से रस, रक्त, मांस, अस्थि, मज्जा, शुक्र नामक सप्तधातु बनाता है। काल और यज्ञ का वही क्रम मनुष्य देह में भी चलता है।

सनातन धर्म के संस्कार, उत्सव, पर्व, व्रत इत्यादि काल और यज्ञ विधान का अनुसरण करते हैं। सृष्टि के प्रथम धर्म के अनुसार धर्माचरण और विधि-विधान होने के कारण हमारा धर्म सनातन धर्म कहा जाता है। प्रथम धर्म के तीन स्तर अनुभव में आते हैं। पृथ्वी नाच रही है, हवा चल रही है, नदियां बह रही हैं, पार्थिव प्रकृति के ऊपर खगोलीय पिण्डों में निरंतर गति है। ये सृष्टि के अंग हैं। इसके बाद दूसरा जीव-जगत है और इसी में मनुष्य-जीवन का अपना संसार है। तीसरा स्तर

प्राण और प्रवृत्ति है जिसके कारण मित्र-शत्रु का अनुभव होता है। धर्माचरण का निर्धारण सबको मिलाकर होता है। परिवर्तन प्रकृति का स्वभाव है, लेकिन परिवर्तन का आधार भी काल और यज्ञ के क्रम में ही है। तीन त्रिकों के पूरा होने के बाद सबकी दश बदल जाती है। नौ माह का गर्भ दसवें माह अपने नये अस्तित्व में होता है। प्रकृति चक्र में भी चलने वाले निरंतर परिवर्तन तभी दिखाई देते हैं जब वे मूर्त आकार ग्रहण करते हैं। अंधकार और प्रकाश प्रधान कृष्ण और शुक्ल पक्ष निरंतर गतिशील हैं। किन्तु, ये अमावस्या और पूर्णिमा में मूर्त हो जाते हैं। तभी इनका पूर्ण अस्तित्व सबके सामने आता है।

शाश्वत काल-चक्र के साथ युग-चक्र भी अपनी सीमा में निरंतर गतिशील है। सनातन धर्म के युगीन रूप प्रकट होते रहते हैं। अनेक भौतिक साधनों से होने वाले यज्ञ-यागों में परिवर्तन दिखाई पड़ा। वह अन्तर्भूत योग में व्यवहृत होने लगा। वही तंत्र में साधित होने लगा। वही भाव प्रधान होकर भक्ति मार्गों में आकृत हुआ। अतः धर्म प्रत्यक्ष है, परोक्ष है, शास्त्र और लोक-सम्मत भी है। धर्म परम्परा और व्यवहार में है। साधना से धर्म का प्रत्यक्ष अनुभव किया जाता है। बिना समुचित साधना के धर्म की वास्तविकता ज्ञात नहीं होती। पुस्तकीय ज्ञान से धर्म पर व्याख्यान देना साधारण बात है। ऐसे व्यक्ति के उपदेश या प्रवचन का कोई मतलब नहीं होता जो बिना साधना के धर्म और शास्त्र बोलता है। ऐसा व्यक्ति तो कभी-कभी धर्म को भय दिखाने के लिए उपयोग भी करता है, अपने शिष्यों की संख्या बढ़ाने के लिए संगठन-प्रबंधन की विधियां अपनाता है। सहयोग और सहकारिता के सामूहिक आयोजन से संगठन खड़ा किया जा सकता है लेकिन, धर्म-साधना के बिना काल और सृष्टि यज्ञ के विभिन्न स्तरों तथा पूरे जीवन-चक्र को संचालित करने वाली अन्तिम सत्ता को नहीं जाना जा सकता। इसलिए सत्य-सनातन धर्म की प्रामाणिक अनुभूति हमेशा चुनौतीपूर्ण रही है। इसमें शास्त्र और निर्धारित आचार को ही सर्वोपरि मान्यता नहीं मिलती, सर्वोपरि मान्यता तो सत्य का साक्षात्कार करने वाले व्यक्ति को मिलती है। फिर भी उसके परीक्षण के मानदण्ड शास्त्रों में पूर्वनिर्धारित हैं। शास्त्र और साधना एक-दूसरे के पूरक हैं। सनातन के युगीन और व्यावहारिक पक्ष का निर्धारण साधना से उत्तीर्ण व्यक्ति ही कर पाता है। इसी सत्यनिष्ठ स्थापना के कारण समाज में धर्म की विश्वसनीयता बनी रहती है। धर्म के नाम पर झूठ-पाखण्ड भी खड़े होते हैं और खण्डित होते रहते हैं। धर्म का साधना पक्ष सर्वाधिक संवेदनशील और एकांतिक होता है।

जिस साधना से धर्म को समाज में प्रमाण मिलता हो, उसे सार्वजनिक न किया जाये, उसे शास्त्रों के गहन ज्ञान में गये बिना जाना न जा सके और पात्रता के बिना

उसका परिचय प्राप्त न हो तो निश्चय ही उसके अज्ञात हो जाने का संकट बना रहेगा। साथ ही धर्म के नाम पर आडम्बर खड़ा होगा, प्रबंधन, संगठन, सहकारिता का कारोबार पनपेगा। इसलिए पारदर्शी विधि-विधानों के साथ धर्म के ब्राह्याचारों और अन्तरंग आचारों के सभी पक्षों को सम्प्रदायों ने समायोजित किया। युगीन आवश्यकता के अनुसार साधना के रूप विकसित हुए। परन्तु इनके अनुभूत सत्य में विभिन्नता नहीं है। सर्वयुगीन धर्मयुगीन परिस्थितियों में आकार ग्रहण करता रहा। विधि-निषेधों से धर्माचरण निर्धारित होता रहा।

धर्म की मूल स्थापनाओं को व्यावहारिक रूप में ग्रहण करने के लिए सम्प्रदायों की आवश्यकता होती है। जिसमें गुरु-आचार्य द्वारा बताये गये मंत्र और मार्ग व्यवहार में लाये जाते हैं। वैदिक रूा में जो काल विभाजन के साथ छन्द और देवताओं के भेद स्थापित हुए, उन्हीं का आधार लेकर सामूहिक संकीर्तन का भी प्रचलन हुआ। वह भी काल-छन्द का अनुसरण करने वाला वाग्-यज्ञ है। आठ पहर के रागों-रागिनियों में श्री कृष्ण की सेवा प्रचलित हुई। इस प्रकार के सम्प्रदायों में युगीन विकास के अनेक रूप दिखाई देते हैं। सामान्य जन के लिए पूजा-पद्धति आचरण और आराध्य रूपों का निर्धारण हुआ। श्रद्धा, भक्ति, प्रार्थना उसके उपकरण बने। भक्ति सम्प्रदायों के ऐसे कार्यों से वेद के ज्ञान का सर्वोपलब्ध रूप विकसित हुआ। सरल-सरस भक्ति साधनों के ग्रहण करने के लिए भाव भरे मन को ईश्वर-प्राप्ति का सबसे बड़ा उपकरण माना जाता है। एक सम्प्रदाय में भगवान राम के बाल रूप की उपासना होती है। इसके लिए एक 'उपास्य चित्र' भक्तों को दिया जाता है। इस चित्र में दसरथ के आंगन में सांवले-सलोने बालक रामचन्द्र घुटने और बांह के बल चल रहे हैं। इनकी बायीं हथेली धरती पर टिकी है, दायीं हथेली ऊपर उठी हुई है। उनकी हथेली से भोज्य पदार्थ चोंच में उठाकर एक कौवा उड़ रहा है। भगवान राम हँस रहे हैं। उनकी बायीं ओर एक लाल बंदर बैठा हुआ है। श्री राम का बाल रूप दक्षिणावर्त है। अनेक वर्गों में विभाजित आंगन का धरातल भगवान राम की बाल, छवि का क्रीड़ा स्थल है।

इस चित्र को देखकर गोस्वामी तुलसीदास की सुप्रसिद्ध चौपाई–**मंगल भवन अमंगल हारी। द्रवहु सो दसरथ अजिर बिहारी॥** याद आ जाती है। दसरथ के आंगन में क्रीड़ा करने वाले श्रीराम जब कृपालु होते हैं तो अमंगल का नाश हो जाता है क्योंकि वे स्वयं मंगल भवन के अधिष्ठाता है। चित्र में बनाया गया वर्गाकार आंगन मंगल भवन का भाग है। उड़ता हुआ कौवा काक भुसुंडी और बन्दर हनुमान हैं। इस चित्र को देखने की सामान्य दृष्टि भक्तिपरक है। सहज-सरस भावपूर्ण दृष्टि से ही समाज का सरल मन इस चित्र को देखता है। उसे अपने आचार्य के तप पर

पूरा विश्वास है। बहुत हुआ तो कथा-पुराण के प्रसंगों से इस चित्र की बाल-छवि के विषय में चर्चा होती है और भक्त अपने सामान्य जीवन के अनुभव संसार में बसे निर्मल-निश्छल बालक के रूप से जुड़ जाता है। वह बालक को भगवान का प्रत्यक्ष रूप समझ ममता से भर जाता है। उसके मन में भविष्य के मनुष्य के प्रति मोह उत्पन्न होता है। वह प्रकृति के संसाधनों और अर्जित धन-साधन को संतान के लिए सुरक्षित रखना चाहता है, बालकों के भविष्य-निर्माण के प्रति अपना दायित्व अनुभव करता है। उसकी दृष्टि में विश्व भर के बालक भगवान राम की बाल-छवि होते हैं। इससे भक्त के आचरण में धर्म स्वतः प्रकट हो जाता है। वह किसी जाति या देश के भविष्य को निगलकर राज्य स्थापित करने और उसके शोषण से समृद्ध होने की इच्छा को पाप समझता है। उसकी आस्था और उपासना विश्वहित में चरितार्थ होती है। वह अपने आराध्य के स्मरण-मनन में रहते हुए सरस भाव और उल्लास से भरा रहता है।

लेकिन जब इसी चित्र को कोई धर्म-विज्ञान से परिचित विद्वान देखता है, उसमें वेद-उपनिषद्, तंत्र, योग इत्यादि शास्त्रों के सार तत्त्वों की सरल प्रस्तुति देखकर विस्मित हो जाता है। उसे यह प्रश्न व्याकुल कर सकता है कि इतने गम्भीर और विस्तृत विषयों को इतनी सरलता के साथ एक सामान्य चित्र में कैसे रखा गया। वास्तव में नाना पुराण-निगमागम से छनकर आई रामकथा ने ही संतों की तपस्या के प्रकाश में सारभूत होकर उस चित्र में आकार ग्रहण कर लिया है। यह चित्र प्रतीक की सीमा में नहीं अंटता और न रूपक के ढांचे में। इसके भीतर समग्रता है, अखंडता है और सुविचरित व्याकरण भी। यह धर्म-तंत्र का हृदय है, एक सर्वसुलभ मंदिर है।

दसरथ प्रत्येक शरीर की दसों इन्द्रियों को संचालित करने वाला मन है और मन का आंगन है हृदय। यही मंगल भवन है—अन्तरात्मा है। वेद ने इन्द्र को मनस्वान कहा है। (मनस्वान देवो देवान क्रतुना पर्यभूषत—ऋ. 2/12/1)। मन, प्राण और अपान के मध्य व्यान में स्थित होता है। व्यान हृदय में स्थित प्राण है। हृदय कोश में मन और आत्मा रहते हैं (हृदि ह्येष आत्मा—प्रश्नो. 315)। यह हृदय देह की छाती की बायीं ओर धड़कने वाला देहांग नहीं है। यह हृदय देह के मध्य है। यही प्राणों का केन्द्र है। सूर्य बाह्य प्राणों का केन्द्र है (ह वै बाह्यः प्राण—प्रश्नो. 3/8) और हृदय देह में रहने वाले प्राण का केन्द्र। इन दोनों का संयोग चन्द्रमा से होता है। हृदय में बहत्तर हजार नाड़ियां हैं और उसके आधा छत्तीस हजार आयु सूत्र। चान्द्रवर्ष के अनुसार तीन सौ साठ दिनों में प्रतिदिन एक-एक-आयु-सूत्र के व्यय होने पर मनुष्य की पूर्ण आयु सौ वर्ष की मानी गयी है। सौ वर्ष जीने की वैदिक अवधारणा (जीवेम्

शरदः शत) इसी विज्ञान पर आधारित है। इसी आधार पर जीवन को धर्माचार से व्यवस्थित करने वाले आयु विभाजन भी किये गये है। आयुर्वेद, योग, ज्योतिष, तंत्र आदि इस विषय की व्याख्या करते हैं।

हृदय रूपी दसरथ के आंगन की संरचना चित्याग्नि से बनी यज्ञ-वेदी है। प्राणिक रश्मियों की यह वेदी वर्गाकार है। एक वर्ग में दो त्रिकोण होते हैं। ये त्रिकोण दो प्रकार के आवेशों धन एवं ऋण के होते हैं जो एक साथ मिलकर वर्ग बनाते हैं। यह वर्ग विपरीत आवेशों के कारण वृत्ताकार गति में बदल जाता है। इसमें स्वास्तिक की दक्षिणावर्त गति होती रहती है। इसलिए ये बहुआयामीय हैं और अदृश्य भी। इनका अनुभव बिन्दु रूप में ही होता है। प्राणिक वेदी की रचना सृष्टि के छन्दों के भांति होती है। चार, आठ, बारह, सोलह के क्रम में इनका विस्तार होता है। इसलिए इन्हें वर्गाकार माना जाता है और गति के कारण वृत्त और बिन्दु। हृदय की प्राणिक वेदी संवत्सर और यज्ञ का आणुविक रूप होती है। कबीर के शब्दों में यह 'झीनी-झीनी बीनी चदरिया' है। कबीर कहते हैं, "आठ हाथ की बिनी चदरिया पांच रंग पटिया पारी। चांद-सुरुज जामे झालर लागे जगमत जोत उजियारी। राम नाम रस बिनी चदरिया झीनी रे झीनी।" आठ पहर से काल का छन्द, पांच रंग पटिया से पंचतत्त्व और चांद-सुरुज से मन और आत्मा के झालर वाली प्राणिक वेदी की ओर इशारा किया गया है। राम अग्नि-बीज रंकार के मूर्त नाम हैं। अग्नि बीज रंकार मन की ज्योति है। यही ज्योति मन में कल्प उत्पन्न करती है। कल्प भौतिक साधनों में आकार लेकर संसार का सुख-साधन बन जाता है, पद और अर्थ बन जाता है। अग्नि बीच चल है और अचल भी। यह शंकवाकार है, बिंदु रूप में अचल और वृत्त में चल है। इसी से त्रिनाभिक काल-शाश्वत युगीन और क्षणिक भूत, भविष्य और वर्तमान विस्तार लेता है। (नस्मिन्साकं त्रिशता न शंकवोऽर्पिताः षष्टिर्न चलाचला सः ऋ. 1/164/48)

कबीर ज्ञानमार्गी सद्गुरु हैं। उन्होंने आख्यानिक राम के रूप को नहीं, राम के मर्म को महत्त्व दिया जिससे सामान्य जन भी आस्था के विज्ञान तक पहुंच सकें। रामकथा भी आस्था के विज्ञान की आख्यानिक और व्यावहारिक प्रस्तुति करती है। कबीर के समय की चुनौतियों को आस्था के विज्ञान से उत्तर मिल सकता था। इसीलिए उन्होंने राम के मर्म को उद्घाटित किया। सृष्टि यज्ञ की व्याख्या करने वाले ऋग्वेद के एक सूक्त में पंचतत्त्वों की रश्मियों से वस्त्र बुने जाने की चर्चा आयी है (यो यज्ञो विश्वतस्तन्तु एक शतं देव कर्मेभिरायतः। इमे वयन्ति पितरो य आययु प्र वयाप वयेत्यासते तते—ऋ. 10/130/1)। देवताओं के यज्ञ-कर्म से पंचतत्त्वों की रश्मि-तन्तुएं चारों ओर फैल रही हैं। ये अनंत काल तक रहने वाली हैं। इसे बुनते

हुए पितर कहते हैं, 'ऊपर से बुनो, नीचे से बुनो।' प्रजापति ही इस वस्त्र को फैलाता और समेट लेता है। साम रूपी रश्मि-तन्तुओं से अन्तरात्मा का वस्त्र बुना गया है। प्रत्येक प्राणी के अन्त:करण में यह पंचचितिक यज्ञ सम्पन्न हुआ हैं। प्राणाग्नि की ध्वनि रंकार है। अग्नि बीज रंकार ही चेतना की ध्वनि है। राम नाम यही रंकार है। दसरथ के आंग्र में राम निरंतर खेल रहे हैं। प्रजापति ने पहली सृष्टि जिस वयांसि प्रजा के रूप में की (अस्य प्रजाः सृष्टाः पराबभूवुस्तानिमानि वयांसि। –शत.ब्रा. 2/5/1/1) वह उड़नशील निकला और प्रजापति का अकेलापन दूर नहीं हुआ। शब्द ही वह वायस प्रजा था। वही वायु में विचरण करने वाली प्रथम प्रजा वायस काकभुसुंडी हैं और मरुद् रूप उन्चास पवन की मूर्ति मारुति नन्दन हनुमान। ये दसरथ के आंगन में यथास्थान बैठे हुए हैं।

दसरथ के आंगन अर्थात् अन्त:करण को मंगल भवन बनाने के लिए आवश्यक है कि उसमें राम के होने का पूरा भरोसा हो। इसके लिए जानना जरूरी है कि सृष्टि के प्रथम यज्ञ का विराट पुरुष हमारे अन्त:करण में उपस्थित है। वह परम पुरुष ही सर्वत्र है, उसी से यह जगत उत्पन्न हुआ है, उसी में चेष्टाएं करता है, उसी में लय हो जाता है। अत: शांत रहकर उसे उपासना चाहिये (सर्व खल्विदं ब्रह्म तज्जलानिति शांत उपासीत – छान्दोग्यो. 3/14/1)। इस संकल्प के साथ यह बात जुड़ी हुई है कि वह परम विराट अणु से भी सूक्ष्म है और विशाल से भी विशाल है। आत्मा रूप में वही हमारे हृदय-गुहा में छिपा हुआ है। जो कोई उसकी कृपा से उसे जान लेता है, सभी संतापों से मुक्ति पा लेता है (अणोरणीयान्महतोमहीयानात्मा गुहायां निहितोऽस्य जन्तोः। तम क्रतुं पश्यति वीतशोको धातुः प्रसादान्महिमानमीशम्॥ श्वेताश्वेतरो. 3/14) वह पम पुरुष प्रकाश रूप में नव द्वार वाले देह रूप नगर में अन्तर्यामी होकर स्थित है। वही इस ब्राह्य जगत में लीला कर रहा है। (श्वेताश्वेतरो. 3/18)। वह सृष्टि के आरम्भ में वर्ण से रहित रहता है और सृष्टि प्रारम्भ करके अपनी विविध शक्तियों द्वारा अनेक रूप धारण कर लेता है। उसके इस कार्य का कोई प्रयोजन नहीं होता। वह हम सबको शुभ बुद्धि से युक्त करे (स नो बुद्धया शुभया संयुनक्तु–श्वेताश्वतरो. 4/1)। अणु से महत्त तक परमात्मा की व्याप्ति है। यह अनेक रूपों में है। पर, उसका निवास स्थान हृदय कोश अनेक रूपों में नहीं है। वह वर्गाकार ही है। प्राण तंतुओं से बुना हुआ उसका आंगन कृत के समान है–धूत के बिसात की तरह। यही वर्गाकार आकृति मंगल भवन है। मंगल का आकार वर्ग है। यह त्रिसप्त सूत्र से प्रसूत होता है। त्रिसप्त प्रथम धर्म को स्थापित करने वाले दस संख्यक यज्ञ पुरुष विराट की गूढ़ संरचना है। तीन और सात मिलकर दस होते हैं। सात से तीन घटा देने पर चार निकलता है इन दोनों को गुणा करने पर इक्कीस होता है। यज्ञ विधान में इस

कूट सूत्र का अनेक रूपों में उपयोग किया जाता है। मंगल भवन के लिए त्रिसप्त सूत्र कृत की याद दिलाता है (स्त्रि:सप्त समधि: कृता – 10/90/15)। मंगल भवन कृत की वेदी है, सर्वतोभद्र है जिस पर परमात्मा साकार होता है। दस संख्यक विराट पुरुष से त्रिसप्त सूत्र द्वारा सतत स्थायित्व प्रकट और क्रियात्मक होता है। पृथ्वी भी इसी स्थायित्व के सिद्धान्त पर टिकी हुई गतिशील है।

छान्दोग्योपनिषद् (4/3/8) में दस के साथ कृत (चार) का गहरा विमर्श हुआ है। दस संख्यक विराट जिस अन्न के द्वारा विकास करता है, उसी अन्न को कृत कहा गया है। कृत की व्याख्या में एक से दो,दो से तीन और तीन से चार के संख्या क्रम को बिन्दु से वर्ग के विकास तक रखा गया है और यह भी बताया गया है कि एक से चार तक ही संख्याएं जोड़ने पर दस होता है। यज्ञ के गणित और ज्यामितिक आकारों के विज्ञान को दस तक की संख्याओं में इंगित किया गया है। हृदयाकाश की बुनावट यज्ञ विज्ञान का महत्त्वपूर्ण भाग है। वेदी का निर्माण इसी आधार पर होता है। बोधायन शुल्ब सूत्र में नाभि को चौसठ अंगुल का माप बताया गया है। (नाभि षोडशमध्यमा: ॥17॥ चौसठ एक वर्गाकार क्षेत्र है जो लम्बाई और चौड़ाई के आठ-आठ वर्गों का गुणनफल है। इस प्रकार द्विगुणित प्राण के त्रिकों से बना हुआ मनुष्य का अन्त:करण, यज्ञ की वेदी और रश्मियों से निर्मित ब्रह्माण्ड की सरंचना एक समान वर्गाकार मंगल-भवन हैं जिनमें स्वस्तिक की गति होती रहती है, गति के कारण ये वृत्त और बिन्दु में अदृश्य बने रहते हैं।

द्युलोक में स्थित आदित्य चारों दिशाओं में ऋक्-यजु-साम एवं अर्थर्व का अभितपन करता है और उसके केन्द्र में ब्रह्म विराजमान हैं (छान्दोग्यो. 3/1/1)। इस सरंचना में पांच आयाम हैं। वर्ग में केन्द्रीय वेग के कारण पांच बिन्दुओं की उपस्थिति होती है। तैंतीस कोटि या तैंतीस देवता इस वर्गाकार वेदी पर निवास करते हैं। यज्ञाग्नि से यज्ञ का जहां तक विस्तार होता है, जहां तक सृष्टिकारी शक्तियां हैं उन्हें तैंतीस देवताओं में कार्य भेद से बांटा गया है। आठ वसु, ग्यारह रुद्र, बारह आदित्य, एक प्रजापति और एक संवत्सर कुल तैंतीस देव शक्तियों के विभाग होते हैं। इनमें भी पुन: देव शक्तियों को अन्य नामों से जाना जाता है। जो विविध प्रयोजनों से संबंधित हैं। ये सभी अनेक होते हुए भी एक ही विष्णु रूप यज्ञ (यज्ञो वै विष्णु-ताण्ड्य ब्राह्मण 13/5/5) के अंगांगी हैं। विष्णु रूप यज्ञ विश्व-भुवनों की नाभि है (यज्ञो विश्वस्य भुवनस्य नाभि:-अथर्व. 9/10/14)। चार संख्या ज्यामिति की दृष्टि से वर्गीय आकार है। इस वर्ग में एक केन्द्रीय सत्ता है। यज्ञ-वेदी की यही आकृति है। पंचतत्त्वों में अग्नि मध्य में है आकाश, वायु, जल और भूमि चारों चार दिशाओं में। इसी तरह मन का केन्द्र व्यान, हृदय कोश में प्राण, उदान, समान और

अपान, चारों चार दिशाओं में स्थित हैं। आकाश से वायु इत्यादि तत्त्व क्रमशः घनीभूत हुए हैं। प्राण से उदान इत्यादि क्रमशः घनीभूत हुए हैं। ऊर्ध्व और क्षैतिज क्रमों में इस संरचना को समझा जाता है। वैदिक ऋषि सृष्टि को अविभाज्य देखता है, आद्योपान्त देखता है। वह सृष्टि यज्ञ को घनीभूत पदार्थों में देखता है, पदार्थों की तरल दशा में देखता है, पदार्थों के विरल आणविक दशा में भी देखता है। वह बार-बार विश्व प्रमंच के समाहारी सत्ता की स्थापना करता है। यज्ञ में, धर्म में, शरीर में, समाज में, राज्य और व्यवसाय में–सर्वत्र एक केन्द्र है और उसके चार विभाग। वर्णाश्रम व्यवस्था की व्यावहारिक संरचना प्रत्येक कार्य-समूह में सक्रिय है। बुद्धि, व्यवस्था, अर्थ और जन के बिना कोई संगठन नहीं चलता। संभव है, ये कार्य एक ही व्यक्ति अपने विभिन्न सहयोगियों के माध्यम से कर रहा हो, पर इन चारों की अनिवार्यता है।

भगवान राम की बाल-छवि की उपासना द्युलोक में स्थित आदित्य की उपासना है, जिससे देवों को मधु रूप अमृत प्राप्त होता है (असौ वा आदित्यो देवमधु–छान्दोग्य. 3/1/1) आदित्य में ऋक् की शुल्क ज्योति है जो दृश्यमान नहीं है। उसमें दृश्यमान ज्योति साम का नील वर्ण ही है (अथ यदेतदादित्यस्य शुक्लं भाः सैवर्गश्चयन्नीलं परः कृष्ण तत्साम....छान्दोग्यो. 3/1/6)। मंगल भवन में भगवान राम की बाल-छवि की क्रीड़ा सृष्टि के आदि और मूल में स्थित है। जिस यज्ञ रूप विष्णु से व्यक्त और अव्यक्त सृष्टि है वह स्वयं भी व्यक्त और अव्यक्त है, काल और विराट पुरुष उनकी रचना है। वही बालक रूप में निष्प्रयोजन क्रीड़ा करते हैं।

ब्रह्माण्ड की वेदी पर सूर्य राम की बाल-छवि है। जिनकी पूर्व दिशा में वायु, वसुप्रधान, ऋक्, दक्षिण दिशा में अग्नि, रुद्र, इन्द्रप्रधान यजु, पश्चिम दिशा में जल, सोम, वरुणप्रधान साम, उत्तर दिशा में भूमि, मरुद अथर्व हैं और मध्य हृदयाकाश में भगवान राम की बाल-छवि। ब्रह्मोपासना को उक्त सामान्य चित्र में प्रस्तुत करते हुए वेद-उपनिषद्, पुराण और लोक चित्त को एक साथ सहेजकर रखा गया है। काकभुसुंडी प्रथम वाग् संतति हैं जो वायु की पूर्व दिशा से उड़कर हृदयाकाश स्थित ब्रह्म स्वरूप राम के हाथ से अमृत रूपी आहार ग्रहण कर रहे हैं। मरुद् रूप हनुमान भगवान राम की उत्तर दिशा में विराजमान हैं। यह वेदी स्थिर नहीं है। इस पर दक्षिणावर्त गति हो रही है जिससे एक वृत्ताकार स्थिति बन रही है। किन्तु इसमें चार दिशाओं का निर्धारण हो रहा है। इस गति से वायु अग्नि में, अग्नि जल में, जल भूमि में क्रमशः विरल से तरल, तरल से घन (ठोस) की अवस्थाएं उत्पादित हो रही हैं। इसीलिए सूर्य और आदित्य में भेद हो जाता है। दृश्यमान सूर्य गति में अनुभव होता है। जब आदित्य रूप सूर्य की चर्चा आती है, वह दूसरे स्तर की चर्चा होती है। ऊर्ध्व गति

ही क्षैतिज गति में विरल प्रकृति से सघन प्रकृति की ओर हो रही है, ऋग् यजु. की ओर यजु. साम की ओर अग्रसर है और साम अथर्व की चेष्टाओं में इतिहास, स्मृति, आख्यान, पुराण इत्यादि बन जाता है। जो वाग् सूक्ष्म दशा में उड़नशील है, वही क्रमशः प्रातः से मध्याह्न, मध्याह्न से सायं होता है और रात्रि के रूप में घनीभूत हो जाता है। वही वाग् काकभुसुंडी और महावीर हनुमान के रूप में घनीभूत हुआ है।

वास्तव में, पृथ्वी पर सूर्य के उदय-अस्त का जैसा अनुभव होता है आदित्य के स्तर पर वह बदल जाता है। शास्त्रों में पृथ्वी की दैनिक, मासिक और वार्षिक काल-चक्र से भिन्न काल-चक्र का वर्णन देवताओं के प्रसंग में मिलता है। देवताओं को पृथ्वी के जीव जगत से अलग मानकर उनके लिए आदित्य के विशेष उदय-अस्त का विवरण है। उपनिषद् के अनुसार यह आदित्य दक्षिण में जितने समय तक उदित होता है और दक्षिण से चलकर उत्तर में अस्त होता है उससे दूने समय तक पश्चिम में उदित रहता है और पूरब में अस्त होता है। इसी विमर्श को आगे बढ़ाते हुए पुराण कहता है, अमरावतीपुरी की अपेक्षा आदित्य दूने समय तक संयमनीपुरी में रहता है। अमरावतीपुरी के निवासियों को आदित्य दक्षिण से उदित होता प्रतीत होता है। आदित्य अमरावती में वस्तुतः मध्याह्न (दोपहर) के समय दिखता है। मध्याह्न का आदित्य वरुणपुरी में उदित होता दिखता है। चूंकि इलावृत्तखण्ड चारों ओर से पर्वतरूपी परकोटों से घिरा हुआ है वहां का आदित्य ऊपर की ओर उदित और नीचे की ओर अस्त होता दिखाई देता है। पुराण यह भी बताता है कि इन्द्र, यम, वरुण और सोम की पुरियों में आदित्य के उदय-अस्त की अवधि समान है। क्योंकि मानसोत्तर पर्वत शिखर का समुमेर आदित्य के घूमने का मार्ग है और वह सभी स्थानों से समान दूरी पर है, यहां न आदित्य उदित होता है न अस्त। आदित्य के अस्त और उदय की इस चर्चा का प्रयोजन यही है कि आदित्य का अस्त-उदय एक सापेक्षिक घटना है। वह विभिन्न कोणों से अलग-अलग दिख सकता है। ब्रह्माण्ड को मात्र पृथ्वी से ही नहीं अन्य स्थानों से भी देखा जा सकता है। लोकों का विभाजन और देवताओं का वर्गीकरण इसी आधार पर किया गया है। ब्रह्माण्ड में दक्षिणावर्त गति है। इसकी सप्तवर्णी रश्मियों की वेदी के केन्द्र में परम प्रकाश नगीने की तरह जड़ा हुआ है। वैसे ही शरीर में भी मन और आत्मा हृदय कोश में दसों इन्द्रियों की बागडोर अपनी मुठ्ठी में लेकर स्थित है। जैसे महाभारत के युद्ध में भगवान कृष्ण और अर्जुन रथ पर सवार हैं। अर्जुन इन्द्रांश मन है जिससे 'युद्ध करें या न करें' के संकल्प-विकल्प-आशा-निराशा चलते रहते हैं और श्रीकृष्ण आत्मा हैं जो मन रूपी अर्जुन को गीता का उपदेश देकर कर्त्तव्यपरायण बनाते हैं। इन्द्रियों के रथ-दसरथ को मन और आत्मा संचालित करते हैं। इनमें मन काल है, सम्वत्सर

है और आत्मा यज्ञ पुरुष विराट। मन द्विधा है, दुहरा है, मृतामृत है। यह अन्न से पोषित होता है। इसका विलय आत्मा में हो जाये तो मोक्ष हो जाता है। यही मन ब्रह्माण्ड में चन्द्रमा है, इसमें सोलह कलाएं हैं। मनुष्य का हँसना-रोना-गाना इसी चन्द्रमा रूपी मन से संचालित होता है। ज्योतिष बतलाता है, चन्द्रमा की स्थिति क्या है? ज्योतिष बतलाता है, जातक की मनोदशा क्या है?

याज्ञिक धर्म व्यवस्था का समाज विज्ञान चतुवर्णी व्यवस्था है। यह मनुष्य के निजी अस्तित्व की भी व्यवस्था है। इसमें भी दक्षिणावर्त गति है पृथ्वी की भांति। ब्राह्मण क्षत्रिय वृत्ति में, क्षत्रिय वैश्य वृत्ति में, वैश्य शूद्र वृत्ति में अपकर्षित होता है। ब्राह्मण की वृत्ति आकाश वृत्ति है। वास्तविक ब्राह्मण आकाशवृत्ति में रहता है इसी वृत्ति में धर्म है। लेकिन, आकाशवृत्ति का स्वाभाविक रूप से सामाजिक अपमान होता रहा है। पराश्रय और निर्धनता अपार कष्टदायी है। यह सच है कि आकाश में शब्द है। काल का दबाव भी कम है, समाज भी बहुत कम है। निष्ठा में रहने वाली भूमि यही है। कोई भी द्रष्टा आकाश में रहकर समाज का समुचित विश्लेषण कर सकता है। यह वृत्ति सृष्टि की शक्ति संरचना से राजन्य की शक्ति संरचना को जोड़ता और उसकी सीमाओं को विस्तार देता है। राजन्य भी इसी प्रकार वैश्य वृत्ति की शक्ति संरचना को बल देता है। इन सभी वृत्तियों से ऊपर है ब्रह्मोपासना। वहीं से अपकर्षी क्रम में वृत्तियां प्रारंभ होती हैं। गुरु गोरखनाथ कहते हैं, किसी की काया के भीतर युद्ध चल रहा है, किसी के भीतर हाट-बाजार लगा है—सौदेबाजी चल रही है। यदि इनकी काया के भीतर गोरख का संदेश मुखर हो जाये तो इनका जीवन आनन्द से भर सकता है ये अजर-अमर हो सकते हैं—'आन की काया में जदि गोरख बोले, अजरो दिन आनंदरो।' देह के भीतर का वृत्ति-भेद सामाजिक चरित्र में प्रकट होता है। एक स्वभाव के लोग आपस में सम्बन्धित हो जाते हैं। भौतिक समृद्धि की दृष्टि से देखें—सामाजिक सघनता और संख्या की दृष्टि से देखें तो किसी समाज में सबसे कम ब्राह्मण के होने की संभावना बनती है। इसीलिए इसकी रक्षा की जाती थी। देह स्तर पर भी शेष वर्ण-वृत्तियों में रहने की तुलना में धर्म वृत्ति में रहना कठिन है। अपनी अन्य वृत्तियों से अर्थार्जन और समय-संयम द्वारा विचार के धरातल पर रहना संभव हो सकता है। चारों वर्ण वृत्तियों में प्रत्येक व्यक्ति रहता है, परन्तु उनके स्तर और माप में अन्तर होता है। देखना यह आवश्यक है कि किसकी वर्णवृत्ति कैसी है? वह अपकर्षी क्रम में है अथवा उत्कर्षी में? ब्राह्मण की धर्म वार्त्ता सुनाकर समाज-मानस को प्रभावित करने और उत्पादित प्रभाव तथा विश्वास को वैश्य कौशल से दूह लेने का काम धर्म नहीं, व्यवसाय है। इसीलिए धर्म के प्रति यह गलत धारणा फैल गई है कि निर्धन और पराश्रित लोग ही ईश्वर के प्रति भावुक

होते हैं। उनकी भावुक आस्था का दोहन करके राज और व्यवसाय की सत्ता बनाई जा सकती है। धर्मान्तरण और जनसंख्या समीकरण में परिवर्तन लाकर राज और व्यवसाय की प्राप्ति की जा सकती है। धर्म की मूलभूत दशा को आर्थिक संसार से जोड़कर देखने वाली यह वृत्ति अपकर्षी है। इसमें भौतिक समृद्धि बढ़ सकती है। परनतु, आत्मभावों का सर्वनाश हो जाता है। भौतिक समृद्धि के लिए चारित्रिक पतन की ओर अग्रसर हुए लोगों की दशा का गहरा विश्लेषण करके इस सत्य का प्रमाण पाया जा सकता है। अत: वर्ण वृत्तियों का उत्कर्षी क्रम में व्यवहार करना श्रेयस्कर है। किन्तु अपकर्षी और उत्कर्षी क्रमों का समायोजित रूप ही मंगल है। मंगल विद्या और विधि का मूलाधार है। यह विनायक है।

अपान और उदान प्राणों के समायोजन से निर्मित व्यान पूरित आपूर्ति हृदय भाग मंगल भवन है। विद्या और अविद्या को उभय रूप से बरतने का संदेश उपनिषद् से प्राप्त होता है। विद्या से अमृत की प्राप्ति करनी है और अविद्या से अन्न की प्राप्ति, ताकि अकाल मृत्यु न हो। इस प्रकार चारों ही वर्णों में आर्थिक वृत्तियों द्वारा भौतिक आधार ग्रहण करने की व्यवस्था निर्धारित की गई है।

वर्ण वृत्तियों के अपकर्षी क्रम में भौतिक शक्ति अधिक है और उत्कर्षी क्रम में आध्यात्मिक शक्ति अधिक। भौतिक पदार्थों का सापेक्ष अध्ययन करते हुए सी.बी. रमण ने पाया कि नीली किरणें अधिक शक्तिशाली हैं। नीली किरणें पार्थिव हैं। पार्थिव सम्पदा वर्ण वृत्तियों के अपकर्षी क्रम में प्राप्त होती हैं, लेकिन, उत्कर्ष के बिना अपकर्ष संभव नहीं है। अपकर्षित चेतना जब तक तप से उत्कर्षित नहीं होती, उसका व्याप नहीं बढ़ता। उसके ह्रास से भौतिक सम्पदा का अर्जन नहीं हो सकता। प्रकृति का स्वभाव अपकर्षी है। अत: उत्कर्ष के श्रेय मार्ग पर अधिक बल दिया जाता है। ब्रह्मचर्य आश्रम के बाद गार्हस्थ्य आश्रम को और धर्म के बाद अर्थ को स्थान देने के पीछे यही कारण है। प्रकृति में होने वाली सतत योग क्रिया में भी यही उत्कर्ष-अपकर्ष घटित होते हैं।

बसंत ऋतु के समान ही मनुष्य की किशोर-अवस्था होती है। बसंत ऋतु में तपता है। यह पावस बनता है। पावस ऋतु में वर्षा होती है–धरती हरी-भरी हो जाती है। बसंत रूपी किशोर अवस्था को ब्रह्मचर्य आश्रम में तपने के लिए रखा जाता है। इसके बाद उसे गार्हस्थ्य आश्रम में प्रवेश दिया जाता है। वर्तमान समय के दबाव में अपरिपक्व मन और देह के किशोरों को शिकार बनाना व्यावसायिक सफलता का सूत्र बन गया है। चाहे वह मनोरंजन उद्योग हो या फैशन और चलताऊ खाद्य सामग्रियों का धंधा, किशोर वय के उपभोक्ताओं पर इनकी कुदृष्टि अधिक केन्द्रित है। इससे समाज निर्जीव और निष्प्राण होता जा रहा है।

प्रत्येक प्राणी सृष्टि यज्ञ से उत्पन्न होने के कारण प्राणिक स्तर पर उपनीत होता है, विशेष रूप से मनुष्य के प्राणों की बनावट समरूप होती है। फिर भी इन्द्रियों की तृष्णा में प्राण व्यय होते हैं। इसकी बनावट विषम होती और बिखरती है। अतः जीवन को यज्ञमय बनाने के लिए यज्ञोपवीत संस्कार किया जाता है। इसे उपनयन संस्कार भी कहते हैं। उपनयन संस्कार से ऐसी दृष्टि विकसित करने का यत्न किया जाता है जिससे ऋषियों द्वारा देखे गये सत्यों को पुनः देखा जा सके। सामान्य दृष्टि से संसार का बाहरी रूप ही देखा जा सकता है। विशेष दृष्टि से इसकी अन्तसंरचनाएं देखी जा सकती हैं। बहुधा संसार के वर्तमान घटना-चक्र, इतिहास, ज्ञान-विज्ञान को अभ्यास के द्वारा जाना जाता है। परन्तु सूचनाएं, जानकारियां एकत्र करने से सब कुछ हासिल नहीं हो सकता। विश्लेषण की क्षमता के अभाव में इनसे मानसिक बोझ बढ़ता है। मानसिक बोझ से मुक्ति के लिए विवेक आवश्यक हो जाता है। विवेक की प्राप्ति के लिए उपनयन संस्कार किया जाता है। इस संस्कार से मंत्र-छंदित मानस विकसित होता है। ऐसा मस्तिष्क सृष्टि की भीतरी परतों में उतर सकता है। इस संस्कार से युक्त व्यक्ति को द्विज कहा जाता है।

जन्म से सभी शूद्र होते हैं। संस्कार से द्विजत्व मिलता है (जन्मना जायते शूद्रः संस्काराद् द्विज उच्यते–अत्रि सं. 142) आपस्तम्बधर्मसूत्र में कहा गया है कि माता-पिता से केवल शरीर का जन्म होता है। आचार्य अपनी विद्या से ब्रह्मचारी को श्रेष्ठ जन्म प्रदान करता है (स हि विद्यांत जनयति तदस्य श्रेष्ठं जन्म। माता पितरौ तु शरीरमेव जनयतः)। इस संस्कार के अन्तर्गत इन्द्रियों को संयमित रखते हुए तपस्वी की भांति किशोर से युवा होने तक ब्रह्मचर्य आश्रम में अध्ययन आदि किया जाता है। तप से ब्रह्मचारी को तीन प्रकार की दीप्ति मिलती है। इन्हें ओज, तेज और वर्चस कहते हैं। वेद का आदेश है कि इन्हें धारण कर समस्त विश्व को अलोकित करो (अभि द्विजन्मा त्री रोचनानि विश्वा रजांसि शुशुचानो अस्थात्–ऋ. 1/149/4) द्विजत्व की अवधारणा पृथ्वी की दो गतियों पर आधारित है। अपनी पहली गति से पृथ्वी दिन-रात का सामान्य जीवन चक्र पूरा करती है। पशु-प्राणी इस चक्र के अधीन सोते-जगते हैं। चौबीस घंटे की यह गति दैहिक जरूरतों के लिए है। पृथ्वी इस गति से शून्य में टिकती है। यह उसके निजत्व की गति है। पृथ्वी की दूसरी गति विश्वात्मा सूर्य के चारों और परिभ्रमण की है। इस समष्टि गति से उसे द्विजत्व मिलता है। वार्षिक चक्र के कारण वह सृष्टिवती है। इसी गति से पृथ्वी को छह ऋतुओं के यज्ञ में सम्मिलित होने का अवसर मिलता है। इसी गति से वह सविता को आकर्षित कर पाती है, उसे गायत्री के चौबीस घंटों के छन्द में बांध पाती है, सूर्य की शक्ति को प्राप्त कर सजीव और सृजनशील होती है। निजत्व और द्विजत्व की

गतियां क्रमशः व्यष्टि और समष्टि की गतियां हैं। द्विज एक समाजोन्मुख चरित्र है। जो सिर्फ देह की जरूरतों के लिए नहीं जीता, केवल अपने और अपनों को भरा पूरा करने के लिए नहीं जीता, वह सबके लिए जीता है। द्विज की पूरी अवधारणा जातियों के रूप में जड़ीभूत होकर विकृत हो गयी है। परिणाम यह है कि आज भी सामाजिक साधनों को सर्वहित में सुनियोजित करने की कसमें खाते हुए उभरने वाला नेतृत्व छलावा बनकर रह जाता है। सर्वाधिक सुख साधन का भोग करने के बाद भी वह द्विज का कृतित्व नहीं, घोटाला चरितार्थ करता है।

समाज की जड़ता है कलियुग। कलियुग सोया रहता है, वह सोया हुआ है। द्वापर वह है जो जागकर बैठ जाता है, त्रेता वह है जो उठकर खड़ा हो जाता है, सत्य युग वह है जो चलता ही रहता है (कलिः शयानो भवति संजिहानस्तु द्वापरः। उतिष्ठस्त्रेता भवति कृतं संपद्यते चरश्चरैवेति! चरैवेति!! ऐ. ब्रा. 33.3.4) चलते रहने के संदेश में व्यापक विश्व से जुड़ने का उद्देश्य छिपा हुआ है। वेद चलते रहो! चलते रहो! का संदेश देता है बहिर्योग और अन्तर्योग का संदेश। इसलिए कि जीवन-यज्ञ अखंड है, अविराम है। इसमें कोई जड़ता अवरोध बनकर अधिक दिनों रह ही नहीं सकती, कोई मिथ्याचार समाज जीवन के प्रवाह को रोक ही नहीं सकता। अविराम गति के सत्य को सनातन धर्म ने स्वीकार करते हुए स्थिति के ऋत् को भी पहचाना जिसे नियम के रूप में सृष्टि सतत अनुसरित कर रही है और इन्हीं सत्य और ऋत् को जीवन का आधार बनाया।

चिन्तन एवं भाषा

अमिता निगम

जब हम एक ज्ञानी समाज की बात करते हैं तो इसका अर्थ यह हुआ कि हम अब तक उपलब्ध पुराने ज्ञान को संरक्षित, व्यवस्थित एवं विकसित करें एवं इसे आगामी पीढ़ी को हस्तांतरित करें किन्तु यह कार्य भाषा के बिना संभव नहीं है। विचार जो कि ज्ञान की इकाई है वे मुख्य रूप से भाषा के माध्यम से ही संप्रेषित होते हैं।

किसी भी मानवीय भाषा में प्रतीकों (ध्वनि एवं चिह्नों) की एक मनमाफिक (Arbitrary) एवं परम्परागत व्यवस्था का समावेश होता है जो कि उन लोगों के लिए सार्थक है जो इसका उपयोग करते हैं। सभी भाषाओं में वर्ण (अक्षर), शब्द एवं एक व्याकरण होता है। हमें यह जानकर आश्चर्य होगा कि जो भाषा हम बोलते हैं वह हमारे गैर-भाषाई व्यवहार पर भी प्रभाव डालती है। भाषा एवं चिन्तन प्रक्रिया परस्पर इस प्रकार सम्बन्धित हैं कि प्रसिद्ध व्यवहारवादी मनोवैज्ञानिक जे.बी. वाटसन ने विचारों को "भाषाई आदतें" (Laryngeal Habits) कहा। भाषा एवं चिन्तन प्रक्रिया परस्पर सम्बन्धित हैं। यह सम्बन्ध हमारे सम्मुख कुछ प्रश्नों को उत्पन्न करता है–

1. क्या एक विशिष्ट प्रकार की भाषाई संरचना वास्तव में हमारे प्रत्यक्षीकरण एवं प्रात्यक्षिक विभेदीकरण (Perceptual Discrimination) को निर्धारित करती है?
2. क्या हमारा चिन्तन इससे अनुबन्धित होता है अर्थात क्या यह चिन्तन प्रक्रिया को एक विशेष प्रारूप में ढाल देती है?
3. क्या विभिन्न भाषाओं की व्याकरण संरचना एवं शब्दों के प्रयोग में भिन्नता के कारण उनको बोलने वाले, घटनाओं का संप्रत्ययन (Conceptualization) भिन्न-भिन्न ढंग से करते हैं?
4. क्या चिन्तन एवं भाषा के मध्य कोई कार्य-कारण सम्बन्ध है?

भाषा एवं विचारों की पारस्परिक निर्भरता के विषय में ब्राउन ने यह प्रश्न किया

कि क्या भाषा एक लबादा (Cloak) है जो विचारों की रूपरेखा (Contours) का अनुसरण करती है या यह एक ऐसा सांचा (Mould) है जिसमें वयस्क मन को ढाल दिया जाता है? कभी-कभी तो ऐसा प्रतीत होता है कि यथार्थ (Reality) संवेदी प्रभावों (Sensory Impressions) का एक अनवरत प्रवाह है एवं भाषा उनको व्यवस्थित करने वाली ग्रिड प्रणाली (Grid System) है।

जहां एक ओर इस बात के अनेक प्रमाण हैं कि भिन्न-भिन्न भाषा बोलने वाले लोगों के प्रात्यक्षिक अनुभवों में बहुत अधिक समानता होती है वहीं दूसरी ओर इस बात के भी पर्याप्त प्रमाण हैं कि एक भाषाई समुदाय में शब्दों का प्रयोग जिस प्रकार से होता है वह इस बात पर प्रभाव डाल सकता है कि हम किसी प्रात्यक्षिक अनुभव का स्मरण किस रूप में करेंगे।

बेंजामिन ली वोर्फ (Benjamin Lee Whorf) जो कि एक मानवशास्त्री हैं का विचार है कि भाषा न केवल हमारे विचारों को बल्कि वास्तविक जगत् के हमारे अवलोकन या प्रत्यक्षीकरण को भी प्रभावित करती है। वोर्फ के ये विचार ''भाषाई सापेक्षिकता'' (Linguistic Relativity) के रूप में जाने जाते हैं। उनके अनुसार भाषा हमारे विचारों को आकार प्रदान करती है एवं हम प्रकृति का विश्लेषण अपनी भाषा द्वारा प्राप्त होने वाले परम्परागत दृष्टिकोण के अनुसार करते हैं। भिन्न-भिन्न भाषाओं में प्रात्यक्षिक अनुभवों (Perceptual Exepriences) को विभेदीकृत (Differentiate) करने के लिए भिन्न-भिन्न श्रेणियां (Categories) विकसित हो जाती हैं एवं ये भिन्नतायें उन क्षेत्रों में सर्वाधिक दिखाई देती हैं जो किसी समुदाय या संस्कृति में विशेष रूप से महत्त्वपूर्ण है अर्थात किसी भी संस्कृति में जो बात महत्त्वपूर्ण है उन्हें सम्प्रेषित करने के लिए अत्यधिक विभेदीकृत शब्दावली की आवश्यकता पड़ती है। उदाहरण के लिए अंग्रेज लोग बर्फ के लिए केवल एक या दो शब्दों का प्रयोग करते हैं जबकि एस्किमो लोगों के पास इसके लिए अनेक शब्द हैं। भाषा की संरचना भी हमारे दृष्टिकोण को प्रभावित करती है जैसे अंग्रेजी भाषा में किसी भी वाक्य को दो प्रमुख तत्त्वों संज्ञा तत्त्व एवं क्रिया तत्त्व में विभाजित करते हैं। इससे ऐसा प्रतीत होता है कि वे वस्तुओं एवं कार्यों में भिन्नता पर बल देते हैं। इस बात का प्रभाव अंग्रेजीभाषी लोगों पर इस रूप में पड़ता है कि वे किसी भी अनुभव को वस्तुओं एवं कार्यों के रूप में विश्लेषित करने के अभ्यस्त हो जाते हैं जबकि होपी भाषा में किसी भी अनुभव को समयावधि के सन्दर्भ में व्यक्त करते हैं। अल्प अवधि की सभी घटनायें उस भाषा में क्रिया हैं एवं अधिक अवधि की घटनायें सदैव संज्ञा कहलाती हैं। अत: होपी जनजाति के लोग अनुभवों का विश्लेषण भिन्न ढंग से करते हैं।

यह आवश्यक नहीं कि भिन्न भाषायें बोलने वाले लोगों का दुनिया का प्रत्यक्षीकरण भी भिन्न हो। किन्तु कुछ प्रत्ययों की अभिव्यक्ति कुछ भाषाओं में अधिक आसानी से हो जाती है। यह बात तब और स्पष्ट हो जाती है जब हम यह देखते हैं कि आवश्यकता के अनुरूप नये-नये शब्दों का सृजन होता है। अरब लोगों में ऊंट के लिए एवं फिलीपीन्स द्वीप के हनूनू लोगों में चावल के लिए अनेक शब्द हैं। इसका कारण यह है कि चावल के बारे में हनूनू लोगों का ज्ञान हमसे अधिक है। उन्हें इसकी आवश्यकता अधिक है एवं वे लोग इसे अधिक उपयोग में लाते हैं, वे इसके बारे में अधिक सोचते हैं, भाषा इसका कारण नहीं है।

ब्राउन एवं लीनबर्ग (Brown and Leeneberg) का एक प्रयोग भाषा के स्मृति पर प्रभाव को सूचित करता है। इनके प्रयोग में दो अवस्थायें थीं। प्रथम अवस्था में प्रयोज्यों को विभिन्न रंगों को दिखाकर उनका नाम पूछा गया। कुछ रंगों के नाम प्रयोज्यों ने अत्यन्त शीघ्रता से एवं एक शब्द के रूप में बताये एवं इनके नामों के बारे में प्रयोज्यों में सहमति थी। ऐसे रंगों का कूट संकेतन (Codability) मूल्य अधिक अच्छा था जबकि कुछ रंगों के नामों के बारे में प्रयोज्यों में सहमति कम थी एवं इन्हें प्रयोज्यों ने किसी एक शब्द द्वारा नहीं बल्कि शब्दों के समूह द्वारा अभिव्यक्त किया। ऐसे शब्दों का कूट संकेतन (Codability) मूल्य कम था।

प्रयोग के दूसरे चरण में प्रयोज्यों को चार रंग दिखाये गये एवं कुछ समय बाद उन्हें इन रंगों को 120 मिलते-जुलते रंगों में से पहचानने के लिए कहा गया। निष्कर्ष यह निकला कि जिन रंगों का कूट संकेतन मूल्य अधिक था उन्हें प्रयोज्यों ने शीघ्रता से पहचाना जबकि जिन रंगों का कूट संकेतन मूल्य कम था उन्हें पहचानने में कठिनाई हुई। इस प्रयोग से यह स्पष्ट हुआ कि स्पष्ट एवं निश्चित कोड रंगों की स्मृति पर प्रभाव डालते हैं। यह बात अन्य उद्दीपकों पर भी लागू होती है।

महत्त्वपूर्ण बात यह है कि यदि एक अकेला शब्द या कोड किसी भी अनुभव से सम्बन्धित सभी सूचनाओं को स्वयं में शामिल कर लेता है तभी उसे अन्य अनुभवों से आसानी से विभेदीकृत किया जा सकता है।

धुँधली श्रेणियां एवं सम्प्रेषणशीलता (Fuzzy Categories and Communicability) : लीनबर्ग ने अपने अध्ययनों में यह भी देखा कि जो प्रत्यय बहुत स्पष्ट नहीं होते उन्हें सीख पाना एवं अन्य प्रत्ययों से उनका विभेदीकरण भी कठिन होता है।

सम्प्रेषणशीलता या सम्प्रेषणीयता (Communicability) : कूट संकेतन से भी अधिक महत्त्वपूर्ण है सम्प्रेषणीयता अथवा सम्प्रेषण की शुद्धता। जैसे कि

कभी-कभी केवल हरा रंग शब्द उतनी सूचना नहीं प्रदान करता जितना कि 'घास जैसा हरा'। हमारी स्मृति कूट संकेतन से अधिक सम्प्रेषणशीलता से प्रभावित होती है।

भाषायी सापेक्षिकता बनाम भाषायी सार्वभौमिकता (Linguistic Relativity vs Linguistic Universals) : अध्ययनकर्त्ता अब भाषायी सापेक्षिकता के स्थान पर भाषायी सार्वभौमिकता में अधिक रुचि ले रहे हैं अर्थात वे यह जानना चाहते हैं कि विभिन्न भाषाओं में कौन-सी बातें सामान्य हैं। केन्द्रीय रंग (Focal Colours) भाषायी सार्वभौमिकता का एक उदाहरण हैं। कुछ रंग जैसे कि 'एक अच्छे लाल रंग' की स्मृति सभी भाषाओं में अच्छी थी, भले ही उस भाषा में उसके लिए उपयुक्त नाम था या नहीं।

भाषा एवं संज्ञानात्मक व्यवहार (Language and Cognitive Behaviours) : कारमाइकल, होगन तथा वॉल्टर, हरमन, लॉलैस तथा मार्शल (Carmichael, Hogan & Walter, Hermen, Lawless & Marshal) आदि के प्रयोगों से एक रोचक तथ्य यह सामने आया कि किसी अस्पष्ट वस्तु को नाम देना एवं स्मृति में उसका संरूपण (Configuration) परस्पर सम्बन्धित हैं। उदाहरण के लिए '0-0' इस आकृति को यदि हम Dumbles कहें तो उसका स्मरण Dumbles के रूप में होगा और यदि इसी आकृति को चश्मा कहें तो इसे चश्मे के रूप में स्मरण किया जायेगा।

लॉफ्टस तथा पामर (Loftus & Palmer) द्वारा किया गया एक अन्य प्रयोग अशाब्दिक व्यवहार पर भाषा के प्रभाव को सूचित करता है। इस प्रयोग में प्रयोज्यों के दो समूहों को सड़क दुर्घटना से सम्बन्धित एक फिल्म दिखाई गयी। इसके बाद दोनों समूहों से एक प्रश्न पूछा गया।

प्रथम समूह – कारें कितनी तेज गति से जा रही थीं जब वे एक दूसरे से टकरायीं? (About how fast were the cars going when they **hit** each other?)

द्वितीय समूह – कारें कितनी तेज गति से जा रही थीं जब वे एक दूसरे में घुस गयीं? (About how fast were the cars going when they **smashed into** each other?)

निष्कर्ष यह निकला कि प्रथम समूह की तुलना में द्वितीय समूह ने कार की गति अधिक बताई।

एक सप्ताह बाद इन्हीं प्रयोज्यों को फिल्म दिखाये बिना दुर्घटना से सम्बन्धित कुछ प्रश्न पूछे गये जिनमें महत्त्वपूर्ण (Critical) प्रश्न यह था कि क्या प्रयोज्यों ने

कोई शीशे टूटे हुए देखे थे। निष्कर्ष यह निकला कि प्रथम समूह की अपेक्षा द्वितीय समूह के दो गुने लोगों ने टूटे शीशे देखने की बात कही जबकि फिल्म में शीशे टूटे हुए नहीं दिखाये गये थे। इस प्रयोग से यह बात स्पष्ट हुई कि घटना के बाद जो सूचना हमें दी जाती है उससे हमारी स्मृति का रूपान्तरण (Transformation) होता है। किसी भी उद्दीपक के साथ जो शाब्दिक लेबल (Verbal Label) जोड़े जाते हैं वे उस उद्दीपक की स्मृति को प्रभावित करते हैं।

इसी प्रकार के अनेक अन्य उदाहरण इस बात की पुष्टि करते हैं कि भाषा हमारी चिन्तन प्रक्रिया पर प्रभाव डालती है। यदि यह बात सत्य है तो गूंगे-बहरे एवं बहरे-अन्धे लोगों, छोटे बच्चों एवं जानवरों में भाषा ज्ञान से पूर्व कोई विचार या चिन्तन नहीं होना चाहिए। किन्तु इन सभी के व्यवहार से यह प्रदर्शित होता है कि इनमें चिन्तन प्रक्रिया होती है। वास्तव में इनका चिन्तन परम्परागत भाषा से सम्बन्धित नहीं है। व्यवहारवादी मनोवैज्ञानिक विचारों को पूर्ण रूप से भाषा पर निर्भर मानते हैं जबकि मानसिकतावादी (Mentalists) विचारों की भाषा से आंशिक स्वतंत्रता पर बल देते हैं।

संभवतः भाषा एवं चिन्तन की पारस्परिक निर्भरता के विषय में यह भ्रम इस कारण से उत्पन्न होता है कि हम भाषा एवं प्रतिरूप व्यवस्था (Representation System) में अन्तर नहीं कर पाते। किसी भी प्रकार के विचार से पूर्व एक प्रतिरूप व्यवस्था अवश्य होती है। यह प्रतिरूप व्यवस्था आनुवंशिक भी हो सकती है। प्रतिरूप व्यवस्था में कोई वस्तु किसी अन्य वस्तु को प्रस्तुत करती है। प्रतिरूप व्यवस्था को हम एक 'सम्बद्ध प्रतीकात्मक व्यवहार' (Tied Symbol Behaviour) कह सकते हैं जबकि भाषा को "नियमों से संचालित प्रतीकात्मक व्यवहार" (Rules Regulated Symbolic Behaviour) कह सकते है। हमारा सम्पूर्ण संगठित व्यवहार भाषाई संरचना पर आधारित नहीं होता किन्तु प्रत्ययात्मक चिन्तन (Conceptual thinking) आवश्यक रूप से भाषा के सन्दर्भ में ही होता है। पशुओं एवं छोटे बच्चों में चिन्तन का जो रूप दिखाई देता है वह चिन्तन का अल्पविकसित रूप (Rudimentary Form) है।

परन्तु मुख्य प्रश्न यह है कि क्या दैनिक जीवन में भी हमारा चिन्तन भाषा से ही निर्धारित होता है? संभवतः काफी हद तक, किन्तु पूर्णतया नहीं। निश्चित रूप से जिन शब्दों का प्रयोग हम प्रायः अपनी बोल-चाल की भाषा में करते हैं या जिस प्रकार से हम किसी अनुभव को वर्णित करते हैं वह हमारी स्मृति में उसी रूप में संगृहीत होता है। हम अनुभवों के साथ जिन विशेषणों को जोड़ते हैं वे विशेषण उस अनुभव की तीव्रता में कमी या वृद्धि कर सकते हैं। आजकल प्रायः छोटी-छोटी

परेशानियों एवं चिन्ताओं को भी हम तनाव (Tension), प्रतिबल (Stress), कुंठा (Frustration), अवसाद (Depression) आदि से जोड़ देते हैं। इससे उन घटनाओं में नकारात्मक भावना अनावश्यक रूप से प्रबल हो जाती है। संचार के विभिन्न माध्यमों द्वारा जिस भाषा का प्रयोग किया जाता है वह दर्शकों एवं पाठकों के अनुभवों में गुणात्मक परिवर्तन उत्पन्न कर सकते हैं।

भाषा एवं चिन्तन के सम्बन्ध निसन्देह पारस्परिक हैं। कभी-कभी भाषा किसी अस्पष्ट भावना या विचार को स्पष्टता प्रदान करती है तो कभी नये अनुभवों एवं भौतिक-सामाजिक-आर्थिक एवं धार्मिक जगत की आवश्यकताओं के अनुरूप नये शब्दों के सृजन की आवश्यकता उत्पन्न होती है। किन्तु संभवतः भाषाई मॉडल चिन्तन की समग्र प्रकृति को आत्मसात करने के लिए पर्याप्त नहीं हैं। इसीलिए निरन्तर नये शब्द एवं वाक्यांश भाषा में जुड़ते रहते हैं। इसी कारण अनेक बार स्थानीय व विदेशी भाषाओं के शब्द भी किसी भाषा में अपना स्थान बना लेते हैं।

अभिभावकों एवं शिक्षकों को इस दिशा में विशेष रूप से सतर्क रहने की आवश्यकता है। बच्चों को सही भाषा का ज्ञान हो। साथ ही उनमें अनुभवों एवं घटनाओं को शुद्ध रूप में वर्णित करने की आदत का भी विकास हो जिससे कि उनका भौतिक-सामाजिक जगत का प्रत्यक्षीकरण यथार्थपरक हो। प्रत्यक्षीकरण की यह शुद्धता उनके संज्ञानात्मक विकास की आधारशिला होगी एवं यह अप्रत्यक्ष किन्तु अनिवार्य रूप से उनके वयस्क जीवन के लिए भी महत्त्वपूर्ण होगा। प्रसिद्ध मनोवैज्ञानिक एरॉन टी. बेक के अनुसार संवेग एवं व्यवहार भी हमारे आन्तरिक संभाषण (Dialogue) द्वारा निर्धारित होते हैं। अतः इन पर नियन्त्रण करके अनेक असामान्यताओं को ठीक किया जाता है। अतः स्पष्ट है कि भाषा हमारे चिन्तन, संवेग एवं व्यवहार सभी पर प्रभाव डालती है। अतः शिक्षकों एवं अभिभावकों तथा संचार साधनों के लिए सही, स्पष्ट, शुद्ध तथा सकारात्मक भाषायी आदर्श प्रस्तुत करना आवश्यक सा जान पड़ता है।

सन्दर्भ सूची

1. Bourne, Jr. Lyle E.; Dominowski Roger L. & Loftus Elizabeth, 'Cognitive Processes', Prentice Hall, New Jersey, 1979, Ch. V—Language and Thought, pp. 121-133.
2. Gerard, H.B. & Jones, E.E., 'Foundation of Social Psychology', John Wiley, New York, 1967, Ch. 4–Information Dependence and Cognitive Socialization–Language as a Determinant of Thought, pp. 152-154.
3. An Article from Wikipedia.Org.

ज्ञान प्रक्रिया का आधुनिकीकरण : भाषाओं की भूमिका

शंभुनाथ

वैश्वीकरण की तरफ उत्तरोत्तर बढ़ती दुनिया में एक तरफ सैकड़ों भाषाएं विलुप्त होने के कगार पर हैं, दूसरी तरफ यह सवाल भी उपस्थित है कि क्या ज्ञान और विकास के लिए भाषा की कोई अहमियत बची है। इसका जवाब 'हां' में हो सकता है। लेकिन मुख्य सवाल है कि ज्ञान और विकास के लिए भाषा की अहमियत कैसे है। खासकर जब उपनिवेशीकरण की प्रक्रिया जारी हो और दुनिया पश्चिमी आर्थिक वर्चस्व की ही तरह अंग्रेजी के भाषाई वर्चस्व की छाया में हो, यह प्रश्न अधिक महत्त्वपूर्ण हो जाता है। यह जानना दिलचस्प होगा कि ज्ञान या सोच की प्रक्रिया के आधुनिकीकरण में स्थानीय भाषाओं या हिंदी समेत भारतीय भाषाओं की अपनी क्या भूमिका है। इस दिलचस्प अध्ययन की तरफ बढ़ना तभी मुमकिन है, जब इस पूर्वाग्रह या वैचारिक कैद से मुक्त होकर सोचा जाए कि अंग्रेजी ही ज्ञान के आधुनिकीकरण की एकमात्र राह है।

साम्राज्य और भाषा के बीच संबंध बार-बार लक्षित किया गया है। वह भाषा संस्कृत, लैटिन, फारसी हो या अंग्रेजी हो। दो तरह के समाज हो सकते हैं। एक उन लोगों का समाज, जो भाषा को सत्ता और वर्चस्व के औजार के रूप में देखते हैं। दूसरा उन लोगों का, जो इसे व्यक्तित्व, संस्कृति और सह-अस्तित्व के लिए अपनी जान जैसी जरूरी चीज मानते हैं। निःसंदेह सत्ता और भाषा का संबंध अविच्छिन्न रहा है। हर साम्राज्य आर्थिक हो या सांस्कृतिक, एक भाषा साथ लेकर चलता है। वह अपने राजनैतिक ताने-बाने के साथ अपना शब्द-भंडार, शब्दावलियां और भाषिक प्रभुत्व भी बनाता है। इनमें उसके इरादे छिपे होते हैं। शुरुआत के दिनों में अंग्रेजी खुद लैटिन प्रभुत्व से पीड़ित थी। निश्चय ही यह ध्यान में रखने की चीज है कि इंग्लैंड में अंग्रेजी से पहले भी कई भाषाएं थीं और उनका साहित्य था। अंग्रेजी ने अन्य भाषाओं को दबाकर अपना प्रभुत्व इंग्लैंड में और कालांतर में उपनिवेशीकरण

के जरिए दुनिया के दूसरे देशों में बढ़ाया। धीरे-धीरे अंग्रेजीकरण और ज्ञान-प्रक्रिया का आधुनिकीकरण एक-दूसरे के पर्याय समझ लिये गए।

एक कविता की कुछ लाइनें हैं, 'मैंने अपनी वाणी खो दी। यह वाणी तुमने तब छीनी/जब मैं एक छोटी लड़की थी–एक पब्लिक स्कूल में।' शिक्षा में अपने सामाजिक परिवेश से विच्छिन्नता की प्रक्रिया तभी शुरू हो जाती है, जब किसी बच्चे को उसकी मातृभाषा से दूसरी भाषा के अधीन कर दिया जाता है। यह स्वीकार करना होगा कि औपनिवेशिक समय में अंग्रेजी के बढ़ते वर्चस्व के बावजूद राष्ट्रीय पहचान और 'राष्ट्र' की भावना पैदा हो रही थी। उस समय न केवल भारतीय भाषाएं आधुनिकीकरण के दौर से गुजर रही थीं, बल्कि सच्चा आधुनिकीकरण भी भारतीय भाषाओं के माध्यम से ही आ रहा था। उस आधुनिकीकरण में जनता की उच्चतर आकांक्षाएं और परंपराएं थीं। भारतीय भाषाएं, बुद्धिवाद और समावेशी राष्ट्रवाद की वाहक थीं। लोगों का पुराना मन बदल रहा था। शिक्षा का राष्ट्रीय आधुनिकता से लबरेज एक नया वातावरण तैयार हो रहा था। आज स्थिति यह है कि विश्व भर में अंग्रेजी और स्थानीय भाषाओं की विचित्र खिचड़ी पकने लगी है। अंग्रेजी अब उस तरह विदेशी भाषा नहीं लगती, भले देशी लोग ही पराए लगें।

अंग्रेजी में अब पहले से भिन्न दृश्य हैं। इसमें तमाम दकियानूसी चीजें आ गई हैं, जीवन को रिक्त और सतही बनाने वाली चीजें भी। अंग्रेजी में नस्ल भेद भी रेंगने लगा है। इन सभी के उदाहरण आध्यात्मिक बाजार, मल्टीप्लेक्स और क्रिकेट के मैदान में दिख रहे हैं। इससे निष्कर्ष यह निकलता है कि अंग्रेजी अपनाने से ही ज्ञान या सोच की प्रक्रिया आधुनिक हो जाएगी, इसकी आज कोई गारंटी नहीं है।

पश्चिम से हमारे पहले संपर्क में अंग्रेजी उन्नत तकनीक के साथ ज्ञान की मूल्यवान बातें भी लेकर आयी थी। यह एक औपनिवेशिक संपर्क ही था, लेकिन, अंग्रेजी के बढ़ते प्रभुत्व के बावजूद तब भारतीय भाषाओं की जातीय प्रगति रोकी नहीं जा सकी थी। देश के लोगों को अपनी-अपनी भाषा पर गर्व था। अंग्रेजी का ज्ञान अंततः देश और देश की भाषाओं की उन्नति की ओर ले जाता था। एक उदाहरण है माइकेल मधुसूदन दत्त का। वे हिंदू से ईसाई हो गये। पश्चिमी आकर्षण में अंग्रेजी में लिखने लगे, लेकिन अंततः लौटकर उन्होंने बांग्ला साहित्य को समृद्ध किया। उस जमाने में अंग्रेजी का ज्ञान व्यक्ति में जातीय भाषा-प्रेम, देश-प्रेम, तार्किकता, कल्पनाशीलता और जनता के दर्द में हिस्सेदारी की भावना जगाता था। अंग्रेजी में अंग्रेजी भाषा, अंग्रेजी राज और पश्चिम पर संदेह करने की गुंजाइश थी, हालांकि वह बौद्धिक उपनिवेशवाद की भी वाहक थी। अंग्रेजों ने शिक्षा, प्रशासन, आधुनिकीकरण और धर्म-प्रचार के क्षेत्रों में जो कुछ किया, उसमें औपनिवेशिक

मकसदों की प्रधानता थी। वह 'सुशासन' नहीं था, खुल्लमखुल्ला अन्याय और अत्याचार का एक काला अध्याय था, फिर भी उसमें साम्राज्यवाद और गुलामी के कारण हुए अपमानबोध और राष्ट्रीय प्रतिरोध को सुला देने की ताकत न थी।

भारत की जातीय भाषाओं में आधुनिक शिक्षा से संबंधित वुड डिस्पैच (1854) आने से पहले संस्कृत और अरबी-फारसी में शिक्षा देकर कट्टरवाद को संतुष्ट रखने की कोशिश की जाती थी। उपनिवेशीकरण के मकसद से अंग्रेजी पर ही सारा सरकारी खर्च होता था। ईस्ट इंडिया कंपनी के राज में एक समय सिर्फ अंग्रेजी में शिक्षा देने की वकालत की गयी थी। मैकाले ने 1835 की 'मिनिट्स' में अंग्रेजी के पक्ष का समर्थन करते हुए वही सब कहा था, जो आज कहा जाता है। उसके तर्क थे, "अंग्रेजी आधुनिक ज्ञान की कुंजी है। यह पश्चिम की भाषाओं में भी सर्वोपरि है। यह भारत में शासकों द्वारा बोली जाने वाली तथा समुद्री व्यापार की भी भाषा है। यह भारत में वैसे ही पुनर्जागरण लायेगी, जैसे इंग्लैंड में ग्रीक अथवा लैटिन ले आयी थी और जैसे पश्चिमी यूरोप की भाषाओं ने रूस को सुसभ्य बनाया था।" अंग्रेजों ने जब शुरू में संस्कृत कॉलेज खोला, राजा राममोहन राय ने इसका विरोध करते हुए कहा था, "अगर ब्रिटिश हुकूमत की नीति इस देश को अंधकार में रखने की है, तो संस्कृत के अध्ययन का विकास सर्वोत्तम रास्ता होगा।" वे नये ज्ञान और विज्ञान की शिक्षा चाहते थे। इसके विपरीत अंग्रेज भारत को न औद्योगिक स्वनिर्भरता देना चाहते थे और न यहां ज्ञान-विज्ञान का समुचित विकास करना।

मैकाले ने राजा राममोहन राय और उनके सहकर्मियों के सुधारवादी मकसदों से उत्प्रेरित होकर ही पश्चिमीकरण की नींव रखी थी। लेकिन वह कंपनी के हित को सर्वोपरि समझता था। वह औपनिवेशिक मकसद से सिर्फ यह चाहता था कि "फिलहाल हमें एक ऐसे वर्ग के निर्माण का भरसक प्रयास करना चाहिए, जो हमारे और हमारे लाखों शासितों के बीच एक दुभाषिये का काम कर सके। ऐसे मनुष्यों का वर्ग, जो रक्त और वर्ण से भारतीय हों, लेकिन रुचि, सोच, नैतिकता और बुद्धि से अंग्रेज हों।"

भारतेंदु हरिश्चंद्र कहते थे—"अंग्रेजी पढ़ि के जदपि सब गुन होत प्रवीन। पै निज भाषा ज्ञान बिन रहत हीन के हीन।" वे हिंदी क्षेत्र के लोगों को संबोधित कर रहे थे, इसलिए उन्होंने हिंदी की उन्नति पर व्याख्यान दिया था। यह उन्नति अधूरी रह गयी। भारतेंदु ने यह भी लिखा था कि "अंग्रेजी वस्तुओं की रुचि लगी है, तो अंग्रेजों के समान सब पदार्थों के कारखाने यहां नियत किये जाएं।" वे राष्ट्रीय ढांचे में उद्योगीकरण के समर्थक थे। यह भी मानते थे कि राष्ट्रीय भाषाओं की उन्नति में ही जनता की वास्तविक बौद्धिक उन्नति संभव है। लक्षित किया जा सकता है कि

पश्चिम से पहले संपर्क में न राजा राममोहन राय का राष्ट्रीय विवेक और स्वत्व-बोध खत्म हो पाया, न भारतेंदु का। वे साम्राज्यवाद की आंधी में तिनकों-से उड़ते दिखायी नहीं देते। उस जमाने में आधुनिक हो रहे भारत के लोग औपनिवेशिक दुश्चक्र को पहचानते थे। वे आज के बहुत से लोगों की तरह आत्मविहीन और सम्मोहित नहीं थे।

औपनिवेशिक हित साधन बाहर से हो या घरेलू स्तर पर, जब यही मूल उद्देश्य हो जाता है, तब परंपरा की ही नहीं विकास की अवधारणाएं भी संकुचित होने लगती हैं। वे संदेहातीत हो जाती हैं। वर्तमान दौर में बहुत से लोगों को भारतीय भाषाओं का प्रसार और इनकी उन्नति बेकार लग रही है, क्योंकि एक समझ निर्मित कर दी गयी है कि अंग्रेजी ही काम आने वाली भाषा है। प्राच्यविद्या के एक समर्थक एच.टी. प्रिंसेप ने मैकाले की योजना का विरोध करते हुए याद दिलाना चाहा था कि "1813 के चार्टर की 43वीं धारा के अनुसार आर्थिक अनुदान भारत की जनभाषाओं की समृद्धि के लिए और भारतीय भाषाओं के प्रसिद्ध विद्वानों के कार्यों पर खर्च करना चाहिए। ...पूर्व स्वीकृत अनुदान को वापस लेना अन्यायपूर्ण कार्य है।" विलियम बैंटिक ने मैकाले का पक्ष लिया और 'मिनिट्स' ने लिख दिया–"संपूर्ण कोष को अंग्रेजी शिक्षा पर ही व्यय करना सर्वोत्तम होगा।" उसने साहित्यिक अनुसंधानों पर भी रोक लगा दी–"महामहिम के ध्यान में यह बात आयी है कि कमेटी ने एक बहुत बड़ी निधि प्राच्य कृतियों के प्रकाशन पर व्यय की है। महामहिम निर्देश देते हैं कि अब से कोष का कोई भाग इस प्रकार के कार्य में न लगाया जाए।" आज के व्यापारियों ने भी भारतीय भाषाओं की उन्नति से, उनमें दी जाने वाली शिक्षा से और उनके साहित्यिक विकास से अपने हाथ खींच लिये हैं।

मैकाले ने अपनी नीति की सफलता पर गदगद होकर 1836 में अपने पिता को एक पत्र लिखा था, "कोई भी हिंदू ऐसा नहीं है, जिसने अंग्रेजी पढ़कर अपने धर्म से सच्चा लगाव रखा हो। मेरा विश्वास है कि यदि मेरी शिक्षा-नीति सफल हो जाती है तो तीस वर्ष के भीतर बंगाल के भले घरानों में एक भी हिंदू नहीं रह जाएगा। यह सब कुछ बिना धर्म प्रचार के, किंचित भी हस्तक्षेप से दूर रहकर केवल स्वाभाविक ढंग से ज्ञान और विचार के प्रसार से ही हो जाएगा।" (एस.एन. मुखर्जी, हिस्ट्री ऑफ एजुकेशन इन इंडिया)। हालांकि स्थिति यह हुई कि आधुनिकीकरण और सांप्रदायिक कट्टरता हमजोली बन गए। औपनिवेशिक हितों की पूर्ति के लिए दोनों जरूरी थे। 1857 के बाद अंग्रेजों की नीति यही थी–'फूट डालो और पश्चिमी बनाओ।' विदेशी व्यापारी जब पश्चिमी बनाने की कुटिल योजना लेकर चलते हैं तो

उनका आशय यह कभी नहीं होता कि लोग न्याय, जनतंत्र और आजाद सोच की तरफ बढ़ें, क्योंकि यह तो अपने लिए ही कब्र खोदना हो जाएगा।

एडम स्मिथ ने अपनी पुस्तक 'वेल्थ ऑफ नेशंस' में लिखा है कि व्यापारियों का शासन किसी देश का कदाचित सबसे बड़ा दुर्भाग्य होता है, उससे छुटकारा आसान नहीं। भूमंडलीकरण ने अप्रत्यक्ष तरीके से देश में व्यापारियों का पुनः वैसा ही शासन ला दिया है, जिसमें उन चीजों की कोई उपयोगिता नहीं है, जिनसे मुनाफा न होता हो, भले ही वे जीवन की उदात्तता, गुणवत्ता और अर्थवत्ता के लिए जरूरी हों।

आज के भूमंडलीकरण के बारे में यदि हमें जानना हो कि भाषा को हथियार बनाकर वह सचमुच क्या कर सकता है, तो हमें मैकाले और चार्ल्स ट्राविलियन की औपनिवेशिक योजनाओं से परिचित होना होगा। वे योजनाएं भले ही पूरी तरह सफल न हो पायी हों, लेकिन उनसे यह पता चलता है कि कोई व्यापारिक नीति किस तरह स्वामित्व के लिए अपने भीतर एक सांस्कृतिक उद्देश्य भी छिपाए रहती है।

बीते कल की साम्राज्यवादी योजना को समझने के लिए ही नहीं, अंग्रेजी की तरफ दौड़ती आज की पीढ़ियों की मनोदशा को समझने के लिए चार्ल्स ट्रैवेलियन का निम्न वक्तव्य बड़ा ही महत्त्वपूर्ण है, जो उसने 1853 में संसदीय कमेटी के सामने पेश किया था। उसने कहा था–"अंग्रेजी साहित्य का प्रभाव अंग्रेजी राज के लिए हितकर हुए बिना नहीं रह सकता। जो भारतीय युवक हमारे साहित्य द्वारा हमसे भली-भांति परिचित हो जाते हैं, वे हमें विदेशी समझना बंद कर देते हैं... फिर वे हमें अपने देश से बाहर निकालने के प्रचंड उपाय सोचना बंद कर देते हैं।... भारतीय राष्ट्र के विचारों को दूसरी तरफ मोड़ने का केवल एक ही उपाय है कि उनके अंदर पश्चिमी विचार पैदा किए जाएं।... हम भारतवासियों को यूरोपीय ढंग की उन्नति में लगा दें।... (इससे) भारत पर अपना साम्राज्य कायम रखना लंबे काल के लिए असंदिग्ध हो जाएगा। शिक्षित भारतवासी...स्वभावतः हमसे चिपके रहेंगे।.... पाश्चात्य शिक्षा पाए हुए युवक स्वाधीनता के प्रयत्न करना बंद कर देते हैं।" अंग्रेजी भाषा आज हमें यूं ही अपनी भाषा-सी नहीं लगती। अमरीका-ब्रिटेन आज अपने-अपने से यूं ही नहीं लगते। इसी तरह बहुराष्ट्रीय कंपनियां यदि देवदूत-सी लगती हैं, तो इसके पीछे भी बौद्धिक उपनिवेशवाद की एक ठोस पृष्ठभूमि है।

आज विचारशून्य अंग्रेजी शिक्षा ही दृश्य में नहीं है। पश्चिमी ढंग के पॉप नृत्य-संगीत की जितनी धूम है, पहले कभी न थी। मैकडोनल्ड्स, पिज्जा-हट, केएफसी आदि की अटूट श्रृंखलाएं हैं। अब पहले के से थियेटर और चायखाने नहीं हैं। इनकी जगह बड़े-बड़े मनोरंजक मल्टीप्लेक्स, पांच सितारा होटलों जैसे अस्पताल

एवं तकनीकी शिक्षण केंद्र हैं। सूचना राजमार्ग से घरों में हर क्षण उतरते सुख के राजदूत हैं। पॉप राजनीति है। ये सभी भूमंडलीकरण के नये सांस्कृतिक शिक्षालय हैं, जिनमें ब्रेनवॉश होता है। अमरीका और इंडिया का पृथक हो सकना अनिश्चित काल के लिए टल जाता है। अमरीकी समझदारी, सौंदर्यबोध और स्मार्टनेस के बाहर जो कुछ है, वह सब अब इतिहास का कबाड़ लगता है।

जाहिर है, इस तरीके के बदलती स्थितियों में समृद्ध विरासत वाली भारतीय भाषाएं असमय बूढ़ी हो गयी-सी लगती हैं। उनमें नया ज्ञान-विज्ञान नहीं हैं। वे जड़ता और पिछड़ेपन की निशानियां लगती हैं, क्योंकि वे शासकवर्ग की नहीं, गरीब जनता की भाषाएं हैं। शासक वर्ग चाहते हैं कि सिर्फ गरीब और कमजोर लोग, जो समूची जनता के 90 प्रतिशत हैं, भारतीय भाषाओं में पढ़े-लिखें। वे धर्म, जाति, क्षेत्रीयता और भाषा के नाम पर आपस में लड़ते-कटते रहें। देश की तकदीर का फैसला वस्तुत: वे कर रहे हैं, जो अपनी भाषा भूल चुके हैं। इतिहास वे बना रहे हैं, जो आम जनता को इससे बाहर निकाल चुके हैं।

यह सब घटित न होता, यदि शिक्षित मध्यवर्ग का बड़ा हिस्सा सचमुच शिक्षित होता। तब वह अपने को बौद्धिक उपनिवेश, उपभोक्तावाद और सांस्कृतिक उन्मूलन से कुछ बचा लेता। उसमें न्यूनतम जनदरद होता। मैथिलीशरण गुप्त के अनुज और कवि सियाराम शरण गुप्त ने अपने लेख 'अन्य भाषा से मोह' में आजादी से पहले लिखा था–"यह बात गलत है कि प्लासी की लड़ाई में थोड़े से अंग्रेजों ने हिंदुस्तान जीता। उस दिन उनकी जीत अवश्य हुई थी, परंतु वह जीत हिंदुस्तान की पराजय नहीं थी। जिस दिन और जिस जगह निश्चित रूप से हमारी हार हुई, इसका उल्लेख स्कूल के इतिहास में नहीं मिलता। इतिहास की यह बहुत बड़ी घटना बाह्य क्षेत्र में घटित ही नहीं हुई। इसका मुख्य क्षेत्र हमारा मस्तिष्क और हृदय था।... हमारे इस आभ्यंतर की विजय विजेता की भाषा द्वारा ही संभव थी।" आज ऐसा लगता है कि जैसे इस किस्म की बौद्धिक पराजय, गुलामी या आत्मविसर्जन लज्जा का नहीं, गौरव का मामला है।

भूमंडलीकरण पश्चिम से दूसरे दौर के खास संपर्क की देन है, यह अपनी में एक विशिष्ट अवधारणा है। इसने विकास और भारत की राष्ट्रीय भाषाओं के बीच तलाक की स्थिति ला दी है। कहना न होगा कि अपनी मातृभाषा से विच्छिन्नता अंततः जनता से विच्छिन्नता की ओर ले जाती है। मातृभाषा से प्रेम आम जनता से प्रेम और देश-प्रेम की ओर ले जाता है।

भारतीय भाषाओं में अंग्रेजी शब्दों और साम्राज्यवादी तत्त्वों की प्रचुर मिलावट और पश्चिमी चटपटेपन का असर पारिवारिक रिश्तों पर भी पड़ रहा है। अपनी

मातृभाषा छोड़ने वाले या उससे दूर हटने वाले धीरे-धीरे अपने रिश्तों-नातों का अहसास भी खोने लगते हैं। रिश्ते-नाते रूखे और औपचारिक से हो जाते हैं। क्षणभंगुर रिश्तों की सृष्टि होने लगती है। बुजुर्गों के प्रति जिम्मेदारी महसूस नहीं की जाती। सभी जानते हैं कि रिश्तों के अंकल-आंटी जैसे अंग्रेजी नाम भारतीय परिवार के फूफा, बुआ, मामा, मौसी आदि रिश्तों की गर्माहट जरा भी व्यक्त नहीं कर पाते। अंततः रिश्तों के अहसास की दुनिया सिकुड़ जाती है। 'डैडी' और 'मम्मी' भी अंततः 'डैड'-'मॉम' हो जाते हैं। धीरे-धीरे पारिवारिक रिश्तों का घटता सौंदर्य और बढ़ता दिखावा आदमी को अकेला, व्यक्तिवादी और असामाजिक बना देता है। अपनी सांस्कृतिक जड़ों से कटी भाषा बेरहम होती है और बेरहम बनाती है। साथ के लोगों को जब 'यारों' या 'दोस्तों' की जगह 'गाइज' कहकर पुकारा जाता है, तब लक्षित किया जा सकता है कि भूमंडलीकरण किस तरह जिंदगी के कोमल अहसासों को मिटाकर आदमी को एक कृत्रिम भाषा दे रहा है, जिससे सिर्फ क्रूरता झांकती है।

हम किसी भी भारतीय नगर में देख सकते हैं कि हिंदी या जातीय भाषाई माध्यम के निजी स्कूल फीस ऊंची करके अंग्रेजी माध्यम के स्कूलों में बदल चुके हैं। छोटे-छोटे कस्बों और गली-कूचों में कुकुरमुत्ते की तरह अंग्रेजी स्कूल खुलते जा रहे हैं। बेहतर अंग्रेजी स्कूलों में भर्ती के लिए धक्का-मुक्की है। अंग्रेजी का आकर्षण पिछले डेढ़ दशक में इतना बढ़ा है कि पश्चिम बंगाल सहित कई राज्यों में इसके लिए आंदोलन हुए हैं कि अंग्रेजी की शिक्षा पहली कक्षा से ही दी जाए। ड्राइवर और रिक्शाचालक तक अपने बच्चे को किसी भी तरह अंग्रेजी स्कूल में ही पढ़ाना चाहते हैं, भले अनुकूल परिवेश के अभाव में वह फिसड्डी रह जाए और वापस मातृभाषा में लौट जाए। हिंदी या जातीय भाषाई माध्यम वाले स्कूल अब सिर्फ सरकारी धन पर चलने वाले स्कूल ही रह गए हैं, जहां जागरूकता के अभाव में शिक्षकों ने पढ़ाई का स्तर अतिनिम्न कर दिया है। बड़े नगरों के ऐसे कई स्कूलों में विद्यार्थी कम हो चुके हैं। भूमंडलीकरण ने भारतीय भाषाओं के स्कूलों को हाशिये पर फेंक दिया है। सरकार इनसे धीरे-धीरे अपना हाथ खींच लेना चाहती है। आर्थिक सुधार चाहने वालों को ऐसे स्कूल या 'मानविकी' की शिक्षा देने वाले कॉलेजों और विश्वविद्यालय बोझ लगने लगे हैं।

प्रश्न उठता है, समाज में भारतीय भाषाओं की स्थिति कमजोर हो जाने से आधुनिकीकरण में तेजी आएगी या शिथिलता? आज का लेखक विद्यार्थी कह सकता है, जिस भाषा में मैं सांस नहीं ले सकता, उसमें लिख नहीं सकता। आज भी भारत की एक बड़ी आबादी भारतीय भाषाओं में सांस लेती है। उनमें कई

छोटी-छोटी भाषाएं हैं। हमें यदि वैश्वीकरण और आधुनिकीकरण को बहिष्कारपरक नहीं बनाना है-इन्हें अधिकाधिक समावेशी बनाना है, तो छोटी भाषाओं को भी विकसित होने का मौका देना होगा। यह भी उल्लेखनीय है कि एक उत्तर-औपनिवेशिक मामला भाषा, साहित्य और संस्कृति में अस्मिता की राजनीति का है। अस्मिता की राजनीति एक बिंदु पर सामुदायिक जागरूकता लाती है, तुरंत दूसरे बिंदु पर उपनिवेशवाद का रास्ता साफ करते हुए पृथकतावाद का भी खतरा पैदा करती है।

हमारे समय की एक बड़ी विडंबना यह है कि हम टेक्नोलॉजी और आधुनिकीकरण के जितने शिखर पर चढ़ते जा रहे हैं, सामाजिक विविधता उतनी ही तेजी से सामाजिक भिन्नता में बदलती जा रही है। इसलिए छोटी भाषाओं के विकसित होने का एक अर्थ यह भी है कि वे अपनी विशिष्टता में अखंडता और संवाद के सूत्र कितना मजबूत कर रही हैं। छोटी भाषाओं के विकास या अस्मिता की राजनीति का अर्थ जब कूपमंडूकता और पृथकता हो जाएगा, 'राष्ट्र' की धारणा ही नहीं, विश्वदृष्टि भी संकीर्ण होती जाएगी।

आज हिंदी छोड़कर अन्य भारतीय भाषाओं में एक सांस्कृतिक हाहाकार मचा हुआ है, वहां प्रतिरोध के दृश्य हैं। अपनी भाषा के लिए आवाज भी हाशिए की आवाज का ही एक रूपभेद है। हिंदी खा-पीकर अघायी है और शांत है, हालांकि आवाजें यहां भी हैं।

आज की नई पीढ़ी का भाषा-ज्ञान बहुत अधकचरा और खराब है। आज के नौजवान खराब हिंदी, खराब तमिल या खराब पंजाबी ही नहीं बोलते, खराब अंग्रेजी भी बोलते हैं। इस पर सोचने की जरूरत है कि आज समाज को जो पीढ़ियां नेतृत्व दे रही हैं, उनकी नैतिक गड़बड़ियों के मूल में कहीं भाषा के प्रति उनकी असावधानी और गैर-जिम्मेदाराना सलूक तो नहीं है। रामचंद्र शुक्ल ने काफी पहले कहा था, "भाषा ही किसी जाति की सभ्यता को सबसे अलग झलकाती है, यही उसके हृदय के भीतरी कल-पुर्जों का पता देती है। किसी जाति को अशक्त करने का सबसे सहज उपाय उसकी भाषा को नष्ट करना है।" (1912)। इस तरह अनुमान लगाया जा सकता है कि जाति के विकास पर आश्रित होने के बावजूद भाषा खुद भी किस तरह एक बड़ी शक्ति बन जाती है। उस जाति की सामाजिक पहचान उसकी भाषा के ह्रास या उन्नयन से प्रभावित होने लगती है।

आज भाषा पर बाजार का कब्जा बढ़ता जा रहा है। कभी हिंदी का जन्म बाजार में ही हुआ था, बाजार में ही उसका विकास हुआ, पर आज बाजार ही उसे तहस-नहस कर रहा है। इसलिए हिंदी या किसी भी भारतीय भाषा के विकास को

बाजार के भरोसे ही नहीं छोड़ा जा सकता। इसके लिए समाज को भी कुछ प्रयत्न करना होगा। समाज के बाजार में जितना बचा हुआ है, उसी दायरे से प्रयत्न करना होगा।

जाहिर है, शिक्षा के बाजारीकरण ने भारतीय भाषाओं के ज्ञान को बुरी तरह प्रभावित किया है। नई शक्ल के उच्चतर और तकनीकी शिक्षण संस्थानों में भारतीय भाषाएं हाशिए पर ठेल दी गई हैं। ऐसे संस्थानों और स्कूलों में योग और सूचना प्रोद्योगिकी की खूब शिक्षा दी जाती है, पर भाषा-शिक्षण का पक्ष कमजोर होता है। हिंदी या किसी दूसरी भारतीय भाषा में बातचीत करने तक में लोगों को शर्म आती है। इससे केवल नैतिक क्षति ही नहीं हो रही है, आधुनिकता की भी क्षति हो रही है। अंग्रेजी ने आधुनिकता का अर्थ संकुचित कर दिया है, जबकि पिछले लगभग 200 वर्षों में भारतीय भाषाओं ने आधुनिकता का एक व्यापक, राष्ट्रीय और सामाजिक अर्थ विकसित किया था।

भाषा का ज्ञान महज अभिव्यक्ति के एक माध्यम का ज्ञान नहीं है। भाषा मनुष्य के व्यक्तित्व, जातीय आत्म-पहचान और संस्कृति का चिह्न भी है। हम उस भारतीय से देशप्रेम और जनता से प्रेम की उम्मीद नहीं कर सकते, जिसे अपनी जातीय भाषा से प्रेम नहीं है। भाषा को महज कामकाज या अभिव्यक्ति के एक कामचलाऊ माध्यम के रूप में देखना और उसे व्यक्तित्व को विकसित करने की एक बौद्धिक-नैतिक ताकत के रूप में देखना, दो अलग-अलग चीजें हैं। कोई भी भाषा अच्छी तरह सिखाना या सीखना वस्तुतः एक समावेशी जातीय पहचान, उच्चतर सौंदर्य-बोध और उच्चतर संस्कृति के उन्मेष की प्रक्रिया है। निश्चय ही भाषा का ज्ञान महज कुछ शब्दावलियों, वाक्यों और फिल्मी गानों का ज्ञान नहीं है। इसलिए शिक्षा और जीवन में भाषा को हल्के-फुल्के ढंग से लेना एक राष्ट्रीय क्षति है। इसमें संदेह नहीं कि भारतीय भाषाएं आधुनिकीकरण को न केवल जड़विहीन होने से बचाती हैं, बल्कि ये इसको जन-जन तक पहुंचाने में सहायक होती हैं। यह कहना ज्यादा सही होगा कि ज्ञान-प्रक्रिया का वास्तविक आधुनिकीकरण भारत की राष्ट्रीय भाषाओं के जरिए ही संभव है।

अब प्रश्न है, क्या अंग्रेजी ही विश्वदृष्टि की सच्ची वाहक है? अंग्रेजी विश्व बाजार की भाषा है। ऐसी अंग्रेजी की विश्वदृष्टि महज विश्व बाजार-दृष्टि है। उसमें भूमंडलीकरण का आवेश है, विश्व मानवतावाद नहीं। उसमें मानवीय संवेदना और पहचान नहीं है।

भारत की राष्ट्रीय भाषाओं तथा इस देश में कई छोटी-छोटी भाषाओं की एक बड़ी चाहत है कि वे विश्व भर में हों या नहीं, पर उनमें विश्व हो। हर जीवंत भाषा

अपना विश्व रचती है, वह दीवारें नहीं बनाती। वह ग्रहणशील और मिश्रणशील होती है। वह 'राष्ट्र' और 'विश्व' में अंतर्विरोध नहीं देखती।

ज्ञान और संवेदना में अंतर्विरोध नहीं देखती। आत्म-पहचान और अखंडता में अंतर्विरोध नहीं देखती। मुश्किल यह है कि विश्वबोध के लिए, ग्लोबल होने के लिए 'राष्ट्र' को बाधा के रूप में देखा जा रहा है। इसी अनुपात में भारत की भाषाओं को भी वैश्वीकरण में बाधक या पिछड़ेपन के रूप में देखा जा रहा है, जो एक नव-औपनिवेशिक उन्माद है।

दरअसल भाषाओं पर संकट विश्वव्यापी है। खुद अंग्रेजी इस संकट से मुक्त नहीं है। इसका विश्व बाजार की एक खोखली भाषा के रूप में सिकुड़ना, इसका आधुनिक मूल्यों के वाहक के रूप में सौ-दो सौ साल पहले जो रूप था, उससे प्रस्थान दरअसल उस पर संकट का ही एक चिह्न है। इसमें संदेह नहीं कि अंग्रेजी पहले से अधिक ताकत के साथ विश्व बाजार की भाषा के रूप में उभरी है, इसका दबदबा बढ़ा है और इसके औपनिवेशिक औजार काफी चमकीले हुए हैं, पर सच्चे आधुनिकीकरण की भाषा के रूप में वह इस समय बिल्कुल दिवालिया है।

तोता नारायण-नारायण बोलता है, पर यह ज्ञान नहीं है। हमारे चारों तरफ ऐसे ही ज्ञानियों का बाजार लगा है। यह ज्ञानियों का समाज नहीं है। ज्ञान का अर्थ कभी भी महज सूचना नहीं है। इसलिए सूचना-आधारित ज्ञान को मूल्य-आधारित ज्ञान से जोड़े बिना आधुनिकीकरण का मानवीय चेहरा निर्मित नहीं किया जा सकता। आज भाषा का अर्थ सूचनात्मक भाषा, बाजार की भाषा और कामचलाऊ भाषा होता जा रहा है, यह संकट है। सूचना, बाजार और कामकाज के बाहर कोई भाषा नहीं है, यह समझ इन्सानियत के सिकुड़ने का लक्षण है। यही नहीं? यह व्यक्तित्व, जातीय आत्म-पहचान और संस्कृति के धीरे-धीरे ध्वस्त होने का चिह्न भी है। यह वैश्वीकरण और आधुनिकीकरण के भी इकहरे, एकध्रुवीय और बहिष्कारपरक होने का लक्षण है।

जाहिर है, नए विश्व परिदृश्य में यह देखने की जरूरत है कि कोई भाषा अपने पीछे कौन-सी संस्कृति, कौन-सी विचारधारा और किस तरह का आधुनिकीरण लेकर आ रही है। उस भाषा में जीवन के लिए कितना स्पेस है। यदि जरूरी समझा जाए तो भाषा को फिर से व्यक्तित्व, जातीय आत्म-पहचान और उच्चतर संस्कृति ही नहीं, जीवन के अस्तित्व से भी जोड़कर देखा जाना चाहिए। भाषा को उसके गुणों के साथ अपनाने की जरूरत है, उसे महज सूचना के औजार या वर्चस्व के हथियार के रूप में चुनने की जगह। अगर हम भाषा से इतनी अपेक्षाएं रखते हैं तो संकट सिर्फ भारतीय भाषाओं पर ही नहीं, अंग्रेजी सहित दुनिया की सभी भाषाओं पर है।

भाषाई विविधता और ज्ञान-पोषित समाज

अभिषेक अवतंस

यूनेस्को की संघोषणा (2003) के अनुसार ज्ञान-पोषित समाज के निर्माण में हमें तीन मुख्य बातों का ध्यान रखना होगा। सबसे पहले हमें उस डिजिटल डिवाइस को समाप्त करना होगा जो विकास के क्रम में विसंगतियां पैदा करता है और जिसकी वजह से कई देश व समूह सूचना और ज्ञान के लाभ से वंचित हो जाते हैं। दूसरा सूचना समाज में हमें डेटा/सूचना, सर्वश्रेष्ठ तकनीक और ज्ञान का निर्बाध प्रवाह सुनिश्चित करना होगा और तीसरा हमें नई नीतियों और सिद्धांतों पर अंतर्राष्ट्रीय मंच पर एक आम सहमति बनानी होगी।

इस प्रकार से ज्ञान-पोषित समाज मानवाधिकारों और स्वतंत्रता की आधारशिला पर निर्मित होना चाहिए। इसमें न सिर्फ अभिव्यक्ति की स्वतंत्रता होनी चाहिए बल्कि शैक्षिक और सांस्कृतिक अधिकारों का भी उचित स्थान होना चाहिए। ज्ञान-पोषित समाज में हमें यह सुनिश्चित करना होगा कि ज्ञान के स्रोतों पर सबकी व्यापक पहुंच हो और वह ज्ञान किसी भी भाषा/संस्कृति के लिए उपलब्ध व उपयोगी हो। संक्षेप में कहा जाए तो एक संपूर्ण ज्ञान-पोषित समाज के निर्माण में भाषाई और सांस्कृतिक विविधता पर विशेष ध्यान दिए जाने की आवश्यकता है।

प्रस्तुत लेख में भाषाई विविधता और ज्ञान-पोषित समाज के अंतर्संबंधों पर विचार किया गया है।

भाषाई विविधता और उसका संकट

भाषाई विविधता को दो प्रकार से परिभाषित किया जा सकता है। पहली परिभाषा के अनुसार जितनी ज्यादा भाषाएं होंगी उतनी ही ज्यादा भाषाई विविधता होगी। दूसरी परिभाषा के अनुसार भाषाई विविधता का आकलन कुल बोली जाने

वाली भाषाओं की संख्या के बजाय उन्हें बोलने वालों के प्रतिशत पर आधारित होना चाहिए।

आधुनिक विश्व में भाषाई विविधता का वैश्विक वितरण असाधारण रूप से असंगत है। समर इंस्टिट्यूट ऑफ लिंग्विस्टिक्स अमेरिका द्वारा संकलित एथनोलॉग डेटाबेस के अनुसार विश्व जनसंख्या के 5723, 861, 210 लोगों द्वारा 6912 भाषाएं बोली जाती हैं। एथनोलॉग डाटाबेस (2005) के एक अध्ययन में भाषाई विविधता के सूचकांकों का निर्धारण किया गया जिसमें अमेरिकी भाषाई विविधता सूचकांक सबसे कम और अफ्रीका का सूचकांक सर्वाधिक था (देखें तालिका सं. 1)।

तालिका सं. 1

क्षेत्र	*भाषा*	*विविधता वैश्विक*	*सूचकांक अनुपात*
उत्तर अमेरिका	248	3.3843	0.0086
यू.एस.ए.	170	0.7804	0.0020
पूर्व एशिया	200	4.4514	0.0112
पश्चिम एशिया	159	26.1534	0.0659
दक्षिण-मध्य एशिया	661	29.8093	0.0752
दक्षिण अमेरिका	930	30.5007	0.0769
यूरोप	364	32.4369	0.0818
दक्षिण-पूर्व एशिया	1317	37.6615	0.949
प्रशांत	1322	46.5653	0.1174
अफ्रीका	2390	185.6836	0.4681

विश्व की जनसंख्या का लगभग 80 प्रतिशत भाग कुल 75 भाषाएं ही बोलता है। इनमें से प्रत्येक के कमोबेश एक करोड़ वक्ता हैं। विश्व की केवल 8 भाषाओं के दस करोड़ से अधिक वक्ता हैं और ये भाषाएं विश्व जनसंख्या के 40 प्रतिशत भाग द्वारा बोली जाती हैं। इनमें मंदारिन चीनी (873, 014, 298 वक्ता), स्पेनी (322, 299, 1711), अंग्रेजी (309, 352, 280), पुर्तगाली (177, 457, 180), बांग्ला (171, 070, 202), रूसी (1415, 031, 551) और अरबी (136, 411, 727) शामिल हैं।

भाषाई विविधता के इस असमान वैश्विक वितरण को चित्र सं. 1 के माध्यम से समझा जा सकता है।

75 बड़ी भाषाएँ
79.5 प्रतिशत वक्ता

2943 मध्यम आकार की भाषाएँ
20.4 प्रतिशत वक्ता

3894 छोटी भाषाएँ
0.13 प्रतिशत वक्ता

चित्र सं. 1

(**नोट**–आंकड़ों के लिए देखें www.ethnologue.com)

कुछ पूर्वानुमानों के आंकड़े तो और भी चिंतनीय हैं। एक अध्ययन के अनुसार सन् 2050 तक विश्व की आधी भाषाएं विलुप्त हो जाएंगी। (देखें Measuring Linguistic Diversity on Internet, 2005, UNESCO Inst. of Statistics)

भाषाई विविधता के इस लोप के कारणों की तह में जाएं तो हम पाएंगे कि मानव इतिहास के वैश्विक क्रम में लगातार एक प्रकार का भाषाई संतुलन था। इसका मतलब यह था कि लगातार लुप्त होती हुई भाषाओं के स्थान पर निरंतर नई भाषाओं का जन्म हो रहा था। यह संतुलन निरंतर कई वर्षों तक बना रहा क्योंकि समाज और संस्कृतियां कमोबेश अपने ही क्षेत्र में सीमित थीं। किसी एक प्रबल भाषा का विस्तार होना संभव नहीं था।

परन्तु पिछले दस हजार वर्षों में कई कारणों से यह संतुलन भंग हो गया। पहले-पहल कृषि के आविष्कार और विस्तार, उपनिवेशवाद के उदय, बाद में औद्योगिक क्रांति और वर्तमान में वैश्वीकरण, इलेक्ट्रानिक तकनीक आदि ने कुछ प्रबल भाषाओं को छोड़कर (अधिकांश यूरेशियाई उद्गम वाली) सभी अन्य को हाशिए पर धकेल दिया। आज स्थिति यह है कि अंग्रेजी वैश्विक भाषा का चोंगा धारण कर चुकी है। विश्व के लगभग हर प्रांत में हमें यही सुनने में आता है कि–अंग्रेजी हमारी भाषाओं को नष्ट कर रही है (यहां तक उस यूरोप में भी जहां उसका जन्म हुआ था।)

स्कूटनाब कानगास (2007) ने इसे भाषाई जनसंहार कहा है। कानगास कहती हैं–हमें विश्व की भाषाओं से ज्यादा डेनमार्क में पाले जा रहे सुअरों की संख्या, उनके कद और वजन के बारे में पता है। डेनमार्क सुअर के मांस का निर्यात करने वाला एक प्रमुख देश है और वहां सुअर एक जरूरी आर्थिक संसाधन है। भाषाई विविधता को अधिकांश लोग एक समस्या के रूप में देखते हैं। भाषाएं आमतौर पर संसाधन के रूप में नहीं देखी जातीं।

सूचना क्रांति के युग में यह स्थिति और भयावह हो गई है। ग्लोबस्टैट (2004) के अनुसार वर्ल्ड वाईड वेब (इंटरनेट) पर उपलब्ध 35.2 प्रतिशत सूचनाएं अंग्रेजी में हैं। 35.7 प्रतिशत सूचनाएं अन्य अंग्रेजीतर यूरोपीय भाषाओं में और 32.3 प्रतिशत सूचनाएं विश्व की शेष भाषाओं में उपलब्ध हैं।

भारत में भाषाई विविधता

भारत हमेशा से ही सामासिकता का चौराहा रहा है चाहे वो भाषा का क्षेत्र हो या साहित्य, संस्कृति या सामाजिक प्रक्रियाओं का। 21वीं सदी में भी भारत कई धर्मों/ संप्रदायों, विचारों, समुदायों और लगभग 387 जीवित भाषाओं का निवास स्थान है (एथनोलॉग 2007)।

सदियों से भारत विभिन्न भाषिक समुदायों की भूमि रहा। भारत में मुख्यतः 5 भाषा परिवारों की भाषाएं बोली जाती हैं—1. भारतीय आर्य भाषाएं 2. द्रविड़ 3. आस्ट्रो-एशियाटिक 4. तिब्बती-बर्मी और 5. अंडमानी (देखें अब्बी 2007)

इनमें से लगभग 1/3 भाषाएं भारतीय आर्यभाषा परिवार की हैं और लगभग 73.30 प्रतिशत भारतीय जनसंख्या द्वारा बोली जाती हैं। दूसरी तरफ 27.47 प्रतिशत जनता द्रविड़ भाषाएं बोलती है और शेष 0.73 प्रतिशत आबादी शेष तिब्बती-बर्मी, अंडमानी भाषा परिवार एवं अन्य की भाषाएं बोलती है (सिंह 2007)।

भारतीय संविधान के 7वें भाग में अनुच्छेद 343 से 351 और आठवीं अनुसूची में देश की भाषाओं के संबंध में व्यापक निर्देश हैं। अनुच्छेद 343 (1) के अनुसार संघ की राजभाषा हिन्दी और लिपि देवनागरी होगी। हिंदी के प्रसार के लिए कई विशेष निर्देश दिए गए हैं : हिंदी के प्रसार को बढ़ावा देना, उसका इस तरह विकास करना कि वो भारत की सामासिक संस्कृति के सभी तत्त्वों की अभिव्यक्ति का माध्यम बने (अनुच्छेद 351)।

संविधान के अनुच्छेद 343 (2) के अनुसार ''खंड (1) में किसी बात के होते हुए भी, इस संविधान के आरंभ से पंद्रह वर्ष की अवधि तक संघ के उन प्राशासनिक प्रयोजना के लिए अंग्रेजी भाषा का प्रयोग किया जाता रहेगा, जिनके लिए उसका प्रयोग किया जा रहा है।''

परन्तु 1965 में दक्षिण भारत में हुए भाषाई दंगों और हिंदी का वर्चस्व एवं आर्यकरण के भय ने अंग्रेजी को उसके स्थान पर बना रहने दिया। बाद में 1965 में अंग्रेजी को सहराजभाषा का दर्जा दे दिया गया। संविधान की आठवीं अनुसूची में

देश की कुछ भाषाओं को आधिकारिक मान्यता दी गई हे जो पिछले 59 वर्षों में 14 से 22 भाषाओं तक पहुंच गई है। भारत की बहुभाषिकता और अंग्रेजी के निरंतर बने रहने की स्थिति से यह बात साबित हो जाती है कि भारतीय सामासिक संस्कृति और बहुभाषिकता के परिप्रेक्ष्य में भाषा नियोजन का कोई आसान हल नहीं है।

गौरतलब है कि अब अंग्रेजी को औपनिवेशिक शासन से अलग कर देखा जाने लगा है और इससे अंग्रेजी के प्रति लोगों का पूर्वाग्रह कम हुआ है। हिंदी और अंग्रेजी में संवाद इस हद तक बढ़ा है कि आए दिन दैनिक समाचार-पत्रों, टी.वी. चैनलों, और रेडियो कार्यक्रमों में एक नए प्रकार की बिंदास हिंदी या कहा जाए तो बिंदास अंग्रेजी का प्रयोग हो रहा है। यह जरूरी नहीं रह गया कि आप कैसे बोल रहे या कितनी शुद्ध भाषा बोल रहे हैं। बल्कि लक्ष्य यह है कि लोग आपकी बात पढ़ें/सुनें और तुरंत समझ जाएं।

दूसरी ओर हिंदी और अंग्रेजी की इस बढ़ती ताकत से सबसे ज्यादा प्रभावित है मराठी, पंजाबी, कन्नड़, तमिल, मलयालम, बांग्ला आदि क्षेत्रीय भाषाएं भारत के राज्यों के भाषाई बंटवारे के साथ हुए क्षेत्रीय भाषाओं के मानकीकरण और आधिकारिक प्रभुत्व ने कुनबी, गोंडी सुरजपुरिया, तुलु, हो, हलबी, खानदेशी, थाडों, दिमासा जैसी छोटी भाषाओं को हाशिए के उस पार धकेल दिया है। यह स्थिति जीवतंत्र या खाद्य शृंखला की उस परिस्थिति जैसी है जिसमें बड़ी मछली छोटी मछली को निगलकर ही अपना आकार बढ़ाती है।

भाषाई अस्मिता का प्रसंग इतना महत्त्वपूर्ण हो गया है कि झारखंड के मूल निवासी जो वर्षों से अपनी परंपरागत भाषाएं (जैसे मुण्डारी, खड़िया, कुडुख आदि) बोलते आ रहे थे। आज अपने-आप को हिंदी भाषी मानते हैं और हिंदी बोलने में गर्व का अनुभव करते हैं (अब्बी 2001)।

पहले अंग्रेजी और अब हिंदी की इस बढ़ती शक्ति के आगे छोटी जनजातीय समुदायों की भाषाएं अपने घुटने टेक रही हैं। इनमें कुछ भाषाएं राजनीतिक और सामाजिक कारणों के कारण आगे निकलने की कोशिश में लगी हैं (जैसे-मैथिली, संथाली, बोड़ो आदि) परन्तु सरकारी मान्यता भर से कोई भाषा बाजार की भाषाओं से मुकाबला नहीं कर सकती।

भारतीय परिदृश्य में भाषाओं को उनकी अनुक्रमिक प्रतिष्ठा के आधार पर निम्नलिखित चित्र के माध्यम से प्रस्तुत किया जा सकता है :

अंग्रेजी
हिंदी-उर्दू
संस्कृत
अनुसूचित भाषाएँ (20)
अनुसूचित भाषाओं की बोलियाँ (65)
अनुसूची से बाहर की भाषाएँ (92)
अनुसूची से बाहर की भाषाओं की बोलियाँ (?)
अवर्गीकृत भाषाएँ (10,000 से कम वक्ताओं वाली)

(**नोट**–वर्ष 1991 की जनगणना पर आधारित)

यहां गौरतलब यह कि पहले पायदानों की भाषाओं को छोड़कर शेष सभी भाषाएं विलुप्तता/ संकटग्रस्तता के खतरे से जूझ रही हैं। इन भाषाओं का भविष्य विश्व ग्राम की परिकल्पना में चिंताजनक है।

ज्ञान-पोषित समाज में भाषाई विविधता क्यों आवश्यक है?

ज्ञान-पोषित समाज की परिकल्पना, वैश्विक भाषाई विविधता और भारत की भाषाई स्थिति पर चर्चा के बाद यह जरूरी हो गया है कि अब हम ज्ञान-पोषित समाज में भाषाई विविधता की अपरिहार्यता पर विचार करें। भाषाई विविधता को एक समस्या मानने वालों की दृष्टि में भाषाई एकरूपता से दुनिया एक बेहतर जगह बन सकती है। हम एक-दूसरे को ज्यादा बेहतर तरीके से समझ पाएंगे। शायद बेहतर संप्रेषण और नेटवर्किंग के जरिए दुनिया ज्यादा शांति और सद्भाव की ओर बढ़ेगी। और भाषाओं को सीखने में व्यर्थ होने वाले समय का हम ज्यादा उत्पादात्मक कार्यों में उपयोग कर पाएंगे। इन कारणों के बावजूद भाषाई विविधता का उत्सव मनाना और उसे बचाना आखिर क्यों जरूरी है?

इस मुद्दे पर मुख्यत: निम्नलिखित तर्क प्रस्तुत किये जा सकते हैं–

(क) भाषाई और सांस्कृतिक विविधताएं न सिर्फ ऐतिहासिक रूप से पीढ़ी-दर-पीढ़ी आए ज्ञान की वाहक हैं बल्कि वे विश्व की जैव-विविधता से भी अभिन्न रूप से जुड़ी हैं। विश्वभर में भाषाई विविधता के घटने की दर जैव विविधता के घटने की दर से अपेक्षाकृत ज्यादा है। पिछले कुछ वर्षों में किए गए अनुसंधानों पर अगर हम ध्यान दें तो हम पाएंगे कि आशावादी पूर्वानुमानों के अनुसार आने वाले 100 वर्षों में 2 प्रतिशत जैव-प्रजातियां और 50 प्रतिशत भाषाएं विलुप्त हो जाएंगी। दूसरी ओर कुछ निराशावादी पूर्वानुमान यह संख्या क्रमश: 20 प्रतिशत और 90 प्रतिशत बताते हैं।

भाषाई और सांस्कृतिक विविधता जैव-विविधता से सीधे तौर से संबद्ध है। यह पाया गया है कि भाषाई और सांस्कृतिक विविधता बहुल क्षेत्र ही अधिक जैव-विविधता बहुल भी हैं। नए अनुसंधानों से पता चला हे कि ये विविधताएं एक-दूसरे को परस्पर संपुष्ट करती हैं (माफी 2001, पोसी 1999)। भाषाओं के मरने से न सिर्फ एक भाषिक समाज का विस्थापन होता है बल्कि उसके साथ मानव, पशुओं, पक्षियों और वनस्पति के अंतर्संबंधों से जुड़ा पारंपरिक ज्ञान भी नष्ट होता है। यह पारंपरिक ज्ञान जो मुख्यत: हाशिए पर खड़े छोटे भाषिक समुदायों के पास होता है, हमें भूमि और प्राकृतिक संसाधनों के सतत उपयोग के बारे में नई दिशा दे सकता है।

हेजल हेंडरसन (2001) इन देशीय भाषाओं में व्याप्त संरक्षण परंपराओं को "सांस्कृतिक डी.एन.ए." का नाम देते हैं जो हमें स्वस्थ पारिस्थितिक तंत्र के अंदर सतत जीवित रहने वाली अर्थव्यवस्थाएं बनाने का रास्ता दिखाती हैं।

पृथ्वी पर क्रमिक विकास का विविधता से गहरा रिश्ता है सबसे मजबूत परितंत्र वे हैं जो सबसे ज्यादा विविधता से परिपूर्ण हैं। विविधता में ही अनुकूलन का संभाव्य मौजूद होता है। एकरूपता किसी प्रजाति को विलुप्ति के कगार पर ले जा सकती है।

बेकर (2001) कहते हैं कि इस ग्रह पर मानव-जाति की सफलता काफी हद तक कई हजार वर्षों के दौरान विभिन्न प्रकार के पर्यावरणों में उसकी अनुकूलन की क्षमता पर निर्भर रही है।

कहा जा सकता है कि जिस तरह जैव जगत की विविधता एक सत्य है, उसी प्रकार भाषाओं के लिए बहुभाषिकता एक अभीष्ट आवश्यकता है।

भारतीय परिप्रेक्ष्य में पारंपरिक चिकित्सा, कृषि तकनीक, आयुर्वेद, आपदा प्रबंधन आदि का ज्ञान हम भाषाई एकरूपता की आंधी में सदा के लिए खो देंगे।

इस प्रसंग में हमें दक्षिण भारत के तटवर्ती इलाकों में रहने वाले कुछ पराम्परागत मछुवारा समुदायों के उस खानदानी ज्ञान को यथेष्ट स्थान देना होगा जिन्होंने दिसंबर 2004 में आई विध्वंसक सुनामी लहर के आने का पूर्वानुमान लगाकर कई हजार लोगों को मौत के आगोश में समाने से बचाया था।

कृषि के क्षेत्र में बहुत सारा ज्ञान गांवों में बिखरा पड़ा है। इस ज्ञान का तिरस्कार कर नए तरीके इजाद करना हर 10 साल पर नए सिरे से गोल पहिए का आविष्कार करने के समान है। आज हमें नीम, दार्जिलिंग चाय, बासमती और हल्दी के बौद्धिक संपदा अधिकार भाषाई विविधता के सहारे ही मिले हैं।

(ख) आर्थिक कारण

(1) किसी औद्योगिक समाज में मुख्य उत्पाद उपयोग की वस्तुएं और सेवाएं होती हैं। इस प्रकार के समाज में वे ही लंबे समय तक टिकते हैं जिनका कच्चे माल और उत्पादन के अन्य संसाधनों पर नियंत्रण होता है। ज्ञान-पोषित समाज में मुख्य उत्पाद ज्ञान और विचार होते हैं। इन उत्पादों का अंतरण मुख्यत: भाषाओं के माध्यम से होता है। इस प्रकार ज्ञान-पोषित समाज में उन्हें अधिक लाभ होगा जिनकी पहुंच विविध ज्ञान, विविध सूचनाओं और विचारों तक होगी। रचनात्मकता ही नवीनता की जनक है और रचनात्मकता ही निवेश को प्रश्रय देती है।

अत: ज्ञान-पोषित समाज में भाषाई ओर सांस्कृतिक एकरूपता विकास में बाधक सिद्ध हो सकती है। बहुभाषिकता रचनात्मकता को बढ़ावा देती है। ज्ञान-पोषित समाज में विश्व के वे देश अग्रणी होंगे जिनमें अपेक्षाकृत अधिक भाषाई और सांस्कृतिक विविधता है। बहुभाषिक समाज की सोच व्यापक और रचनात्मक होती है जिससे रहने वाला प्रत्येक भाषिक समुदाय अपना अलग-अलग ज्ञान कोश संरक्षित रखता है। ज्ञान-पोषित समाज में मुख्य उत्पाद ज्ञान व विचार होते हैं। वहां स्थानीय भाषाओं में कार्य करने की उपलब्धता सूचना और ज्ञान के प्रवाह को सुगम बनाते हैं। सूचना और ज्ञान की भाषिक एकरूपता विभिन्न भाषिक समुदायों को हाशिए पर धकेलकर ही प्राप्त की जा सकती है। सूचना प्रौद्योगिकी में जारी स्थानीयकरण और अंतर्राष्ट्रीकरण की प्रक्रियाएं अपने उत्पादों को हर घर में पहुचाने के लक्ष्य से ही चलाई जा रही है। समझदार बहुराष्ट्रीय कंपनियों ने मौके की नज़ाकत को समझते हुए भाषाई विविधता से दो-दो हाथ करने की बजाय स्थानीय भाषाओं में ही अपना माल परोसना शुरू कर दिया है। उदाहरण के लिए माइक्रोसॉफ्ट के विंडोज विस्टा, सॉफ्टवेयर को ही लें जो अरबी के 17, चीनी के 5, अंग्रेजी के 16, फ्रेंच के 6, जर्मन के 5, सामी के 9, सर्बियन के 4, स्पेनी के 20 प्रकारों समेत हिंदी, तमिल, कन्नड़, गुजराती, नेपाली और कई अन्य भाषाओं में कार्य करने की सुविधा देता है। इसके अलावा भी कई अन्य भाषाओं के लिए सहयोग उपलब्ध करवाए जा रहे हैं।

(3) अंग्रेजी के बढ़ते विस्तार से कई गैर-अंग्रेजी भाषी देशों में अच्छी अंग्रेजी बोलने वाले एक बड़े वर्ग का विकास हुआ है। आने वाले वर्षों में जब अंग्रेजी जानने वाले बहुभाषिक व्यक्तियों की भरमार हो जाएगी तब अंग्रेजी के बल पर आर्थिक लाभ कमाना कमोबेश असंभव होगा। उसी भाषाई पूंजी को आर्थिक पूंजी में बदला जा सकेगा जो बहुभाषिकता पर आधारित हो। एकभाषिक होना भविष्य की सफल पगडंडी नहीं है। ज्ञान-पोषित समाज में मुख्य भूमिकाएं बहुतभाषिक लोग ही निभाएंगे।

ज्ञान-पोषित समाज में भाषाई विविधता के औचित्य पर युवा भारत (1921) में गांधी जी द्वारा लिखी गई निम्नलिखित उक्ति सही रास्ते की ओर इशारा करती है–

"मैं नहीं चाहता कि मेरा घर चारों ओर चाहरदीवारी से घेर दिया जाए और खिड़कियां बंद कर दी जाएं। मैं चाहता हूं कि मेरे घर में विभिन्न स्थानों की संस्कृतियाँ उन्मुक्त रूप से बहें। परन्तु मैं उनके द्वारा मेरे पैरों को धरातल से हटाए जाने को अस्वीकार करता हूं।"

संदर्भ सूची

Abbi, Anvita, A Manual of Linguistic Fieldwork and Structures of Indian Languages, Munich, Lincom Europa, 2001.

Avtans, A. and Abbi, A., Language Documentation in Andamans: Highs and Lows, FEL-X proceedings, Mysore, CIIL, 2006.

Crystal, David, Language Death, Cambridge, CUP, 2000.

Gordon, Raymond G, Jr. (ed), Ethnologue: Languages of the World, Dallas, SIL International (Online Version), 2005.

Khare, S.K., Truth about Languages in India, Economic and Political Weekly, 1993-94, Dec. 2002.

Maffi, L. (ed), On Biocultural Diversity : Linking Language, Knowledge and the Environment, Washington DC, The Simthsonian Institute Press, 2001.

Rai, Amrit, A Houlse Divided : The Origin and Development of Hindi/ Hindavi, New Delhi, CUP, 1984.

Romaine, Suzanne, Planning for the survival of Linguistic Diversity, Language Policy 5.443-475, 2006.

Skutnaab-Kangas, L., Linguistic Genocide in Education-or Worldwide Diversity and Human Rights, Mahwah, London, LE Associates UNESCO, 2003, Cultural and Linguistic Diversities in the Information Society, Paris, UNESCO, 2000.

सिंह, उदय नारायण, भारत का नया भाषा सर्वेक्षण, गवेषणा 87, आगरा कें.हिं.सं., 2007।

तिवारी, बालेंदुशेखर और अवतंस, अभिषेक, कार्यालयी हिंदी, दिल्ली, क्लासिकल पब्लिशिंग कंपनी, 2006।

अवतंस, अभिषेक, झारखंड की भाषाएं : विकास और अनुप्रयोग, पटना, विशाल पब्लिकेशन, 2007।

तिवारी, बालेंदु शेखर और अवतंस, अभिषेक, झारखंड का भाषा परिवार, दिल्ली, क्लासिकल पब्लिशिंग कंपनी, 2006।

ज्ञान आधारित सामाजिक व्यवस्था में भारत की वर्तमान स्थिति एवं शिक्षक का योगदान

हरीश कुमार गंगवार

''शिक्षक ज्ञान और समाज को जोड़ने वाली महत्त्वपूर्ण कड़ी है या ज्ञान समाज की रीढ़ है शिक्षक।''

21वीं सदी में एक नया समाज उभर रहा है, जहां पूंजी व श्रम की अपेक्षा ज्ञान प्राथमिक उत्पादन व संसाधन है। सभ्यता के ऐतिहासिक विकास में बुनियादी रूप से चार प्रकार की सामाजिक व्यवस्थाओं की पहचान की गयी है। प्रथम आदिकालीन सामाजिक व्यवस्था जिसमें आजीविका का एकमात्र साधन शिकार था। द्वितीय कृषिप्रधान सामाजिक व्यवस्था का विकास हुआ। आदिकालीन सामाजिक व्यवस्था से कृषिप्रधान सामाजिक व्यवस्था तक आने में कुछ हजार वर्ष लगे। तृतीय चरण में औद्योगिक-सामाजिक व्यवस्था का विकास हुआ जिसके विकास में महज 200 वर्ष लगे। चतुर्थ डिजिटल क्रान्ति व इन्टरनेट ने ज्ञान-आधारित सामाजिक व्यवस्था को जन्म दिया। ज्ञान-आधारित सामाजिक व्यवस्था का सर्वाधिक उल्लेखनीय गुण इसकी गति है। इसके विकास में केवल 25 वर्ष लगे।

ज्ञान आधारित सामाजिक व्यवस्था की बुनियाद–

- शिक्षा और प्रशिक्षण पर अधिक निवेश तथा तकनीकी शिक्षा एवं आधुनिक संसाधन पर विशेष ध्यान दिये जाने की आवश्यकता है।
- अति विकसित दूर संचार नेटवर्क जो ज्ञान-आधारित सामाजिक व्यवस्था में शिक्षा एवं प्रशिक्षण के लिए कम से कम राष्ट्रीय व अन्तर्राष्ट्रीय दरों पर उपलब्ध हो।
- शिक्षण एवं प्रशिक्षण के क्षेत्र में उभरती तकनीकी पर अधिक से अधिक अनुसंधान एवं विकास।

- सूचना-आधारित सामाजिक व्यवस्था द्वारा शिक्षा की जन समाज तक पहुंच।
- शिक्षा के क्षेत्र में उच्च ज्ञानजन्य अथवा ज्ञान गहन सेवाओं का विस्तार।

ज्ञान समाज की पहली आवश्यक वस्तु है। ऐसी कुशल जनशक्ति जो अपनी शिक्षा-व्यवस्था की सहायता से तैयार की जा सके। इस प्रकार की जन शक्ति के उपयोग के ऐसे तौर-तरीके विकसित किए जाएं, जिसके परिणामस्वरूप उच्च ज्ञान-आधारित सेवाएं एवं उत्पाद तैयार किये जा सकें। जल्द से जल्द ऐसा करने के लिए आवश्यक होगा कि भारत की प्राथमिक मूलभूत आवश्यकता शिक्षा के क्षेत्र में शिक्षकों द्वारा शैक्षिक क्रान्ति लायी जाय। इसमें राष्ट्र के नीति निर्माताओं को सहयोग करना चाहिए।

ज्ञान-आधारित सामाजिक व्यवस्था के विकास के कारक—

- दुनियाभर की सामाजिक व्यवस्थाओं के भूमण्डलीकरण से सभी स्तरों पर प्रतिस्पर्धा में व्यापक वृद्धि हुई है।
- तकनीकी में तीव्र परिवर्तन के साथ-साथ अन्तर्राष्ट्रीय विश्वविद्यालयों से भारतीय विश्वविद्यालयों की सीधी प्रतिस्पर्द्धा।
- विज्ञान और तकनीकी के क्षेत्र में अनुसंधान कार्यों में बढ़ती रुचि।
- सूचना के क्षेत्र में बढ़ती जन-रुचि के साथ-साथ ज्ञान-आधारित सामाजिक व्यवस्था के उत्तरदायित्व में वृद्धि हुई है।
- कौशल परिवर्धन की बढ़ती मांग ने शिक्षा का दायरा बढ़ाया है।
- बौद्धिक सम्पदा अधिकारों के संरक्षण को लेकर बढ़ती चिन्ता शिक्षा सेवाओं से जुड़ी हुई है।
- ज्ञान-आधारित सामाजिक व्यवस्था में सबसे महत्त्वपूर्ण है शिक्षा।
- सहगामी कार्य-संस्कृति के प्रति प्रतिस्पर्द्धा में वास्तविक वृद्धि।
- नेटवर्किंग नीतियों में तीव्र गति के परिवर्तन के साथ-साथ शिक्षण की व्यावहारिक परिस्थितियों में भी परिवर्तन हुआ है।
- ज्ञान जन-सेवाओं व उत्पाद की बढ़ती मांग एवं पूर्ति में संतुलन स्थापित करने के लिए शिक्षकों की महत्त्वपूर्ण भूमिका होगी।

ज्ञान-आधारित सामाजिक व्यवस्था के रूप में भारत

किसी ज्ञान-आधारित सामाजिक व्यवस्था की सबसे खास बात है किसी राष्ट्र का संहित विकास (इनक्लूसिव ग्रोथ)। इस संहित विकास के द्वारा ही

विकसित राष्ट्र बनने की सम्भावनाएं अधिकतम की जा सकती हैं। आइये हम वर्तमान भारतीय एवं अन्तर्राष्ट्रीय परिस्थितियों पर नजर डलें और देखें कि हमारे राष्ट्र ने किन बिन्दुओं पर ज्ञान-आधारित सामाजिक व्यवस्था के क्षेत्र में क्या प्रगति की है।

उदीयमान ज्ञान-आधारित सामाजिक व्यवस्था में भारत को बड़ी संख्या में उच्च श्रमयुक्त मानव संसाधन की आवश्यकता होगी। हमारी सबसे बड़ी ताकत उच्च स्तरीय कौशल की उपलब्धता है। हमें सूचना प्रौद्योगिकी के क्षेत्र में अधिकाधिक स्वीकृति हासिल हो रही है। भारत अपने प्रतिद्वन्द्वियों के साथ प्रतिस्पर्धा में सफल रहा है। लेकिन इस स्थिति को बनाये रखने के लिए हमें और अधिक योग्यता प्राप्त व्यक्ति अधिक-से-अधिक संख्या में तैयार करने की आवश्यकता है।

भारत एक युवा देश है जिसकी आबादी का अधिक-से-अधिक भाग युवा है। अनुमानों से संकेत मिलता हे कि आगामी कुछ दशकों में काम-काजी लोगों की संख्या व अनुपात बना रहेगा। इसके विपरीत हमारे पड़ोसी राष्ट्र चीन में काम-काजी लोगों की भारी कमी हो जायेगी।

भारत में जहां 2020 में 4.70 करोड़ लोग अधिक होंगे। वहीं अकेले अमेरिका में 1.70 करोड़ लोगों की कमी होगी। इन जनसांख्यिकी प्रवृत्तियों से लाभ हासिल करने के लिए हमें कुशल एवं प्रशिक्षित लोगों की उपलब्धता सुनिश्चित करनी होगी। यही बात 2007 में प्रकाशित वर्ल्ड बैंक की रिपोर्ट 'इंडिया इनोवेशनः टुवर्ड्स सस्टेनेबल एण्ड इंक्लुसिव ग्रोथ' में कही है।

आज ज्ञान और सूचनाओं को सफल कुंजी के रूप में स्वीकार किया जाने लगा है। इसे महसूस कर लेने वाले देश भविष्य में विकास की फसल काटेंगे। आज नवीन ज्ञान-आधारित सामाजिक व्यवस्था को संचालित करने वाले कानून-विधान पहले से काफी अलहदा हैं। इसलिए ज्ञान-आधारित सामाजिक व्यवस्था की ओर बढ़ने के लिए हमें मूलभूत आर्थिक एवं शैक्षिक नियमों पर पुनर्विचार करना होगा।

हमें यह समझना होगा कि ज्ञान अन्य वस्तुओं से अलग है। इसमें एक सार्वजनिक वस्तु के कई केन्द्रीय गुण हैं। ज्ञान में इस भूमण्डलीकरण के इस युग में विकास और सशक्तिकरण की कुंजी ज्ञानचालित सूचना है। इसलिए भारत जैसे देश के लिए आवश्यक है कि इसके अनुरूप तत्काल अपनी रणनीति तैयार करे।

ज्ञान आधारित सामाजिक व्यवस्था में भारत की स्थिति–

देश	*जमा कराये गये पेटेंटों की संख्या (निवासी)*	*जमा कराये गये पेटेंटों की संख्या (अनिवासी)*
अमेरिका	127476	107964
चीन	10066	31707
ब्राजील	2757	23040
श्रीलंका	76	15944
मलेशिया	141	3911
पाकिस्तान	21	678
भारत	1545	5021

(आकड़े 1995 में जमा किये गये पेटेंटों को दर्शाते हैं।)

तृतीय क्रम की शिक्षा पाने वाले 25 से 34 वर्ष आयु की संख्या इन्स्टीट्यूट ऑफ मैनेजमेन्ट द्वारा प्रकाशित वर्ल्ड कम्पटीटिवनेस ईयर बुक 2003 में जारी आंकड़े बताते हैं कि भारत में 08 प्रतिशत व्यक्तियों ने तृतीय क्रम की शिक्षा पाई। इसके विपरीत चीन में 05 प्रतिशत तथा ब्राजील व इण्डोनेशिया में तृतीय क्रम की शिक्षा पाने वालों की संख्या और भी कम पायी गयी।

कुशल प्रतिभाओं तथा विशाल ज्ञान वाली उभरती हुई सामाजिक व्यवस्था

भारत के पास तकनीकी रूप में प्रतिभावान और परिश्रमी, व्यावसायिक योग्यता प्राप्त लोगों का विशाल समूह है जो विश्वस्तरीय शोध एवं विकास कार्यों को चलाने में सक्षम है। शोधकर्त्ताओं की प्रचुर संख्याओं में उपलब्धता के कारण शोध संगठन अल्प समय में ऊपर उठ सके हैं।

भारत में विविध विषयों के व्यवसायों का सम्बन्ध होने के कारण कम्पनियां अनेक क्षेत्र में अनुसंधान करने में सहजता अनुभव करती हैं। भारत विश्व का सबसे बड़ा ज्ञान संसाधन केन्द्र है। उच्च कोटि के वैज्ञानिकों, शिक्षाविदों एवं तकनीकी कार्यों में सम्पन्न है।

देश में भली-भांति विकसित उच्च शिक्षा प्रणाली है जो हमारी राष्ट्र की विशाल प्रतिभाओं की निधि का स्रोत है। भारत करीब 380 विश्वविद्यालयों, 17 हजार महाविद्यालयों, 11 हजार उच्चतर शिक्षण संस्थाओं वाला देश है। प्रति वर्ष लगभग 1.10 करोड़ स्नातक (03 लाख से अधिक विज्ञान स्नातक), 02 लाख से अधिक इंजीनियरों, 06 हजार से अधिक शोध (पी-एच.डी.) करने वाली विशाल प्रतिभाओं से सम्पन्न है। इसके विपरीत अमेरिका में केवल 70 हजार इंजीनियर एवं 24 हजार

शोधकर्त्ता निकलते हैं। इसके अलावा सार्वजनिक अनुसंधान प्रयोगशालाओं और देश की शैक्षिक संस्थाओं से प्रकाशित होने वाले शोध-पत्रों की संख्या बहुत कम है। पेटेंट अर्जी देने में और शोध-पत्रों के प्रकाशन के मामलों में भारत विकसित देशों के मुकाबले में बहुत पीछे है।

यदि भारत को ज्ञान-आधारित सामाजिक व्यवस्था के विकास में अग्रणी भूमिका निभानी है तो हमें अपनी शिक्षा-व्यवस्था को शोधपरक बनाना होगा एवं योग्य मानव संसाधन बनाने के लिए तैयार रहना होगा।

ज्ञान-आधारित सामाजिक व्यवस्था के विकास में शिक्षक का योगदान

ज्ञान-आधारित सामाजिक व्यवस्था अन्य समाजों से उल्लेखनीय रूप से भिन्न होगी क्योंकि इसमें रोजगार का स्रोत कृषि व वस्तुएं न होकर सेवायें होंगी। फलतः समाज की नयी वस्तु कुशल व शिक्षित मानव संसाधन हैं। मानव संसाधन के विकास में महत्त्वपूर्ण भूमिका व उत्तरदायित्व शिक्षक का है। ज्ञान-आधारित सामाजिक व्यवस्था के विकास में आर्थिक व सामाजिक संगठन सूचना के आस-पास घूमते हैं। चूंकि यहां सूचना ही कच्चा माल है जिसका शिक्षक द्वारा समाज में प्रचार व प्रसार किया जायेगा। ज्ञान-आधारित सामाजिक व्यवस्था के निर्धारण में शिक्षक द्वारा दिया गया ज्ञान और तकनीकी की महत्त्वपूर्ण भूमिका होगी। वास्तविकता में ज्ञान-आधारित सामाजिक व्यवस्था में अपना स्थान बनाने के लिए भारत को सम्पूर्ण शिक्षा-व्यवस्था में परिवर्तन लाना होगा। इसमें शिक्षक की महत्त्वपूर्ण भूमिका होगी।

ज्ञान से संचालित होने के लिए सूचना व संचार तकनीकी परिवर्तन की पहचान महत्त्वपूर्ण होगी। इस सूचना तकनीकी को समझने और प्रयोग करने के लिए बड़ी संख्या में ज्ञानकर्मियों की आवश्यकता होगी। शिक्षक द्वारा ज्ञान-आधारित सामाजिक व्यवस्था में प्रयोग में लाये जाने वाले संसाधनों का उपयुक्त परिस्थिति के अनुसार शिक्षा में प्रयोग किया जाना चाहिए।

शिक्षक अपनी शिक्षण शैली में पिछले काफी समय से तीन महत्त्वपूर्ण घटकों का प्रयोग कर रहा है जिसमें प्रथम घटक व्याख्यान की महत्त्वपूर्ण भूमिका होती है। दूसरे घटक प्रयोगशाला के माध्यम से ज्ञान का उचित प्रसार एवं व्यावहारिक उपयोग चरों को नियंत्रित करके बताया जाता है। तीसरा महत्त्वपूर्ण घटक पुस्तकालय है। विषय-वस्तु को उचित तरीके से छात्रों के समक्ष प्रस्तुत करने में इन तीनों घटकों की महत्त्वपूर्ण भूमिका होती है।

ज्ञान-आधारित सामाजिक व्यवस्था में शिक्षण की विभिन्न शैलियों, विधियों एवं प्रविधियों में इन्टरनेट एवं दूर संचार के प्रयोग ने बहुत अधिक परिवर्तन ला दिया है।

सर्वप्रथम किसी विशेषज्ञ शिक्षक द्वारा बहुत-सी पुस्तकों तथा आलेखों के शोध के माध्यम से विषय-वस्तु को अधिगमपूर्ण बनाने के लिए स्वांगीकरण किया जाना चाहिये जिससे एक्र प्रस्तुत की जा सकने योग्य गुणवत्ता वाली सृजनात्मक विषय-वस्तु तैयार की जा सके। शिक्षक इसे छात्रों को आसानी से समझने तथा ग्रहण करने योग्य विषय-वस्तु का रूप देने के लिए विशिष्ट तथा अभिनव तरीके से प्रयोग करते हैं।

अध्यापक उपलब्ध विभिन्न संसाधनों जैसे—इन्टरनेट, डिजिटल पुस्तकालय, उत्पादित सृजनात्मक विषय-वस्तु और उसी क्षेत्र में विभिन्न विशेषज्ञों द्वारा दिये जाने वाले भाषणों का ज्ञान अर्जित कर सभी छात्रों को यदि वे उसी कक्षा में हैं प्रभावी तरीके से जानकारी दे सकेंगे। इससे किसी विशेषज्ञ अध्यापक द्वारा भाषण का लाभ बड़ी संख्या में छात्रों को दिया जा सकता है।

विषय-वस्तु को प्रश्नोत्तर शैली में एक श्रृंखला के रूप में कई भागों में बांटकर स्वयं पढ़ाने का तरीका हो सकता है। विभिन्न पुस्तकों से प्राप्त ऐसी सामग्री जिसे किसी डिजिटल पुस्तकालय के माध्यम से अलग-अलग भागों से प्राप्त करके तैयार किया जा सकता है। इसे बहुप्रसारण प्रणाली नेटवर्क के जरिये निर्बाध रूप से छात्र या बहुत से छात्रों को सम्पूर्ण सुविधा हो सकती है। इस व्यवस्था से दूर-दराज के क्षेत्रों में तैयार कोई अध्यापन सत्र में शामिल छात्रों का शिक्षक बन सकता है।

ज्ञान-आधारित सामाजिक व्यवस्था से अधिकतम सामाजिक लाभ उठाने के लिए हमें शिक्षकों के द्वारा प्रयोग में लाये जाने वाले संसाधनों के वर्तमान परिस्थिति के अनुसार प्रयोग पर अधिक ध्यान देने की आवश्यकता है। क्योंकि शिक्षकों को उन परिस्थितियों के अनुकूल सुविधाएं देनी पड़ेगी और रचनात्मक गतिविधियों के लिए कार्यस्थल पर अन्तर्राष्ट्रीय स्तर पर सुविधायें देनी पड़ेंगी ताकि वे नये तरीके निकालकर ज्ञान को छात्रों में वितरित कर सकें।

ज्ञान-आधारित सामाजिक व्यवस्था में शिक्षा-व्यवस्था में सुधार के लिए सुझाव

देश की शिक्षा-प्रणाली में सुधार के लिए सरकार को शिक्षा के सभी स्तर पर विभिन्न समितियों द्वारा समय-समय पर दिये गये सुझावों पर ध्यान देना चाहिए। अतः सरकार को अपनी नीतियों पर परिवर्तन के लिए सक्रियता से विचार करना होगा। इस हेतु निम्न बिन्दुओं पर ध्यान आकर्षित करना होगा–

- भारतीय विश्वविद्यालयों से निकलने वाले स्नातक, स्नातकोत्तर तथा पी-एच.डी. धारकों में उचित तकनीकी तथा गुणवत्तापूर्ण कौशलों में वृद्धि की जानी चाहिए जिसमें शिक्षक का महत्त्वपूर्ण योगदान होगा।

- बाय-डोल अधिनियम की तर्ज पर भारत में कानून बनाकर निजी व सरकारी क्षेत्रों की भागीदारी में वृद्धि।
- शोध-संस्थाओं में कैरियर तलाशने वाले छात्रों को लाभप्रद प्रोत्साहन दिया जाना चाहिए।
- दूरवर्ती शिक्षा कार्यक्रमों की सुविधाओं में वृद्धि करनी होगी तथा शिक्षकों के लिए उचित सुविधाओं का विकास।
- विश्वविद्यालयों में ऐसे केन्द्रों की स्थापना की जानी चाहिए जिससे छात्रों की उत्कृष्टता एवं नवाचार को बढ़ावा मिले। शोध कराने वाले शिक्षाविदों को अधिक स्वतंत्रता तथा अधिक सुविधाएं मिलनी चाहिए।
- सरकारी शोध-संस्थाओं तथा अनुसंधानकर्त्ताओं के साथ कम-से-कम हस्तक्षेप किया जाये जिससे उचित अनुसंधान परिस्थितियों का विकास हो सके।
- शोधकर्त्ताओं के लिए पुरस्कार एवं दण्ड प्रणाली लागू की जानी चाहिए।
- भारतीय ज्ञान आयोग द्वारा वार्षिक रिपोर्ट में भारतीय शिक्षा-व्यवस्था के लिए जो सुझाव व दिशा-निर्देश दिये गये हैं उनको पूर्ण रूप से लागू करने के लिए विचार-विमर्श किया जाना चाहिए।
- 2007 में प्रकाशित विश्व बैंक की रिपोर्ट (इण्डिया इनोवेशन टुवर्ड्स सस्टेनेबल एंड इंक्लुसिव ग्रोथ) में भारत की शिक्षा-व्यवस्था पर जो आलोचनात्मक टिप्पणी की गयी है, उसका गहन अध्ययन कर उचित निर्णय लिया जाना चाहिए।

सन्दर्भ सूची

- भारद्वाज, रंगनाथ, भूमण्डलीय अर्थ-व्यवस्था ज्ञान।
- प्रोंजल, बेजुरूआ, ज्ञान अर्थ-व्यवस्था व भारत।
- भारतीय ज्ञान आयोग 2007।
- शर्मा, आर., ज्ञान अर्थ-व्यवस्था का भारतीय परिदृश्य।
- भारत सरकार मानव संसाधन विकास मंत्रालय 2007।
- इकोनोमिक टाइम्स, 25 सितम्बर, 2007।
- भारत 2007।
- फरवरी 2006, योजना प्रकाशन विभाग, भारत सरकार।
- कलाम, ए.पी.जे. अब्दुल, ज्ञान समाज के मापदण्ड।
- इण्डिया इनोवेशन टुवर्ड्स सस्टेनेबल एंड इंक्लुसिव ग्रोथ, विश्व बैंक की रिपोर्ट, अक्टूबर 2007।
- जैडा, मदन, रिपोर्ट, अमर उजाला, 05 अक्टूबर, 2007।

ज्ञानी समाज के लिए शिक्षक शिक्षा– एक प्रासंगिकता

दीप्ति गुप्ता

"अध्यापक का समाज में महत्त्वपूर्ण स्थान होता है वह उस धुरी के समान है जो बौद्धिक परम्पराओं व तकनीकी क्षमताओं को एक पीढ़ी से दूसरी पीढ़ी तक हस्तान्तरित करता है और सभ्यता की ज्योति को प्रज्ज्वलित करता है।"

डॉ. राधाकृष्णनन

एक शिक्षक ही विद्यालय तथा शिक्षा-पद्धति की वास्तविक गत्यात्मक शक्ति है। यह सत्य है कि विद्यालय में पाठ्यक्रम, पाठ्य-पुस्तकें आदि शैक्षिक कार्यक्रम में महत्त्वपूर्ण स्थान रखती हैं, परंतु जब तक उन्हें अच्छे व योग्य शिक्षक द्वारा जीवन-शक्ति प्रदान नहीं की जायेगी तब तक वे निरर्थक रहेंगी। शिक्षक ही वह शक्ति है जो प्रत्यक्ष व अप्रत्यक्ष रूप से समाज पर अपना प्रभाव डालती है। कहा भी गया है कि यदि किसी समाज को देखना है तो उस समाज के शिक्षकों पर दृष्टि डाल लीजिए। कहने का तात्पर्य है कि मानव समाज व देश की उन्नति उत्तम शिक्षकों पर निर्भर है।

किन्तु क्या आज के शिक्षक द्वारा ज्ञानी समाज का निर्माण हो रहा है। ज्ञानी समाज से तात्पर्य है एक ऐसा समाज जिसमें पूर्णत: साक्षरता हो, समाज में सुख-शांति व समृद्धि हो, हमारी सभ्यता व संस्कृति उन्नत हो, साथ ही उसमें सामाजिक भावनाओं, संवेदनाओं का विकास हो, सामाजिक चेतना हो। क्योंकि जो कुछ भी पूर्णता के लिए है वही ज्ञान है।

क्या आज का शिक्षक इन सब गुणों से परिपूर्ण है, जो ज्ञानी समाज का निर्माण, कर सके? नहीं, क्योंकि आज की शिक्षा-व्यवस्था, अर्थव्यवस्था, शिक्षा संस्थाओं में बनाये गये अपेक्षित मानक, राजनैतिक व्यवस्था तथा अस्वस्थ प्रतियोगिता की भावनाओं ने न केवल विद्यालय व छात्रों बल्कि शिक्षक पर भी अनपेक्षित प्रभाव डाला है। वर्तमान व्यवस्था में समायोजित होने के लिए शिक्षक को मशीनी पुर्जों में

ढाला जा रहा है। जिसके तहत एक शिक्षक भी मशीनी पुर्जों की भांति छात्रों में निहित स्वाभाविक समझ, निर्णय, क्षमता, आकांक्षा, अपेक्षा एवं इच्छा-शक्ति की भावनाओं का त्याग कर शिक्षा प्रदान कर रहा है। शिक्षा के नाम पर जो दिया जा रहा है उसमें नयी जानकारी व ज्ञानोत्कर्ष के महत्त्वपूर्ण आयाम को अनदेखा किया जा रहा है। पाठ्यक्रम का बोझ दिन-पर-दिन बढ़ता जा रहा है, जिसके फलस्वरूप शैक्षिक गुणवत्ता व शैक्षिक उद्देश्य में गिरावट आ रही है। आज की शिक्षा छात्रों को केवल मशीनी मानव बना रही है। जिसे किसी भी कीमत पर अपनी महत्त्वाकांक्षाओं को प्राप्त करना है, मानवीय संवेदनाओं व भावनाओं का त्याग हो रहा है। छात्र केवल ज्ञान-प्राप्ति के साधन हो गये हैं, उनकी रचनात्मकता समाप्त होती जा रही है। ज्ञान, आचरण, अनुभव में स्वाभाविकता नकार दी जा रही है एवं कृत्रिम परिवेश को महत्त्व दिया जा रहा है जिससे सम्पूर्ण समाज ज्ञानी होते हुए भी पंगु हो गया है।

हम ज्ञानी समाज की बात कर रहे हैं, लेकिन क्या हम अपने आस-पास उस ज्ञानी समाज को देखते हैं, जिसकी हम कल्पना कर रहे हैं। आज के समाज की तस्वीर एक उदाहरण के माध्यम से देखी जा सकती है। एक फोटोग्राफर प्रकृति के फोटो खींच रहा है। वह देखता है कि जंगल में एक नवजात शिशु पड़ा है। तभी एक गिद्ध वहां आता है और उस शिशु को अपना शिकार बनाता है। फोटोग्राफर इस दृश्य को अपने कैमरे में हर एंगल से कैद करता है। (किन्तु उसकी संवेदनाएँ इतनी मर चुकी हैं कि वह उस बालक को नहीं बचाता)। वह इस चित्र की प्रदर्शनी लगाता है और उसे कई पुरस्कार मिलते हैं।

आज का समाज एवं हमारी शिक्षा-व्यवस्था भी इसी प्रकार की है, शिक्षा संस्थाएं अपना हित देख रही हैं। शिक्षक को एक माध्यम बना दिया गया है। इसके फलस्वरूप शिक्षण स्तर में दिन-ब-दिन गिरावट आ रही है। छात्रों को उससे कितना लाभ हो रहा है, वह शिक्षा छात्र जीवन के लिए कितनी महत्त्वपूर्ण है, समाज के लिए कितनी महत्त्वपूर्ण है तथा समाज का कितना विकास हो रहा है, इससे किसी को कोई सरोकार नहीं है।

आज की शिक्षा व्यक्ति को पेशेवर बना रही है। वह व्यक्ति के अनुभव को महत्त्वपूर्ण स्थान नहीं देती। हमें ज्ञानी समाज को मशीनी समाज नहीं बनाना। शिक्षा का विकास शून्य में नहीं हो सकता। यदि हम शिक्षा का सही रूप विकसित करना चाहते हैं, समाज को उन्नत एवं ज्ञानी समाज का रूप देना चाहते हैं तो शिक्षक को ठीक प्रकार से शिक्षित व प्रशिक्षित करने की व्यवस्था करनी होगी। शिक्षा या शिक्षण एक शिक्षक का विकास उसी प्रकार करती है जिस प्रकार कृषि पौधे का। शिक्षा के द्वारा जीवन की वास्तविकता व ज्ञान की गरिमा का परिचय प्राप्त होता है,

यह जीवन के पूर्ण विकास का साधन व सोपान है। यह सामाजिक विकास का मेरुदण्ड है। शिक्षा एक ऐसी शक्ति है 'जो संसार के सर्वमान्य विचारों को, जो कि प्रत्येक मनुष्य के मस्तिष्क में स्वभावतः निहित होते हैं' प्रकाश में लाती है। शिक्षा सफल जीवन की अनिवार्यता है।

शिक्षित शिक्षक के बिना यह समाज उस पाषाण के सदृश्य है जिसमें जीवन नहीं अर्थात हम कह सकते हैं कि वह शिक्षक शिक्षित नहीं है या वह सही अर्थों में शिक्षक नहीं है। ज्ञानी समाज में शिक्षा का अर्थ–जो कुछ हम नहीं जानते वह सिखलाना नहीं है वरन् यह सिखलाना है कि हम वैसा व्यवहार व आचरण करें जैसा कि हम नहीं करते, किन्तु करना चाहते हैं।

शिक्षक–शिक्षा एक समाज के लिए उसी प्रकार है जिस प्रकार एक शिल्पी के लिए संगमरमर का खण्ड होता है। जिस प्रकार एक चतुर शिल्पी उस खण्ड से जैसी प्रतिमा चाहता है गढ़ लेता है, ठीक उसी प्रकार शिक्षित शिक्षक के द्वारा एक बालक का निर्माण होगा, उसके चरित्र व नैतिकता का विकास होगा जिसके फलस्वरूप ज्ञानी समाज का निर्माण होगा। जिस प्रकार जीवन के लिए शिक्षा आवश्यक है उसी प्रकार ज्ञानी समाज के लिए शिक्षक-शिक्षा आवश्यक है। यह एक ऐसा यंत्र है जो शिक्षक में न केवल उसके निहित गुणों का विकास करेगा बल्कि उसमें जनतांत्रिकता, उदारता, समानता, न्याय आदि की भावना की स्थापना, पोषण व विकास करेगा।

शिक्षा पल-पल, घड़ी-घड़ी, दिन-दिन करके विस्तृत ज्ञान का स्वामित्व करने की एक सधैर्य प्रक्रिया है और एक शिक्षक ही शिक्षा के पुनःनिर्माण की कुंजी है। शिक्षा-पद्धति की कुशलता शिक्षकों की योग्यता पर निर्भर है, अच्छे शिक्षकों के अभाव में सर्वोतम शिक्षा-पद्धति का असफल होना अवश्यम्भावी है। अतः शिक्षक-शिक्षा के माध्यम से ही शिक्षा-पद्धति के दोषों को दूर कर सकते हैं।

शिक्षक एक धुरी के समान है जिसके चारों ओर सम्पूर्ण शिक्षा-प्रणाली चक्कर लगाती है। अतः उत्तम शिक्षक-शिक्षा प्राथमिक स्तर से ही आवश्यक है क्योंकि एक शिक्षक इसी स्तर पर बालक की नींव तैयार करता है। जिस ज्ञानी समाज की हम कल्पना कर रहे हैं उसकी नींव प्राथमिक स्तर से ही डालनी होगी। उच्चतर माध्यमिक स्तर पर शिक्षक दिशा प्रदान करता है, और स्नातक स्तर पर सहायता मात्र करता है।

अतः छात्रों को पूर्णता प्रदान करने के लिए, विद्यालय तथा समाज के पूर्ण विकास के लिए तथा भविष्य में शिक्षा-व्यवस्था को उन्नत बनाने के लिए उत्तम शिक्षक-शिक्षा अत्यन्त आवश्यक है।

अब प्रश्न यह उठता है कि शिक्षक-शिक्षा कार्यक्रम कैसे हों। इस सन्दर्भ में हम कह सकते हैं कि शिक्षक-शिक्षा कार्यक्रम नियोजन तथा दूरदृष्टि पर निर्भर है। अत: शिक्षक-शिक्षा में सभी विषयों पर विचार करने होंगे। शिक्षक-शिक्षा को उन्नत बनाने के लिए निम्न सुझाव हैं :

सुझाव

1. नि:शुल्क शिक्षा-व्यवस्था एवं शिक्षक-शिक्षा।
2. इण्टरनेट व तकनीकी उपकरणों पर आधारित शिक्षा-व्यवस्था एवं शिक्षक-शिक्षा।
3. संज्ञानात्मक, भावनात्मक तथा मनोवैज्ञानिक पक्ष पर आधारित शिक्षक-शिक्षा।
4. सृजनात्मक कार्यों, अनुसंधान तथा नव-विचारों पर आधारित शिक्षक-शिक्षा।
5. सम्पूर्ण शैक्षिक प्रक्रिया को व्यावसायीकरण से बचाने के लिए शिक्षक-शिक्षा।
6. विशेष क्षेत्रों में योग्यता विकसित करने के लिए शिक्षक-शिक्षा।
7. विकेन्द्रीकृत प्रशासनिक व्यवस्था में अपनी भूमिका के लिए शिक्षक-शिक्षा।

ज्ञानी समाज का शिक्षक प्रशिक्षण

राजेन्द्र पाल सिंह

"मानवीय तथा रहने योग्य ज्ञानाधिष्ठित समाजों को आपस में ज्ञान बांटते हुए रहना होगा। 'समाज के बजाय 'समाजों' की चर्चा का अभिप्राय ही यह है मानवीय वैविध्य को हम स्वीकार कर लें। 'डिजिटल' बंटवारा अथवा ज्ञान के साधनों के कारण जन्मा 'बहुचर्चित' सामाजिक वर्गीकरण एक अटल सत्य है। किन्तु उससे भी अधिक चिन्ता का विषय 'ज्ञान' के बँटवारे को लेकर है जो उन्नत, विकसित, विकासशील तथा सर्वाधिक पिछड़े राष्ट्रों में बढ़ता अन्तर उजागर करता है और उनमें भी आपसी सामाजिक विभेद तथा वर्गीकरण को और अधिक बढ़ावा देता है। भावी समाज 'असंबद्ध' समाज का आदर्श लेकर कैसे चल सकते हैं?" कोईचिरो मत्सूरा, डायरेक्टर जनरल, यूनेस्को, 2002।

उपर्युक्त उद्धरण में उठाई गई समस्या का समाधान कक्षाओं में पढ़ाई की गुणवत्ता बढ़ाने में निहित है। कक्षा में शिक्षक की महत्ता को देखकर यही लगता है कि हमारा सर्वोपरि कर्त्तव्य है कि अब हम अध्यापक पर अपना ध्यान केन्द्रित करें। अब यह अपने में पर्याप्त नहीं कि केवल निर्देश देकर अध्यापकों से काम कराया जाय वरन् जो उनके प्रशिक्षण और शिक्षा के लिए जिम्मेदार हैं उन्हें भी स्पष्ट रूप से बताया जाये कि हमें किस प्रकार के शिक्षक चाहिये। दुर्भाग्य से हम यहां पर चूक गये हैं। विश्वविद्यालयों को जिन्हें आगे आकर इस काम में दिशा-निर्देश अथवा मार्गदर्शन देना चाहिए था और उन संस्थाओं को जिनके ऊपर शिक्षक-प्रशिक्षण की समस्त प्रक्रिया पर नियंत्रण करने का भार सौंपा गया है अपना काम सुचारु रूप से करना चाहिए था। पर ऐसा लगता है इन दोनों को स्वयं काफी तेज दवा की आवश्यकता है। भारत सरकार द्वारा स्थापित नेशनल नॉलेज कमीशन जिसके डॉ. सैम पित्रोदा अध्यक्ष हैं वह आजकल अलग-अलग स्थानों पर गोष्ठियां करता फिर रहा है। प्रस्तुत लेख इसी दिशा में एक प्रयास है। संभव है कि इस विषय पर भारत सरकार की प्रेरणा और प्रयत्नों का आधार

यूनेस्को का 2002 का प्रपत्र ही रहा हो, इसलिए इस आलेख का मूलाधार यूनेस्को की रपट ही है।

मेरी अपनी मान्यता है कि समाज की प्रत्येक समस्या का समाधान शिक्षण-प्रक्रिया में निहित है और चूंकि शिक्षा के प्रत्येक स्तर पर शिक्षक की ही भूमिका महत्त्वपूर्ण होती है इसलिए विश्लेषण के अन्त में अध्यापक के महत्त्व को कम करके देखना संभव नहीं है। प्रस्तुत आलेख कुछ प्रश्नों के उत्तर तलाश करने का माध्यम है। पहला प्रश्न यह है कि 'ज्ञानी समाज' क्या है? इस समाज की प्रकृति कैसी है? ऐसं समाज को कैसे जीवंत करना चाहिए? इसको रहने योग्य बनाने में शिक्षक की क्या भूमिका है? ऐसे समाज को रहने योग्य बनाने की प्रक्रिया में "वैविध्य" और "यांत्रिकी" अन्तर का क्या होगा? ऐसे में शिक्षक प्रशिक्षण का पाठ्यक्रम कैसे होगा? मैंने प्रयत्न किया है कि प्रत्येक प्रश्न का उत्तर दूं।

ज्ञानी समाज की प्रकृति तथा स्वरूप

आज के सन्दर्भ में 'ज्ञानी समाज' की चर्चा सर्वप्रथम पीटर ड्रकर ने 1969 में की थी परन्तु इसका वर्तमान स्वरूप केवल 1990 में ही स्पष्ट हो पाया। उसके पहले आर.एम. हचिन्स ने 'सूचना' आधारित समाजों की चर्चा की थी। तब ऐसा माना गया कि सूचना अपने में पर्याप्त है और सबसे अधिक सूचना रखने वाला व्यक्ति या समाज अपने में सबसे अग्रणी होगा। उन्होंने यह भी माना था कि जहां शिक्षा का सर्वाधिक विस्तार है वहीं शिक्षा-सुलभ समाज अपने में ज्ञानी हो जायेगा। कहने का अर्थ है कि शिक्षा विस्तार और उसकी सुलभता अपने में एक मानदंड बन जायेगा। इसका यह अर्थ नहीं कि 'गुणवत्ता' की चिन्ता ही छोड़ दी जाये या उसकी उपेक्षा की जाये। लगभग इसी समय दो और विचारों का जन्म हुआ। उनमें एक विचार था 'सीखने वाले समाज' और दूसरा था 'जीवन-पर्यन्त' शिक्षा। वैसे भी सामान्य रूप से मनुष्य सदैव सीखता ही रहता है यद्यपि कुछ लोग ऐसा मानते हैं कि हमारी शिक्षा अब समाप्त हो गई है।

आज 'ज्ञानी' समाज-प्रत्येक समाज ('विकसित' तथा 'अविकसित') का मुख्य उद्देश्य बन गया है। शिक्षा के विस्तार की चर्चा इसी को मानक मानकर होती है।

वैसे यूनेस्को (2002) की रपट में यह स्पष्ट किया गया है कि 'ज्ञानी समाज' की परिकल्पना कोई नई नहीं है। उनकी परिभाषाओं में लगातार परिवर्तन होता रहा है। इतिहास की दृष्टि से प्रत्येक समाज 'ज्ञानी समाज' था। यह सच है कि प्रत्येक 'ज्ञानी समाज' की पहचान अलग थी। उदाहरण के लिए चाहे ग्रीस में सुकरात का

समाज रहा हो या जर्मनी में कांट अथवा हीगल का समाज, या मिस्र में रेमज़ेज़ का युग या चीन में कनफ्यूसियस का समाज ज्ञानी समाज थे। किन्तु उनके प्रतिमानों में अन्तर था।

भारत में 'ज्ञानी समाज' की चर्चा वेदों में मिलती है। ऋग्वेद 4.4 में कहा गया है कि विद्या प्राप्त करने की इच्छा रखने वाले सभी मनुष्यों को एक ज्ञानी और योग्य मंत्रविद के पास जाना चाहिए। उस ज्ञानी व्यक्ति के आचरण शुद्ध हों और प्रकृति से वह मैत्री भाव रखने वाला हो। ऐसे व्यक्ति के पास जाओ और अपने संदेह मिटाओ। प्रश्नों के सही उत्तर पाने के बाद जाकर दूसरों के साथ ज्ञान बाँटो और जो ईर्षालु, हों, स्वार्थी और धोखेबाज़ हों उनसे दूर रहना ही हितकर है।

पाठक यदि ध्यान से देखें तो 'यूनेस्को' के डायरेक्टर-जनरल भी लगभग यही बात कह रहे हैं कि समाजों को ज्ञान-बांटना होगा, तभी विश्व में शान्ति और समृद्धि की सम्भावना बढ़ेगी। 'ज्ञानी समाज' की परिकल्पना तथा उसका स्वरूप प्रत्येक युग में अलग रहे हैं इसलिए आज का 'ज्ञानी समाज' पुराने ज्ञानी समाज से भिन्न है। इस प्रकार के जीवन्त विचार में रूढ़िवादिता को कोई स्थान नहीं दिया जा सकता। 21वीं सदी का 'ज्ञानी समाज' निश्चित रूप से शिक्षा के विस्तार और उद्देश्यों की दृष्टि से पुराने समाजों से भिन्न है। हां, यह बात अलग है कि यूरोप के पुनर्जागरण और खुलेपन ने आज की शिक्षा के विस्तार के लिए एक सही और ठोस पृष्ठभूमि तैयार कर दी थी।

विकसित समाजों को भी स्वतंत्र और सार्वभौमिक, अनिवार्य शिक्षा के लिए 20वीं सदी के मध्य तक प्रतीक्षा करनी पड़ी और धर्म-निरपेक्ष शिक्षा को पुजारियों और पंडों से मुक्त कराने में संघर्ष करना पड़ा। धर्म-निरपेक्ष शिक्षा और ज्ञान को अंधकार में रह रहे अनेक राष्ट्रों में अभी भी आने में देर है। पर लगता है कि इन राष्ट्रों को भी आगे आकर अपनी शिक्षा व्यवस्था को इन पुराण-पंथियों से मुक्त कराने का समय आ गया है।

यूनेस्को प्रतिवेदन आने वाले ज्ञानी समाजों को परिभाषित करते हुए कहता है, प्रत्येक ज्ञानी समाज को अपने समस्त नागरिकों को एकजुट करना होगा और उनमें वर्तमान और भावी पीढ़ियों के लिए ठोस आधार बनाना होगा। प्रत्येक ज्ञानी समाज को सुनिश्चित करना होगा कि उस समाज में कोई भी प्राणी शिक्षा से वंचित न रहे क्योंकि शिक्षा एक 'सार्वजनिक उपयोग की वस्तु' है। वर्तमान और भावी समाजों की प्राचीन समाज से तुलना करते हुए वह दस्तावेज आगे कहता है कि समाजों में यह अन्तर केवल इसीलिए है कि अब हम 'मानव अधिकारों' और आपसी सहयोग की चर्चा करते हैं और यह सब हमने यूरोप के उदारवादी और खुलेपन के युग से

विरासत में पाया है। दूसरे आज हम विचार की स्वंतत्रता और अभिव्यक्ति को महत्त्वपूर्ण मानते हैं और इसीलिए शिक्षा के सार्वभौमिक स्वरूप को मौलिक अधिकार मानते हैं। साथ-साथ इस समाज की सांस्कृतिक उपलब्धियों का आनन्द लेने और वैज्ञानिक उन्नति में सहभागी होने की और उससे लाभ उठाने की चर्चा भी करते हैं।

आज के युग में शिक्षा और प्रौद्योगिकी इस प्रकार घुल-मिल गये हैं कि अब इनमें किसी एक की चर्चा को दूसरे से अलग करके देखना सम्भव नहीं रहा। अब हम यह भी स्वीकार करते हैं कि आज का युवा परिवर्तन के लिए तैयार है और उसने प्रौद्योगिकी को ठीक उसी तरह अपनाया है जैसे बत्तख पानी को। समस्या अध्यापकों की है जो समाज में सर्वाधिक रूढ़िवादी हैं और उन्हें अब परिवर्तन के लिए अनिवार्य रूप से बाध्य किया जा रहा है। एक ओर संसार में संचार-प्रौद्योगिकी को अपना लिया है और उसका लाभ उठा रहे हैं किन्तु इसका कक्षा में उपयोग कम और गति धीमी है। इसका मूल कारण पैसा नहीं सोच में परिवर्तन का अभाव है। हमें कुछ ऐसा करना होगा कि इसमें आमूल-चूल परिवर्तन आ जाये। जब ऐसा होगा तो इसका कक्षा में उपयोग बढ़ जायेगा और हमारी आधी लड़ाई जीत ली जायेगी।

भावी कक्षा का स्वरूप और उद्देश्य

हमें भूलना नहीं चाहिए कि कक्षाओं में जब परिवर्तन की मांग बढ़ेगी तक न चाहते हुए भी अध्यापकों और अध्यापन विधियों में परिवर्तन अनिवार्य हो जायेगा। विकसित राष्ट्र उन्नत शैक्षिक तकनीकों का प्रयोग काफी समय से कर रहे हैं। भारत में भी उन्नत तकनीक उपलब्ध है और इनका प्रयोग अनेक संस्थाओं जैसे दिल्ली पब्लिक स्कूल, दिल्ली और गाजियाबाद में और गाज़ियाबाद के ही एक अन्य पब्लिक स्कूल 'संस्कार' में हो रहा है। लगता है समय रहते भारतीय कक्षाओं में आधुनिकतम टेक्नोलॉजी का प्रयोग बढ़ेगा और इस दृष्टि से शिक्षा-पद्धति में परिवर्तन लगभग अनिवार्य है। हो सकता है कि प्रारम्भ में लागत की दृष्टि से इसको अधिक लोग अपनाने में हिचकिचाएंगे किन्तु शीघ्र ही वह इसकी उपयोगिता को देख पायेंगे और अपनाने से नहीं हिचकेंगे। आइये देखें कि इस नई विकसित टेक्नोलॉजी का शिक्षा पर क्या प्रभाव पड़ रहा है। अनेक नये ज्ञानी समाजों में जहां नवीन टेक्नोलॉजी का प्रयोग हो रहा वहां नये ज्ञान की उत्पत्ति की गति असाधारण है। मेनुअल केसल्स का कहना है कि नवीन टेक्नोलॉजी (प्रौद्योगिकी) के प्रयोग के कारण नये ज्ञान की उत्पत्ति होती है। नई टेक्नोलॉजी के कारण नवीन सूचना और ज्ञान का योग एक नई तर्क-पद्धति को जन्म देता है। जिससे यह पता चलता

है कि पुराने नवाचारों का योग किस प्रकार नित नये नवाचारों के जन्म में काम आता है।

नई प्रौद्योगिकी ने नवीन मूल्यों को जन्म दिया है और ज्ञान का उन्नत स्तर बनाये रखने में सहायता की है तथा इसके कारण नये ज्ञानी समाजों को जन्म देने में सहायता भी हुई है। ज्ञानी समाज की पहचान उसकी सृजनात्मकता और नवाचार उत्पादन है। इसी सृजनात्मकता और नवाचार के कारण नये प्रकार के सहयोग का जन्म हुआ है। यहीं आकर प्रत्येक समाज को अपने लिए नई विधियों तथा उच्च और गुणवत्तापूर्ण उद्देश्यों की पूर्ति हेतु नई विधियों को जन्म देना होगा। शिक्षा के उद्देश्य अब इस सत्य को नकार नहीं सकते। सत्य तो यह है सृजनात्मकता और नवाचार ही नये ज्ञानी समाज के मूल्य बनकर उभरे हैं और इसीलिए प्रत्येक 'मुक्त' तथा 'उन्नतिशील'/'विकासोन्मुख' समाजों में इनको लोक मान्यता प्राप्त है। जहां एक ओर तानाशाही और 'बंद' समाजों में इन मान्यताओं और इस सत्य को अपने लिए खतरा माना जाता है वहीं मुक्त समाज इन मूल्यों का स्वागत करते हैं।

यूनेस्को प्रतिवेदन यह बात स्वीकार करता है कि यद्यपि 'सूचना समाज' का जन्म हो चुका है किन्तु सही अर्थों में 'ज्ञानी समाज' के जन्म लेने में विलम्ब है। इसका सही कारण है कि समाज का बहुत बड़ा वर्ग अभी भी अशिक्षित है और यह न केवल लिंगभेद के कारण है वरन् व्यापक दरिद्रता के कारण भी है। बिना शिक्षा के 'सूचना' अबूझ आंकड़ों का समूह मात्र बनकर रह जायेगी क्योंकि शिक्षित हुए बिना तर्कसंगत विश्लेषण की क्षमता, सोच और चिन्तन की विधियों का ज्ञान असम्भव है और ऐसे व्यक्ति को कैसे पता चलेगा कि ज्ञान-समूह में से किन बातों को चुनना है और किन्हें छोड़ देना है।

इस प्रतिवेदन में चेतावनी भी दी गई है कि सूचना ही ज्ञान का स्रोत नहीं है। कहने का अर्थ है कि प्रत्येक प्राणी को 'उपयोगी' और 'अनुपयोगी' सूचना में भेद करना आना चाहिये और अशिक्षित प्राणी में इस प्रकार की योग्यता का जन्म ही सम्भव नहीं है। 'उपयोगी' सूचना का अन्त सदैव उपयोगी नहीं होता और यह भी स्मरण रखना चाहिये कि 'मानवीय' तथा 'वैज्ञानिक' ज्ञान में अन्तर होता है और उनमें आपसी अंतर भी होता है। हमें ज्ञान के सार्वजनिक उपयोग के लिए ऐसे प्रतिमान को जन्म देना होगा जहां ज्ञान को जन सम्पति माना जाये और जहां ज्ञान-प्राप्ति को अपने अन्तिम उद्देश्य तक पहुंचने का साधन माना जाये।

ज्ञानी समाज बनने का उद्देश्य है कि वहां पर सार्वजनीन स्वातंत्र्य हो और वह भी ऐसा कि जिसको जांचा-परखा जा सके। इसका मुख्य उद्देश्य है कि प्रत्येक नागरिक का अधिकार है कि उसे 'सूचना' प्राप्त करने का समान अधिकार हो और

सामूहिक सुरक्षा का आश्वासन हो। इन्टरनेट द्वारा जुड़ा प्रत्येक समाज वैश्विक चिन्ताओं से अधिक दूर नहीं रह सकता। ज्ञानी समाज के विरुद्ध लड़ाई में ज्ञान स्वयं एक शक्तिशाली सम्भावित हथियार है। इस परिस्थिति से बचने के लिए शिक्षा में भारी लागत आवश्यक है। अपने में नेटवर्क द्वारा आपसी जुड़ाव पर्याप्त नहीं है जब तक कि लोगों में सोचने और तर्कयुक्त बात समझने की योग्यता अथवा कौशल न हों। तर्क और मनन उपयोगी कौशल हैं। ज्ञान को 'वस्तु' के रूप में देखना उतना ही हानिप्रद है जितना कि चिन्तन में समरूपता। चिन्तन और समझ का वैविध्य ही ज्ञानी समाज का सही हस्ताक्षर है। आखिर में तो विचार, ज्ञान और आत्मा ही समाज को गौरवशाली बनाते हैं। यदि स्कूल और उनमें दी जाने वाली शिक्षा ज्ञान प्राप्त करने के अनिवार्य अंग हैं तो शिक्षा का प्रमुख उद्देश्य भी लोगों में ज्ञान प्राप्त करने का कौशल, चिन्तन करने की विधि और सम्प्रेषण सिखाना होना चाहिये। अभिव्यक्ति की स्वतंत्रता के अभाव में ज्ञानी समाज तथा ज्ञान-बांटने की प्रक्रिया ही असंभव है। (यूनेस्को प्रतिवेदन, पृ. 20)

ज्ञानी समाज में शिक्षा के उद्देश्य बालकों में चिन्तन करने का कौशल सिखाना, उन्हें तर्क का प्रयोग और उसका सम्प्रेषण करना, नवाचार जन्माने और इनके प्रयोग करने की विधियां सिखाना होने चाहिए। छात्रों को इसमें से भिन्न होने की स्वतंत्रता भी होनी चाहिए। नवीन तथा भावी कक्षाओं का प्रमुख उद्देश्य यही होना चाहिए। आज की कक्षाओं को नेटवर्क करने के नवीन उपकरणों से परिचय अब अनिवार्य हो गया है।

ज्ञानी समाज हेतु शिक्षक-प्रशिक्षण

शिक्षा के नवीन उद्देश्यों की चर्चा के बाद केवल यही बाकी रह जाता है कि भावी शिक्षक प्रशिक्षण का स्वरूप क्या होगा इसकी चर्चा भी हम करें। यह आवश्यक है कि हम यहां यह चर्चा करें कि अध्यापक-पूर्व का प्रशिक्षण कैसा हो। यहां यह बात स्वीकार करनी होगी कि यह लगभग असंभव है कोई भी समाज ऐसा प्रशिक्षण-पाठ्यक्रम बना सके जो लगभग समय के साथ कदम-से-कदम साथ रख पाये। प्राय: सभी मानते हैं कि शिक्षा और शिक्षक सर्वाधिक रूढ़िवादी होते हैं और उनमें परिवर्तन कर पाना आसान नहीं होता। इसीलिए हमें शिक्षा में अत्यन्त सावधानी के साथ ही किसी नवाचार, परिवर्तन या परिशोधन की बात करनी चाहिये। इसीलिए हम परिवर्तन की बात प्राय: अगले 5 वर्षों में आने वाली आवश्यकताओं के संदर्भ में ही कर सकते हैं। उससे आगे की बात आने वाला समय अपनी आवश्यकताओं की पूर्ति हेतु अपने आप करेगा। अध्यापक-प्रशिक्षण की चर्चा दो संदर्भों में करनी

चाहिये–एक, आगे आने वाले छोटे समय के लिए (जैसे, अगले 5 वर्षों) और दूसरे-आजन्म शिक्षा के लिए जिसकी आवश्यकता हमें जीवनपर्यन्त पड़ती है। जीवन-पर्यन्त शिक्षा प्रत्येक प्राणी को अपने समयानुकूल बनाती है। यदि हम ध्यान से देखें तो हमारे जीवन में कई बार नई शिक्षा और नये प्रकार के प्रशिक्षण की आवश्यकता होती है। कारण स्पष्ट है समय परिवर्तनशील है और परिवर्तन का पूर्वानुमान संभव नहीं है। ज़क डेलार्स ने अपने प्रतिवेदन 'लर्निंग टू बी' में जीवन-पर्यन्त शिक्षा को 'पठन-समय अधिकार' की संज्ञा दी है।

अध्यापक बनने से पूर्व की शिक्षा/प्रशिक्षण

1. इस पाठ्यक्रम का प्रमुख उद्देश्य भावी शिक्षकों को सृजनशील और नवोन्मेषवादी बनाना होना चाहिए। सिखाई गई सामग्री की पुनरावृत्ति के स्थान पर अध्यापन के नये विकल्पों की चर्चा करनी चाहिये। अध्यापन की 'रटने' वाली परस्परा के स्थान पर नवीन प्रौद्योगिकी के प्रयोग से आज ज्ञान के अनेक स्रोत जन्मे हैं, उनका आदर करना चाहिये। आज की 'सूचना क्रांति' के कारण नवीन सूचनाओं का आदान-प्रदान प्रायः साधारण-सी बात हो गई है। आज के आधुनिक युग में स्पर्धा में बने रहने के लिए आवश्यक है कि परिवर्तन और नई सोच अपनाने के लिए हम सदैव तैयार रहें।

2. 'ज्ञानी समाज' में ज्ञान उपलब्धि के लिए ज्ञान के स्रोतों तक की पहुंच का अपना ही महत्त्व है।'ज्ञानी समाज' की तुलना में आज का समाज अभी भी मौखिक और प्रकाशित स्रोतों पर अत्यधिक आश्रित है। रूढ़िवादी समाज ने आज की प्रौद्योगिकी-आधारित सम्प्रेषण माध्यमों को मन से स्वीकार नहीं किया है। इस परिस्थिति में आमूल-परिवर्तन की आवश्यकता है।

3. प्रशिक्षण का माध्यम चर्चा, वाद-विवाद और प्रश्नोत्तर तकनीक आदि हो सकते हैं। दूसरे छात्रों की खुली भागीदारी हो सकती है। किसी भी चर्चा की असली कुंजी 'खुलापन' और स्वतंत्रता है। यह बात देखने वाली है कि आज का अच्छा अध्यापक वह है जो अपने छात्रों को नई बातें सीखने के लिए प्रोत्साहित करता है और उसके सुझावों के माध्यम से अपने पठन-पाठन में उचित परिवर्तन लाने के लिए तत्पर रहता है। नई पीढ़ी के पास नये विचार हैं और वह उनके आधार पर नवीन प्रयोग के लिए तैयार भी हैं। उन विचारों और प्रयोगों को अपने सत्यापन के लिए सदैव एक अवसर देना चाहिये। प्रत्येक उन्नति के पीछे नवीन विचारों की नित्य परीक्षा ही है। यद्यपि यह काम आसान नहीं है किन्तु इसके लिए सदैव एक अवसर देना अनिवार्य है।

4. यद्यपि सृजनशीलता और नवाचार दोनों ही प्रत्येक प्रकार की प्रगति के अभिन्न अंग हैं किन्तु उनका आधार तो तर्कशास्त्र ही होगा। आज हम ऐसे स्थान पर हैं जहां शिक्षा के उद्देश्यों को पुनः परिभाषित करना होगा। यूनेस्को प्रतिवेदन के अनुसार प्रभावी शिक्षा के उद्देश्यों की सर्वाधिक विचारोत्तेजक कल्पना यह है कि हमें मानवीय ज्ञान को पुनः परिभाषित करना चाहिये जो अभी तक ज्ञान में रह रहे रिक्त स्थान की परम्पराओं को भरें। हमें विज्ञान और मानवीय शास्त्रों में भी नये व्यापक सेतु बनाने होंगे। यह अपने में महत्त्वपूर्ण है कि हम जानें कि ज्ञान के स्रोत क्या हैं, वह कहां जन्मता है और हमें आज तक के ज्ञान का संक्षिप्त सिंहावलोकन करना चाहिये। यदि हम किसी भी ज्ञान-सामग्री को केवल तथ्यों का संग्रह-मात्र नहीं मानते या ज्ञान को मृणप्राय नहीं मानते तो ज्ञान-स्रोतों और विकास माध्यमों को पहचानना होगा। इस विशाल और महत्त्वपूर्ण ज्ञानार्जन की चुनौती स्वीकार करने के लिए हमें प्रशिक्षित और अधुनातम ज्ञान से लैस अध्यापकों की परम आवश्यकता है जो प्रौद्योगिकी, विज्ञान और ज्ञानशास्त्र में निष्णात हों और जो न केवल अपने विषय ही जानते हों वरन् शैक्षिक प्रक्रिया से भी परिचित हों। (पृ. 80)

5. ज्ञानी समाजों में छात्रों को मात्र श्रोता नहीं समझा जाता। यहां की आदर्श स्थिति में छात्रों को समस्या का समाधान स्वयं ढूंढ़ना पड़ता है। छात्रों को पठन-पाठन की ऐसी स्थिति से होकर गुजरना पड़ता है जहां उन्हें स्वयं समाधान ढूंढ़ने पड़ते हैं। समस्या समाधान में व्यावहारिक ज्ञान के साथ सैद्धान्तिक ज्ञान का उपयोग इस प्रकार करना पड़ता है जिसमें कल्पना जागृत हो और जो समस्या समाधान के लिए प्रेरक सिद्ध हो।

6. ऐसे समाज में छात्रों को समाज में प्रचलित पूर्वाग्रहों के प्रति जागरूक कराया जाता है जैसे लिंग भेद, रंग भेद, जाति भेद, आदिवासी तथा शहरी नागरिक आदि। इन पूर्वाग्रहों पर विजय आसान काम नहीं है। ऐसी स्थिति में पूर्वाग्रहों की प्रकृति को समझना आवश्यक है तभी उनका निदान ढूंढा जाना आसान हो पायेगा।

अंत में प्रत्येक सरकार का यह कर्त्तव्य है कि वह समाज में ऐसी स्थिति उत्पन्न करे जिससे ज्ञानी समाज का जन्म हो। समाज के साथ निजी संस्थान और बड़ी कम्पनियों से भी सहयोग की अपेक्षा है जो इस समाज के बनाने में सहायता दें। इसका यह अर्थ बिल्कुल भी नहीं बनता कि सरकार अपने दायित्व को नकार ज्ञानी समाज की परिकल्पना ही न दे और केवल छात्र ही उसे मूर्त रूप दें। परन्तु यह तब तक संभव नहीं जब तक सरकार द्वारा पथ प्रदर्शन न हो और समाज को इसकी परिकल्पना ही पंसद न आये।

ज्ञानाधिष्ठित समाज का शिक्षक

स्मितल अरुण शेल्के

हमारे भारत देश की एक प्रदीर्घ ऐतिहासिक परंपरा है। यह केवल एक देश ही नहीं यह तो एक सांस्कृतिक केंद्र है। भारत की संस्कृति तथा साहित्य ने विज्ञान तथा अनुभव की सहायता से अपनी सभी विशेषताओं को उभारा है उससे राष्ट्र की अस्मिता और त्याग की वृत्ति का प्रत्यय आता है। ऐसा राष्ट्र विज्ञानाधिष्ठित होने के कारण जीवित रहता है। भारतीय ज्ञान को वैज्ञानिक ज्ञान के रूप में परिवर्तित करके विश्व के सामने लाया गया। प्राचीन भारत का तत्त्वज्ञान, पश्चिमात्य देशों का वैज्ञानिक ज्ञान और आधुनिक युग में संगणक की सहायता से प्राप्त होने वाला वैश्विक विज्ञान इन तीनों के संगम से विज्ञानाधिष्ठित समाज के निर्माण में सहायता मिली है। महानगरीय जीवन में सभी भौतिक सुविधाओं की उपलब्धता के कारण नागरी जीवन विज्ञानार्जन के लिए पोषक सिद्ध हुआ।

कुछ हद तक महानगरीय जीवन विज्ञान तथा तंत्रज्ञान पर आधारित होने पर भी केवल 10% विज्ञानाधिष्ठित समाज की निर्मिति हो सकी है। इसके विपरीत ग्रामीण समाज आज भी धर्माधिष्ठित तथा रूढ़ि परंपराओं पर भरोसा रखने वाला होने के कारण उन तक आधुनिक विज्ञान पहुंच नहीं पाया है। और इसी वजह से हमारे भारतीय समाज में कई समस्याएं दिखाई देती हैं। इन सामाजिक समस्याओं के लिए प्रसिद्ध समाजशास्त्रज्ञ रूबिंग्टन तथा बेईनबर्ग के परिभाषा अनुसार "सामाजिक समस्या एक ऐसी परिस्थिति है जो समाज के बहुसंख्य लोगों के मूल्यों के अनुसार विसंगत होकर भी परिवर्तन करने के लिए प्रत्यक्ष कृति करने की आवश्यकता है।"

सामाजिक समस्या निराकरण के लिए सामूहिक सामाजिक उपाय योजना अथवा कृति समाज को करना आवश्यक है, जिससे समाज स्थितशील की बजाय गतिशील रहता है। समाजशास्त्रज्ञ एमील दुर्खीम के मतानुसार "कुछ एक मात्रा में ऐसे नियम बाह्य वर्तन की अर्थात सामाजिक समस्याओं की समाज को आवश्यकता है, उन्हें दूर करने के प्रयास में समाज की मूल्य व्यवस्था अधिक मजबूत होती है।"

इन समस्याओं का हल केवल शिक्षा है। इस शिक्षा को आम समाज तक पहुंचाना आवश्यक है। इसलिए विज्ञानदान का काम करने वाले अध्यापकों तक विज्ञान पहुंचाने से विज्ञानाधिष्ठित समाज की निर्मिति होने में सहायता होती है। इन अध्यापकों द्वारा भारतीय समाज की कई समस्याओं का हल मिल सकता है।

1. भारतीय समाज की समस्याएं

1. जनसंख्या विस्फोट—जनसंख्या विस्फोट अर्थात तेजी से बढ़ती हुई आबादी। वस्तुतः जनसंख्या तो किसी भी देश की संपत्ति होती है। स्त्री तथा पुरुषों की साक्षरता पर ही जनसंख्या की गुणवत्ता निर्भर होती है। पिछले चालीस वर्षों में हमारे देश की आबादी अड़तालीस करोड़ से बढ़ी है। भौगोलिक क्षेत्र की दृष्टि से भारत विश्व में सातवें क्रमांक पर है और जनसंख्या वृद्धि की दृष्टि से विश्व में दूसरे क्रमांक पर है। इसका कारण है जन्म तथा मृत्यु के बीच घटता हुआ अनुपात। नैसर्गिक साधन सामग्री से आवश्यक आर्थिक विकास साध्य न होना, जनसंख्या शिक्षा के प्रति उदासीनता, बढ़ती हुई बेरोजगारी, औद्योगिक उन्नति में बाधा इन कारणों से जनसंख्या विस्फोट यह समस्या गंभीर बनी हुई है।

2. दरिद्रता—दरिद्रता एक ऐसी स्थिति है, जिस स्थिति में व्यक्ति शारीरिक तथा बौद्धिक कार्यक्षमता बनाए रखने योग्य अपना रहन-सहन उचित नहीं रख सकता। अर्थात किसी व्यक्ति के पास अपनी जीवनावश्यक जरूरतें पूरी करने योग्य पर्याप्त पैसा तथा तत्सम साधनों के अभाव में दरिद्रता तथा गरीबी समझी जाती है।

दरिद्रता निर्माण होने के कारण—इसके कारण व्यक्तिगत, आर्थिक तथा सामाजिक परिस्थिति है। इसमें अज्ञान, आलस्य, संकल्प की कमी, ऐश, लतखोरी, जुआ, शराब पीना इस तरह की आदतों जैसे व्यक्तिगत कारणों का, उसी प्रकार बढ़ती हुई आबादी, बेरोजगारी, खेती की कमी, शोषण, महंगाई, आर्थिक विषमता इन कारणों का तथा निष्क्रियता, निरक्षरता, अंध श्रद्धा, रुढ़ि परंपराओं का वर्चस्व इन सामाजिक कारणों का समावेश होता है।

हमारे देश में छः लाख देहातों के 29 करोड़ लोग आज भी दरिद्रता रेखा (Below Poverty Line) से भी निम्नस्तर का जीवन जी रहे हैं। 1 करोड़ 21 लाख लोग भूमिहीन हैं। दरिद्रता रेखा से निम्नस्तर के परिवारों के लिए इंदिरा आवास योजना के अंतर्गत पिछले 20 वर्षों में 1 करोड़ 24 लाख 63 हजार मकान ग्रामीण विभागों में बनाए गए। फिर भी ग्रामीण विभागों में 1 करोड़ 49 लाख 66

हजार लोगों को आज भी सर छुपाने को जगह नहीं है। सन् 2004-05 की भारत की दरिद्रता रेखा से निम्न स्तर की जनसंख्या–

कुल जनसंख्या में दरिद्रता प्रमाण	21.8%
ग्रामीण विभाग	21.8%
शहरी विभाग	21.7%

3. अनारोग्य–जागतिक आरोग्य संघटना के मतानुसार आरोग्य बीमारी अथवा कमजोरी का अभाव नहीं बल्कि संपूर्ण तथा उत्तम शारीरिक-मानसिक स्थिति है। आरोग्य शिक्षा में आरोग्य संपन्न परिवेश, आरोग्य का संपूर्ण ज्ञान तथा आरोग्य सेवा इन तीन बातों का समावेश होता है। बढ़ती आबादी के कारण निर्माण होने वाली समस्याएं–उदाहरणार्थ कुपोषण, वैद्यक सुविधाओं की कमी तथा ग्रामीण परिवेश के लोगों में वैज्ञानिक दृष्टिकोण का अभाव, प्रदूषण, अस्वच्छता, अज्ञान, दरिद्रता, रूढ़ी परंपराओं का वर्चस्व आदि कारणों से भारतीय समाज में अनारोग्य बढ़ रहा है।

4. निरक्षरता–व्यक्ति में अक्षर ज्ञान, अंक ज्ञान का अभाव यानी निरक्षरता। संयुक्त राष्ट्र संघ द्वारा किए गए संशोधन के अनुसार विश्व के 100% निरक्षरों में 55 भारतीय हैं। यूनेस्को की भारतीय शाखा ने 1966 में विश्व के 20 देशों में प्रायोगिक तत्त्व पर साक्षरता प्रकल्प का आयोजन किया जिसमें भारत का समावेश था।

5. वैज्ञानिक दृष्टिकोण का अभाव–राष्ट्र की आर्थिक उन्नति के साथ ही विविध क्रांतियां होती हैं, जिनमें वैज्ञानिक दृष्टिकोण निर्माण होना महत्त्वपूर्ण है। विज्ञान की उन्नति के कारण सभी क्षेत्रों में वैज्ञानिक दृष्टिकोण तथा वैज्ञानिक पद्धति का इस्तेमाल हो रहा है। ज्ञान-विज्ञान तथा तंत्र ज्ञान की उन्नति द्वारा राष्ट्रीय उन्नति के कारण मानव जीवन विकसित हुआ है। वैज्ञानिक दृष्टिकोण से मानसिक, नैतिक तथा सामाजिक उन्नति को महत्त्व प्राप्त हुआ है। इसके बावजूद भारत के ग्रामीण परिवेश में अंधश्रद्धा, शिक्षा के प्रति उदासीनता, अज्ञान, रुढ़ि परंपराओं का वर्चस्व इन बातों के कारण वैज्ञानिक दृष्टिकोण का अभाव दिखाई देता है।

6. शैक्षणिक समस्या–किसी भी राष्ट्र की आर्थिक उन्नति में शिक्षा का अत्यधिक महत्त्वपूर्ण स्थान है। वैयक्तिक विकास (उन्नति) तथा राष्ट्र की आर्थिक और सामाजिक उन्नति का शिक्षा महत्त्वपूर्ण साधन है। शिक्षा की यह महत्त्वपूर्ण भूमिका तथा घटनात्मक जिम्मेदारी को मद्देनजर रखकर केंद्र तथा राज्य शासन द्वारा विविध उपक्रमों का आयोजन किया जाता है। शिक्षा क्षेत्र में शैक्षणिक उन्नति के लिए इन उपक्रमों द्वारा सातत्यपूर्ण प्रयास किए जा रहे हैं। फिर भी कुछ समस्याएं अब तक दिखाई दे रही है। नई समस्याएं निर्माण हो रही हैं। समस्याएं हैं–आदिवासी समाज की शिक्षा, पिछड़े हुए लोगों की शिक्षा, प्रौढ़ शिक्षा, छात्रों की

अनुपस्थिति तथा स्थगन की समस्याएं। समाज में शिक्षा के अभाव के कारण बेराजगारी, महिलाओं पर अत्याचार, बाल मजदूरी, अनारोग्य, गुनाहगारी आदि प्रश्न निर्माण हो रहे हैं। प्राथमिक स्तर पर अध्ययन करने वाले छात्र–

लड़कियां	48.3%
लड़के	70.2%
14 साल तक के कुल लड़के-लड़कियां	31.7%
अध्ययन करने वाले लड़के	17,38,69,856
अध्ययन करने वाली लड़कियां	16,40,03,915
साक्षरता	59.05%
निरक्षरता	40.05%

7. सामाजिक समानता का अभाव–स्त्री-पुरुष समानता—किसी भी समाज में महिलाओं को पुरुषों के साथ समानता का दर्जा नहीं दिया जाता। उन्हें शिक्षा का उचित अवसर नहीं मिलता। घर-गृहस्थी तक ही उसका कार्यक्षेत्र सीमित रहता है। पर आज इन पारंपरिक विचारों में आमूल परिवर्तन होकर महिला सबलीकरण की संज्ञा विकसित हुई है जिसमें महिलाओं को शिक्षा का अधिकार तथा समान स्तर की संकल्पना है। महिलाओं की सर्वांगीण उन्नति के लिए सरकार ने कानून बनाए हैं फिर भी भारतीय समाज में पुरुषप्रधान संस्कृति के कारण बनाए हुए कानून का पालन नहीं किया जाता। आज भी कई लड़कियों को उच्च शिक्षा से वंचित रखा जाता है। परिवार से संबंधित महत्त्वपूर्ण निर्णय लेने के अधिकार से दूर रखा जाता है जिससे उसकी आर्थिक स्वतंत्रता में बाधा निर्माण होती है। उनकी सेहत दुर्लक्षित होती है। यहां तक कि लड़कियों पर जन्मपूर्व से अन्याय होता है अर्थात उनकी भ्रूणहत्या।

8. राजकीय समस्या–आधुनिकीकरण तथा जागतिकीकरण के कारण विश्व नजदीक आया है जिससे सभी राष्ट्रों का एक-दूसरे से परिचय हुआ और एक-दूसरे के राज्य शासन संबंधी जानकारी प्राप्त हुई। राज्य व्यवस्था में अनेक सुधार हुए। भारत जैसे खंडप्राय देश में जनतंत्र के होते हुए भी आम जनता की चुनाव के प्रति अनास्था, विविध राजकीय पक्षों की निर्मिति, लोकप्रतिनिधि की जनता के प्रति जवाबदेही की कमी, पक्षांतर्गत विवाद, भष्ट्राचार, अयोग्य नेतृत्व, सत्ता तथा पैसे का लालच आदि राजकीय समस्याएं आज भी हमारे समाज में पायी जाती हैं।

सन् 2004 के बाद भारत सरकार ने पिछले तीन वर्षों में इन समस्याओं को दूर करने के लिए अनेक योजनाएं बनाईं। 1991 से 2006 इन 15 वर्षों में भारत सरकार ने आर्थिक सुधार द्वारा एक नई दिशा की ओर सफर शुरू किया।

भारत की आर्थिक विकास दर 1991 से 2001 और 2002 से 2006 में 9% तक लाने में सरकार को सफलता मिली है।

विज्ञान की संकल्पना

विज्ञान संकल्पना (Concept of Knowledge) : विज्ञान एक संज्ञा है। वह एक सामाजिक-आर्थिक संकल्पना (Social Economic Concept) है। वस्तुतः विज्ञान एक अर्थ है। उसी तरह मनुष्य की जानकारी प्राप्त करने की क्षमता यह उसका व्यक्तिगत ज्ञान है। ज्ञान यह एक साधन है तथा शक्ति भी है। किसी भी समाज अथवा राष्ट्र की विकास प्रक्रिया का विज्ञान एक महत्त्वपूर्ण साधन है। विज्ञान यह मानवी मन का मुख्य घटक है। हमारी आर्थिक-सामाजिक उन्नति परिवर्तनीय है। वह विज्ञान तथा तंत्र ज्ञान पर निर्भर होती है। विज्ञान यह एक बौद्धिक अधिकार है, सामाजिक संपत्ति है। इस संपत्ति का उपयोग कोई भी जरूरतमंद उपभोक्ता कर सकता है।

मनुष्य का इतिहास व्यक्तिगत तथा सामूहिक विज्ञान और जानकारी एकत्रित करने के लिए पर्याप्त है। हर युग में समयानुसार विज्ञान में वृद्धि होती है, परिवर्तन होता है। विज्ञान वृद्धि की यह प्रक्रिया निरंतर चलती रहती है। इसीलिए मनुष्य की तिजोरी में विज्ञान विभिन्न मार्गों से भर रहा है जैसे वैश्विक मार्ग से निरंतर, अगणित, अखंड, द्रुत गति से ज्ञान का भी दिन-ब-दिन प्रस्फोट हो रहा है।

इस ज्ञान में निम्नलिखित बातों का समावेश होता है।

1. जानकारी (Information)
2. संप्रेषण (Communication)
3. तंत्र ज्ञान (Technology)

समाज में ज्ञान के रूप में जो कुछ सामने आता है, उसका मानवी जीवन के लिए उपयोग करना ही इसका उद्देश्य है।

ज्ञान की परिभाषा—विभिन्न विद्वानों ने ज्ञान को निम्नलिखित शब्दों में परिभाषित किया है :

1. ज्ञान यह व्यक्ति पर होने वाला एक अद्वितीय असर है।
2. ज्ञान यह जानकारी को पुष्टि देने का साधन है।
3. ज्ञान यह लोगों की संपत्ति तथा रहन-सहन बदलने का एक सूत्र है।
4. ज्ञान अर्थात प्रत्यक्ष वस्तुस्थिति तथा घटना की शुरुआत है।
5. ज्ञान अर्थात मनुष्य की जानकारी ग्रहण करने की क्षमता है।

6. अगर ज्ञान ले सके तो वह अगणित, मुक्त तथा स्वतंत्र है।
7. समय पर ज्ञान प्राप्त होना जरूरी है।

विज्ञान प्राप्त करने के मार्ग

1. विज्ञान क्या है–(What is knowledge) सद्य:स्थिति में समाज में जो-जो विज्ञान हैं और विविध परिवर्तन हो रहे हैं, उनकी जानकारी एक सक्षम नागरिक के लिए आवश्यक है।
2. विज्ञान प्राप्त करने की जरूरत क्या है–व्यक्तिगत उन्नति, समाज की उन्नति तथा राष्ट्र की उन्नति के लिए विज्ञान प्राप्त करने की जरूरत है। आनंद तथा यशस्वी जीवन के लिए तथा समस्याएं सुलझाने के लिए विज्ञान की आवश्यकता है।
3. विज्ञान कैसे प्राप्त करें–शिक्षा के माध्यम से, व्यवहार द्वारा, शासन तथा विविध संस्थाओं द्वारा और समाज के माध्यम से ज्ञान प्राप्त कर सकते हैं। किताबें, पढ़कर, अनुभव सुनकर, ज्ञान प्राप्त कर सकते हैं।
4. विज्ञान किसे प्राप्त करना चाहिए–समाज के हर व्यक्ति को विज्ञान प्राप्त करना चाहिए।

ज्ञानाधिष्ठित समाज (Knowledge Society)

आज के आधुनिक युग में संगणक द्वारा प्राप्त होने वाली जानकारी विज्ञान का भंडार समझी जाती है। इस जानकारी का जब श्रवण, पठन और चिंतन किया जाता है तब वह विज्ञान कहलाता है। इस विज्ञान से नवीन कल्पना तथा विचारों का उद्‌गम होता है। आधुनिक युग में इस विज्ञान पर आधारित जो लोग या वर्ग हैं वही ज्ञानाधिष्ठित समाज कहलाता है। इसीलिए हर व्यक्ति में विज्ञान निर्माण करना, प्राप्त विज्ञान का हर व्यक्ति तक वितरण करना तथा उसका व्यवहार में उपयोग करने की जानकारी जिस समाज या समूह को होती है, वही समाज ज्ञानाधिष्ठित समाज कहलाता है।

हमारा भारत देश कृषिप्रधान देश होने के साथ-साथ ज्यादा जनसंख्या का देश है जिसमें गरीब, निरक्षर, कुपोषित बालकों का समावेश है। महिला साक्षरता का प्रमाण भी बहुत कम है।

जिन लोगों का रोजगार 20 रु. से भी कम है, ऐसे लोगों में विज्ञान, कौशल, आत्मविश्वास, स्वसंकल्पना का अभाव, स्वाभिमान, स्वधर्माभिमान, जीवन के लिए मूलभूत सुविधा का अभाव है, ऐसे लोगों को विज्ञानाधिष्ठित समाज की आवश्यकता

है। इन लोगों में विज्ञान, तंत्रज्ञान के विविध कौशल विकसित करने पर इन्हें जीवन जीने का आधार मिलेगा। हर व्यक्ति जीवन जीने के लिए सक्षम हो जाएगा। उसका रहन-सहन, जीवन-स्तर बढ़ेगा। जब व्यक्ति चारों दिशाओं से प्राप्त होने वाला विज्ञान ग्रहण करेगा तब वह अपनी समस्याओं का हल स्वयं ढूंढ़ सकेगा और सच्चे अर्थ में विज्ञानाधिष्ठित समाज का सदस्य बन जाएगा।

समाज की ज्ञान ग्रहणता बढ़ाने के मार्ग

1. शैक्षणिक मार्ग—पाठशाला, महाविद्यालय, प्रौढ़ शिक्षा, निरंतर शिक्षा जैसे अनेक माध्यमों से समाज तक ज्ञान पहुंचता है। यह ज्ञान उन तक पहुंचाने का कार्य अध्यापक करते हैं। अध्यापन कार्य केवल कक्षाओं तक सीमित न रखकर उसे आधुनिक युग के साथ जोड़ने के लिए अनुभवजन्य शिक्षा, संगणक, इंटरनेट द्वारा अध्यापक छात्रों तक अद्यविधि ज्ञान पहुंचाने की कोशिश करता है। इन्हीं छात्रों से आगे जाकर भारत का भविष्यकालीन विज्ञानाधिष्ठित समाज निर्माण होगा।

2. सामाजिक मार्ग—आधुनिक युग में ज्ञान-प्राप्ति के अनेक साधन उपलब्ध हैं जैसे संगणक, दूरध्वनि, दूरदर्शन, इंटरनेट, समाचार-पत्र, मासिक, पाक्षिक। इन माध्यमों द्वारा जो ज्ञान लोगों तक पहुंचता है उसका उन पर गहरा प्रभाव होता है। इन माध्यमों द्वारा ज्ञानार्जन करने वाले लोगों का समाज में एक अलग वर्ग निर्माण होता है।

3. सांस्कृतिक मार्ग—हर समाज की एक अलग सांस्कृतिक विशेषता होती है जो उस समाज के साहित्य, कला, नृत्य, त्यौहार, चर्चा-सत्र, व्याख्यान माला इन माध्यमों से प्रकट होती है। इनमें अनेक ऐतिहासिक, सामाजिक, तत्कालीन विषय प्रस्तुत किए जाते हैं, जिनके माध्यम से लोगों को समाज में घटने वाली घटनाओं का ज्ञान होता है।

4. आर्थिक मार्ग—जिस तरह पश्चिमात्य विज्ञानाधिष्ठित राष्ट्र अपने देश की जनता को विज्ञान संपादन तथा संवर्धन के लिए प्रोत्साहित करते हैं, उसी तरह भारत जैसे विकासशील देशों को भी अपनी जनता को अधिक-से-अधिक सुविधाएं उपलब्ध कराकर विज्ञान, तंत्रज्ञान जैसे क्षेत्रों में संशोधन तथा ज्ञानवृद्धि करने के लिए प्रोत्साहित करना चाहिए अर्थात राष्ट्र की संपत्ति राष्ट्र के विकास के लिए उपयोगी सिद्ध हो। इसी के साथ अन्य राष्ट्रों का विकसित विज्ञान जनता तक पहुंचाने का प्रयास करना चाहिए।

5. राजकीय मार्ग—समाज में लोगों द्वारा चुने गए प्रतिनिधि उनके क्षेत्र में अनेक सुविधाएं उपलब्ध कराते हैं। जैसे—पाठशाला, वाचनालय, आरोग्य केंद्र,

विविध प्रशिक्षण केंद्र। इनके द्वारा लोगों को अद्यावधि विज्ञान की प्राप्ति होती है। ज्ञान-प्राप्ति के इन साधनों का उपयोग समाज-जागृति के लिए होता है।

अध्यापक प्रशिक्षण का मुख्य उद्देश्य

परंपरागत निरर्थक अध्यापन पद्धति को प्रभावी तथा सजीव बनाने के लिए दृश्य-श्रव्य साधन तथा आधुनिक तंत्र ज्ञान का उपयोग आवश्यक है। वर्गाध्यापन में अध्यापक को उसके विषय से संबंधित कौन-सी पद्धति, कौशल, शैक्षणिक साधनों का उपयोग करना चाहिए इसका ज्ञान होना आवश्यक है। इसीलिए शासन द्वारा निर्धारित डी.एड., बी.एड., एम.एड. अध्यापक प्रशिक्षण कोर्स की पाठय-चर्या में इन बातों का समावेश होना आवश्यक है। प्रशिक्षित अध्यापक छात्रों के माध्यम से समाज तक आधुनिक युग का अद्यावधि ज्ञान पहुंचाने का कार्य करते हैं जिससे समाज में उचित परिवर्तन अपेक्षित है। यह परिवर्तन मुख्यत: दो बातों में होना चाहिए।

1. सामाजिक परिवर्तन 2. आर्थिक परिवर्तन।

सामाजिक परिवर्तन

1. शिक्षा के माध्यम से समाज में स्थित जातीयभेद, वर्णभेद, वर्गभेद (अमीर-गरीब), लिंगभेद दूर होना जरूरी है।

2. समाज के अल्पसंख्यक समाज तथा अनुसूचित वर्ग की समस्या दूर करने के लिए भी शिक्षा की जरूरत है।

3. नगरीय तथा ग्रामीण जीवन शैली में जो अंतर है वह भी शिक्षा के माध्यम से कम होना चाहिए।

4. हमारे भारत देश में पुरुषों की तुलना में महिलाओं में साक्षरता का प्रमाण कम है। महिलाएं भी समाज का एक प्रमुख घटक हैं, इसलिए समाज की उन्नति के लिए इनका साक्षर तथा सक्षम होना भी उतना ही जरूरी है। केवल निरक्षरता ही हमारे समाज की समस्या नहीं है बल्कि शिक्षित युवकों को रोजगार की समस्या भी भीषण रूप लिये हुए है। रोजगार उपलब्ध न होने के कारण सत्ताधीश, समाज का प्रस्थापित उच्च वर्ग आम जनता का शोषण करता है। इसलिए आज भारत जैसे देश में अमीरी-गरीबी की खाई बढ़ती जा रही है। इसे शिक्षा के माध्यम से दूर किया जा सकता है।

5. ग्रामीण विभागों में रोजगार की कमी, भौतिक तथा शैक्षणिक सुविधाओं का अभाव इन कारणों की वजह से बहुत बड़ा वर्ग शहरों की ओर स्थानांतरित हो रहा

है जिससे महानगरीय जीवन की समस्याएं दिन-ब-दिन गंभीर होती जा रही हैं। इन्हीं में से एक प्रमुख समस्या है बाल मजदूर। जिन्हें शिक्षा के प्रवाह में लाना शासन के लिए आज चुनौती बन गयी है। इन समस्याओं को दूर करने के लिए देश के हर कोने में अच्छी शैक्षणिक सुविधाएं पहुंचना आवश्यक है।

6. इन सभी समस्याओं को ध्यान में रखते हुए अध्यापक प्रशिक्षण दिया जाए तो इन्हें दूर करने में शिक्षा एक प्रभावी साधन सिद्ध होगा।

आर्थिक परिवर्तन

किसी भी देश की उन्नति उसके आर्थिक विकास पर निर्भर होती है जिसका प्रमुख आधार वहां की जनसंख्या होती है। किसी भी व्यक्ति को काम करने के लिए 2100 कैलोरीज ऊर्जा की आवश्यकता होती है। फिर भी हमारे भारत देश में आज 30 करोड़ से भी ज्यादा लोगों को दो वक्त का पेट भर खाना भी नसीब नहीं होता। ग्रामीण विभागों में भी रोजी-रोटी की समस्या गंभीर रूप लिये हुए हैं। उदाहरणार्थ-किसानों की आर्थिक विवंचना के कारण बढ़ती हुई आत्महत्याएं, बेरोजगारी तथा खाने की समस्या के कारण समाज गुनाहगारी की ओर तेजी से बढ़ रहा है। बढ़ती हुई आबादी के कारण शिक्षित समाज को रोजगार मिल नहीं पाता। बढ़ती हुई आबादी ही इन समस्याओं की जड़ है। शिक्षा के माध्यम से समाज में जागृति लाना जरूरी है। व्यावसायिक शिक्षा के माध्यम से व्यक्ति को आत्मनिर्भर बनाना भी शिक्षा का प्रमुख उद्देश्य है। समाज में बढ़ती गुनाहगारी तथा दुष्प्रवृत्तियों को दूर करने में नैतिक शिक्षा भी महत्त्वपूर्ण भूमिका निभा सकती है।

अध्यापक प्रशिक्षण द्वारा सामाजिक परिवर्तन में ज्ञानाधिष्ठित समाज की भूमिका

विज्ञानाधिष्ठित समाज का मुख्य उद्देश्य है समाज में विज्ञान निर्माण करना अर्थात समाज को शिक्षित करना और इसी से शिक्षा का उद्देश्य विज्ञानाधिष्ठित समाज की निर्मिति करना है।

शिक्षा अर्थात शिक्षणशास्त्र का ज्ञान। वह विज्ञान शासन द्वारा निर्धारित डी.एड., बी.एड., एम.एड., के पाठ्यक्रमों द्वारा दिया जाता है। शिक्षण शास्त्र के अंतर्गत अध्यापन की शास्त्रशुद्ध शिक्षा दी जाती है, जिसमें अध्ययनपरक उपक्रम, अध्यापन कौशल, व्यवहारज्ञान, अनुभवजन्यज्ञान इनका समावेश होता है। अध्यापन पद्धति तथा आशय का सुस्पष्ट विज्ञान अध्यापन को प्रभावी बनाता है। अंततः शिक्षा का प्रमुख उद्देश्य भारतीय समस्याओं को हल करना ही है और इसका प्रमुख साधन ज्ञान

है। शिक्षा के माध्यम से आधुनिक विज्ञान के उपयोग द्वारा हम इन समस्याओं को हल कर सकते हैं।

आज विश्व के अन्य देशों में ज्ञानाधिष्ठित समाज की निर्मिति हो चुकी है। संपूर्ण विश्व में एक समान बात है और वह है विज्ञान। वह ज्ञान है लोकतंत्र, तरंग (तकनीकी) ज्ञान तथा सामाजिक समानता। इन तीनों के माध्यम से इन देशों में हर समस्या दूर की जाती है। किन्तु हमारे देश में समाज तक केवल समस्याओं की जानकारी ही पहुंचती है। केवल जानकारी द्वारा भारतीय समस्याएं प्रतिबिंबित नहीं होतीं बल्कि शिक्षा के माध्यम से समस्या का पूरा ज्ञान होना आवश्यक है। समाज में विभिन्न प्रकार की समस्याएं हैं, जिसका प्रभाव हर व्यक्ति पर होता है। इन समस्याओं का अंत समाज के लिए अत्यंत आवश्यक है। केवल शिक्षा ही एक ऐसा माध्यम है जो इन समस्याओं को दूर कर सकता है। इसलिए हमें शिक्षा द्वारा केवल जानकारी नहीं ज्ञान देने की आवश्यकता है। अर्थात यह ज्ञान देने का कार्य करने वाले अध्यापकों के प्रशिक्षण (डी.एड., बी.एड., एम.एड.) का पाठ्यक्रम ज्ञानाधिष्ठित समाज द्वारा बदलने की आवश्यकता है।

मैंने एम.फिल के लिए के लिए जो शोध प्रबंध प्रस्तुत किया उसका विषय है 'Inculcating development values among selected D.Ed. Students through An Educational Intervention Programme–A study' इसके निष्कर्ष से यह ज्ञात होता है कि चार दीवारों में दिये गये अध्यापन से प्रत्यक्ष अनुभव तथा निरीक्षण द्वारा प्राप्त किया हुआ ज्ञान अधिक प्रभावी सिद्ध होता है। प्रस्तुत प्रबंध के लिए मैंने अध्यापक विद्यालय के 40 छात्राध्यापकों का एक न्यादर्श लिया था जिसमें ग्रामीण, शहरी, लिंगभेद तथा जाति के अनुसार अलग-अलग छात्रों को चुना था। विकास मूल्यों के संदर्भ में उन्हें कहां तक जानकारी है यह देखने के लिए पहले पूर्व कसौटी दी गयी। इसके पश्चात Intervention Programme दिया गया जिसमें गटचर्चा, व्याख्यानमाला तथा देहातों में मिलने वाले प्रत्यक्ष अनुभव दिए और छात्रों ने निरीक्षण किया। कुछ समय बाद छात्रों को उत्तर कसौटी दी गयी जिसके द्वारा छात्रों के दृष्टिकोण में हुए परिवर्तन का अर्थनिर्वचन करके निष्कर्ष मिला। वर्तमान सैद्धांतिक, अव्यावहारिक समाज से ज्ञानधिष्ठित समाज में कौन से परिवर्तन आवश्यक है। स्थितशील समाज पर ज्ञानाधिष्ठित समाज का प्रभाव होने से कौन से परिवर्तन अपेक्षित हैं इसका निरीक्षण करके उपाय बताना चाहिये। उपर्युक्त अध्ययन के निष्कर्षों को देखते हुए समाज के प्रति उद्देश्यों के संदर्भ में पुनर्रचित पाठ्यक्रम का सुझाव रखना चाहिये। इसके लिए गहन अध्ययन आवश्यक है। हर 5-10 साल के पश्चात डी.एड., बी.एड., पाठयक्रम की पुनर्रचना की जाती है। पाठ्यक्रम में विज्ञानाधिष्ठित समाज की दृष्टि से काफी

परिवर्तन अपेक्षित है, इनमें पाठ्यक्रम परिवर्तन भी सुझाया गया है। परिवर्तन शीघ्र होने चाहिये तथा शोध पर आधारित होने चाहिये।

टिप्पणी

(जातीय भेद-हर समाज में अमीर-गरीब तथा वर्णभेद के अनुसार ही विभिन्न वर्ग निर्माण होते हैं। प्राचीन भारत में जन्म के अनुसार जाति, जाति के अनुसार व्यवसाय और व्यवसाय के अनुसार सामाजिक स्तर निश्चित किया जाता था। जातीय भेद, वर्णभेद, श्रेष्ठता-कनिष्ठता इन कारणों से सामाजिक विषमता बढ़ती है। आधुनिक युग में भारत के समाज सुधारक, शिक्षाविद्, राजकीय तथा सामाजिक नेतागण, साधु-संत आदि लोगों ने जातीय भेद को नष्ट करने का प्रयास किया तथा समानता पर आधारित नए समाज की निर्मिति की, जिसमें जातीय भेद की तीव्रता कम हुई।)

References

1. Biswal, A. and Das, 'Quality for Teacher Education: Need of the Hour', *University News*, 39, (21), 2002.
2. National Policy on Education (1986), Department of Education, MHRD, New Delhi, 1986.
3. Programme of Action on National Policy on Education-1986, Department of Education, MHRD, New Delhi, 1992.
4. Goel, D.R. and Biswal, A. 'TQM in Education-Reality, Desirability and Feasibility', *University News*, 34, (44), 1996.
5. NCERT, 'Curriculum for Elementary and Secondary Education: A Framework', New Delhi, 1988.
6. NCTE, 'Education of Teachers: SAARC Experience', New Delhi, 1999.
7. Chaturvedi, S. and Tandon, U., 'B.Ed. Curriculam: A New Model', *University News*, 39 (32): 8-11, 2001.
8. Chaudhari, U.S., Teacher Education and Challenges of Change, *University News*, 40(20): 11-12, 2002.
9. Chauhan, C.P.S., 'Revitalizing Teacher Education', *University News*, 39(43): 1-7, 2001.
10. Chauhan, C.P.S., 'Revitalizing Teacher Education', *University News*, 39(32): 1-7, 2001.
11. NCERT, 'Curriculum Framework for Teacher Education', New Delhi, 2004.

12. God, D.R., C. Goel and E.E. Malhar, 'Information and Communication Technology in Education : Changes and Challenges', *University News*, 40(20); 1-10, 2002.
13. Khan, R.S., 'NCTE Initiatives for Quality Teacher Education', Mittal Publication, New Delhi, 2001.
14. *Sakal* News Paper.
15. *Loksatta* News Paper.
16. Website Google 'Indian Population' 2006.

भावी शिक्षकों के निर्माण में एन.सी.टी.ई. की भूमिका

अरविन्द कुमार
राकेश कुमार शर्मा
प्रियंका वर्मा

शिक्षा विचारों की अभिव्यक्ति का, प्रशिक्षण के क्रियान्वयन का, उत्कृष्टता को प्रसारित करने और संस्कृति को प्रचारित करने का एक सशक्त माध्यम है। शिक्षा के द्वारा ही व्यक्ति अज्ञात ज्ञान को ज्ञात कर सकता है। यह शाश्वत व्यवस्था मनुष्य के सामाजिक प्राणी बनने के साथ प्रारम्भ हुई और आज भी चली आ रही है। इस व्यवस्था को अग्रसर करने में शिक्षणगण महारथी की भूमिका निभाते आ रहे हैं। कहा भी गया है कि कोई भी समाज अपने शिक्षकों के स्तर से ऊपर नहीं उठ सकता। शिक्षक की गुणवत्ता का सम्बन्ध अकादमिक एवं व्यावसायिक गुणवत्ता से जुड़ा है। भारत सरकार ने उपयोगी एवं गुणवत्तापरक शिक्षा देने के लिए विभिन्न प्रशासनिक अभिकरणों की स्थापना की जैसे–शिक्षा का केन्द्रीय परामर्शदात्री मण्डल, अखिल भारतीय प्रारम्भिक शिक्षा परिषद्, अखिल भारतीय माध्यमिक शिक्षा परिषद्, विश्वविद्यालय अनुदान आयोग, वैज्ञानिक एवं औद्योगिक अनुसंधान परिषद् एवं राष्ट्रीय शिक्षक-शिक्षा परिषद् (एन.सी.टी.ई.)।

एन.सी.टी.ई. की स्थापना विशेष रूप से शिक्षक-शिक्षा के लिए की गयी। कोठारी आयोग के अनुसार शिक्षक-शिक्षा के वर्तमान कार्यकम अधिकतर रूढ़िवादी, कठोर तथा स्कूल की वास्तविकताओं से अलग हैं। सम्पूर्ण देश में शिक्षक-शिक्षा के स्तर को सुधारने तथा गुणात्मक बनानें एवं सामंजस्य बनाये रखने के लिए सुझाव दिया गया कि शिक्षक-शिक्षा के उन्नयन के लिए एक राष्ट्रीय परिषद् बनायी जाये इसी उद्देश्य की पूर्ति हेतु सन् 1993 में संसद में विधेयक प्रस्तुत किया गया और 17 अगस्त, 1995 को राष्ट्रीय अध्यापक शिक्षा परिषद् को विधिक रूप प्रदान किया गया।[1]

राष्ट्रीय अध्यापक शिक्षा परिषद् की स्थापना सम्पूर्ण देश में अध्यापक शिक्षा-प्रणाली की नियोजित और समन्वित उन्नति प्राप्त करने, अध्यापक शिक्षा-प्रणाली में मानदण्डों और मानकों का विनियमन करने और उन्हें समुचित रूप से बनाये रखने के लिए की गयी। परिषद् ने शिक्षक-शिक्षा से जुड़ी समस्याओं के समाधान हेतु ठोस व महत्त्वपूर्ण कार्य किये। विभिन्न स्तरों के शिक्षक-शिक्षा के लिए मानदण्ड और मानक निर्धारित किए तथा कई ऐसे पाठ्यक्रम जो स्तरहीन व अनुपयोगी थे, उन्हें रोकने की शिक्षा में कठोर कदम उठाये। यह परिषद् शिक्षक-शिक्षा के क्षेत्र में शिक्षक-प्रशिक्षण कार्यक्रमों का नियोजन व कार्यान्वयन करने के सम्बन्ध में आवश्यक दिशा-निर्देश प्रदान करती है तथा अध्यापक शिक्षा पाठ्यक्रमों की गुणवत्ता निश्चित करने में महत्त्वपूर्ण भूमिका निभाती है।

राष्ट्रीय अध्यापक शिक्षा परिषद्, शिक्षक-शिक्षा में गुणात्मक सुधार के लिए विभिन्न कार्य कर रही है, यथा-शिक्षण संस्थानों में आमूलचूल परिवर्तन, प्रविधि के साथ शिक्षण को जोड़ना, शिक्षण दिवसों को तय करना, शिक्षा के व्यावसायीकरण को रोकना, सर्वव्यापी शिक्षा प्रदान करने के लिए संस्थाओं को मान्यता देना और उनकी पहचान करना, व्यावसायिक विकास के लिए मार्गदर्शी सिद्धान्तों को तैयार करना, केन्द्र/राज्य सरकार, यू.जी.सी. तथा अन्य एजेन्सियों को अपेक्षित सलाह देना, समय-समय पर विचार गोष्ठियों का आयोजन करना, शोध कार्यों को बढ़ावा देना, मान्यता प्राप्त संस्थाओं द्वारा लिये जाने वाले शुल्क के बारे में दिशा-निर्देश देना, शिक्षकों के चयन का मानदण्ड एवं उनकी योग्यता को निर्धारित करना, प्रशिक्षण में प्रवेश के नियम, विषय सामग्री, पाठ्यक्रम की समयावधि और सुधार आदि की व्यवस्था करना है।

किसी भी प्रकार की शिक्षा-प्रणाली में अध्यापक ही वह धुरी है जिसके चारों ओर सम्पूर्ण शिक्षा प्रणाली घूमती रहती है। भावी अध्यापकों की गुणवत्ता के आधार पर ही सुयोग्य एवं समर्पित अध्यापकों का निर्माण सम्भव है लेकिन वर्तमान में भावी शिक्षक ऐसी संस्थाओं से प्रशिक्षण प्राप्त करके निकल रहे हैं जिनके अस्तित्व एवं गुणवत्तापरक शिक्षा प्रदान करने पर प्रश्न चिह्न खड़ा हो गया है। बी.एड. संस्थाओं की वर्तमान स्थिति अत्यन्त शोचनीय है। आज समाज में यही प्रश्न गूंजता है कि आज के शिक्षकों में पहले वाली बात नहीं है। और इसके लिए जिम्मेदार है मात्र एन.सी.टी.ई., क्योंकि जैसा पौधा संचित किया जायेगा वृक्ष वैसा ही बनेगा।

एन.सी.टी.ई. के विधिक रूप से कार्य करने से पूर्व संस्थाओं को मान्यता प्रदान करने का कार्य विश्वविद्यालयों द्वारा किया जाता था तब कुकुरमुत्तों की तरह उगे इतने बी.एड./एम.एड. के संस्थान नहीं थे। लेकिन जब से इस परिषद् ने हस्तक्षेप

करना प्रारम्भ किया है तब से निजी संस्थानों की बाढ़-सी आ गयी है। ऐसे लोग प्रशिक्षण प्राप्त कर रहे हैं जिनमें कि शिक्षक बनने के गुण तक नहीं हैं। धनाभाव के कारण गरीब प्रतिभावान छात्र शिक्षक बनने से वंचित रह रहे हैं। स्ववित्त पोषित बी.एड. संस्थान धन उगाही के केन्द्र बन गये हैं। यह शिक्षा पूंजीपतियों के लिए व्यापार का एक अच्छा साधन बन गयी है। विभिन्न प्रकार के हथकण्डों का प्रयोग करके छात्रों से निर्धारित शुल्क के अतिरिक्त प्रशिक्षण के दौरान विभिन्न प्रकार के अतिरिक्त शुल्क वसूले जा रहे हैं। एन.सी.टी.ई. द्वारा ऐसे संस्थानों को मान्यता दी जा रही है जिनमें कि मानक के अनुसार भौतिक सुविधाएं एवं उपकरण नहीं हैं।

अधिकांश निजी बी.एड. संस्थान मान्यता लेने के समय तो महाविद्यालय के प्रत्येक कमरे पर बी.एड. हेतु लिखवा देते हैं लेकिन एन.सी.टी.ई. के निरीक्षण के बाद कमरों से विभाग का नाम/कमरा नम्बर प्लेट मिटाकर मात्र एक-दो कमरों में संचालित करते हैं और बाद में इसी विभाग के अन्य कमरों में ई.टी.ई., एम.एड., बी.पी.एड., एम.पी.एड., बी.सी.ए. इत्यादि की भी मान्यता ले लेते हैं। इनके अस्तित्व को बनाये रखने के लिए एन.सी.टी.ई. के स्थान पर माननीय कुलाधिपति को हस्तक्षेप करना पड़ रहा है और उनके आदेशानुसार कई संस्थानों की मान्यता मानकानुसार न होने के कारण रद्द भी कर दी गयी। एन.सी.टी.ई. द्वारा निरीक्षण तिथि पहले से ही तय कर देने के कारण कुछ संस्थान तो निरीक्षण के समय विभिन्न स्थानों या सम्बन्धियों से उपकरणों को मंगाकर वन डे रेडीमेड, टेक्नोलॉजी, भाषा, मनोविज्ञान, विज्ञान लैब एवं लाइब्रेरी का निर्माण कर देते है। शिक्षण दिवस दो सौ दिन निर्धारित होने के बाद भी कुछ ही महीनों में डिब्बा बन्द डिग्री प्रदान कर दी जाती है। जब नवम्बर-दिसम्बर में प्रवेश होगा और परीक्षा निश्चित सत्र के साथ होगी तो गुलेल का प्रशिक्षण लेकर कोई भी भावी शिक्षक धनुर्धारी कर्ण और अर्जुन कैसे बन सकता है? जबकि 'उच्चतम न्यायालय के 15 जून, 1993 के निर्णय में कहा गया है कि शिक्षण प्रशिक्षण संस्थानों द्वारा ऐसे अध्यापकों को उचित तथा पर्याप्त प्रशिक्षण प्रदान कर तैयार करना है जो हमारे बच्चों को अच्छी तरह पढ़ा सकें।'[2]

'विश्वविद्यालयों की गुणवत्ता उसमें शिक्षकों की योग्यता एवं गुणवत्ता पर निर्भर करती है।'[3] वहीं एन.सी.टी.ई. द्वारा निजी संस्थानों में भावी शिक्षकों को कौशलवान बनाने के लिए एम.एड./नैट प्रोफेशनल योग्यताधारी शिक्षकों को दरकिनार कर प्राइवेट/संस्थागत एम.ए. एजूकेशन (किसी भी प्रकार के कौशल से रहित) व बी.एड. योग्यताधारियों को बी.एड. छात्रों को पढ़ाने के लिए संस्तुति प्रदान की गयी है। प्रशिक्षण संस्थानों में निर्धारित समय के लिए एम.एड. योग्यताधारियों को भी

योग्य मान लिया है। इससे नैट योग्यताधारियों को तो कम वेतन मिल रहा है साथ ही एम.एड. योग्यताधारियों का भी शोषण हो रहा है। क्योंकि इनके लिए किसी भी प्रकार का वेतनमान निर्धारित नहीं है। सभी बी.एड. संस्थानों द्वारा एम.ए. उपाधि प्राप्त व्यक्तियों को शिक्षक के रूप में लेने की होड़-सी लगी है क्योंकि ये सस्ते और टिकाऊ होते हैं। 'हमारे देश में 16 अक्टूबर, 2006 तक 3156 बी.एड. संस्थाओं द्वारा प्रत्येक वर्ष 326846 भावी शिक्षक तैयार किये जाते हैं। इनके लिए लगभग 26148 शिक्षकों की आवश्यकता होगी जबकि एम.एड. योग्यताधारियों की संख्या प्रति वर्ष मात्र 5821 ही है।"[4] ऐसी स्थिति में प्रश्न उठता है कि इन शिक्षकों की पूर्ति कैसे हो रही है ? मात्र कागजों में एक-एक शिक्षक को कई-कई संस्थानों/प्रदेशों में शिक्षण-कार्य में संलग्न दिखाया जा रहा है। लिफाफाकरण के कारण कुछ निरीक्षक सभी शिक्षकों एवं भौतिक सुविधाओं/उपकरणों को कागजों एवं सी.डी. में पूरा कर देते हैं जबकि वास्तविकता किसी से छुपी नहीं है।

प्रस्तुतकर्त्ता का मत है कि एन.सी.टी.ई. को ऐसे भावी शिक्षकों के निर्माण में अहम् भूमिका निभानी है जो कि सांवेगिक, नैतिक, सामाजिक, आध्यात्मिक, शारीरिक, मानसिक विकास से रहित, ईर्ष्यालु, एवं कुंठाग्रस्त न हों। बी.एड. में सीटें समय की मांग को देखते हुए ही बढ़ाई जायें तथा इसका बाजारीकरण न किया जाये ताकि मात्र गुणवान एवं रुचिवान व्यक्ति ही प्रशिक्षण प्राप्त कर सकें। डॉ. राजेन्द्र प्रसाद ने कहा था कि-"प्रजातन्त्र में सबको शिक्षा के समान अवसर मिलने चाहिए। यह तो ठीक है पर समान प्रशिक्षण मिलना चाहिए, यह ठीक नहीं है।"[5] वर्तमान समय मांग के अनुसार परिवर्तित हो रहा है और इस बदलते परिवेश में भावी शिक्षकों को गुणवान बनाने के लिए एन.सी.टी.ई. द्वारा निम्नलिखित कार्य किए जा सकते हैं-

1. मान्यता देते समय मानकों की उपलब्धता का कड़ाई से पालन किया जाये। मान्यता केवल मांग एवं पूर्ति में सामंजस्य बनाये रखने के लिए ही दी जाये। अनावश्यक रूप से भीड़ न बढ़ायी जाये।
2. किसी भी संस्था का निरीक्षण आकस्मिक किया जाये, पहले से संस्था को निरीक्षण तिथि न बतायी जाये।
3. छात्रों से कभी भी लिए जाने वाले शुल्क को रोकने में एन.सी.टी.ई. को अहम् भूमिका निभानी होगी क्योंकि ऐसा होने से प्रतिभावान छात्र धन के अभाव में प्रभावशाली शिक्षक नहीं बन पा रहे हैं।
4. नवीन ज्ञान की प्राप्ति के लिए निजी संस्थानों के शिक्षकों को वर्कशाप, सेमिनार, रिफ्रेशर तथा ओरिएन्टेशन कोर्सेज में सहभागिता के लिए प्रबंधकों द्वारा उनका वेतन न काटा जाये, ऐसी व्यवस्था की जाये।

5. उच्चतर शिक्षा आयोग से चयनित शिक्षकों को ही एन.सी.टी.ई. द्वारा अनुमोदित किया जाये, प्रबंधकों द्वारा चयनित कागजों में चलने वाले शिक्षकों को नहीं। सरकार द्वारा निजी संस्थानों में शिक्षकों का चयन उच्चतर शिक्षा आयोग से ही किया जाये।
6. छात्र-शिक्षक अनुपात को बनाये रखने के लिए संस्थाओं को कड़े निर्देश दिये जायें।
7. सूक्ष्म शिक्षण, प्रैक्टिस टीचिंग एवं कौशल में कमजोर रहने पर उपचारात्मक प्रशिक्षण के समय भी एन.सी.टी.ई. द्वारा निरीक्षण किया जाये। इसके लिए आवश्यक है कि संस्थाएं टीचिंग प्रारम्भ होने की जानकारी परिषद् को दें।
8. प्रैक्टिस टीचिंग कम-से-कम 80-90 दिन की जाये तथा इसकी पूर्ति के लिए प्रत्येक प्रशिक्षण संस्थान को अपना-अपना डिमोन्स्ट्रेशन स्कूल खोलने के आदेश दिये जायें क्योंकि भावी शिक्षकों को कौशलों में पारंगत करना है, पुस्तकीय कीड़ा नहीं बनाना है।
9. एन.सी.टी.ई. द्वारा प्रसिद्धि-प्राप्त प्रशिक्षण केन्द्रों में संचालित समस्त शैक्षणिक एवं सांस्कृतिक कार्यक्रमों आदि की सी.डी. तैयार करके सभी संस्थानों को प्रेषित करने की व्यवस्था की जाये ताकि छात्र अपने कौशल और ज्ञान में सुधार ला सकें।
10. एन.सी.टी.ई. द्वारा प्रत्येक संस्थान को 'ब्लाक टीचिंग' की व्यवस्था करने के निर्देश दिये जायें ताकि प्रशिक्षार्थी विद्यालय, कक्षा प्रबंधन, ग्रंथालय, प्रयोगशाला तथा कार्यशालाओं की व्यवस्था आदि का निरीक्षण, अध्यापक-पुस्तिका लेखन तथा छात्रों की प्रगति-पत्र एवं विवरण लेखन आदि के बारे में व्यावहारिक ज्ञान, अनुभव एवं साथ ही दिन में चार-पांच कक्षाओं को पढ़ाकर पूर्ण-रूपेण अध्यापकीय दायित्व का अनुपालन तथा निर्वहन कर सकें।'[6] क्योंकि आज हमें ऐसे शिक्षक तैयार करने हैं जो कि वैश्विक चुनौतियों का सामना कर सकें।
11. एन.सी.टी.ई. द्वारा देश स्तर पर सभी संस्थानों में कार्यरत शिक्षकों की एक सूची बनायी जाये ताकि यह पता लग सके कि कहीं शिक्षक का नाम दूसरे प्रदेशों/संस्थानों में तो नहीं दिखाया जा रहा है क्योंकि कुछ शिक्षक मात्र कागजों में ही चल रहे हैं और उनकी जगह अयोग्य लोग भावी शिक्षकों को तैयार कर रहे हैं।
12. एन.सी.टी.ई. को अपने कार्य से हटकर एम.फिल./पी-एच.डी. (शिक्षा) में अध्ययनरत छात्रों की भी एक अलग सूची बनानी होगी क्योंकि कुछ

संस्थान इन छात्रों के बायोडेटा का प्रयोग कर निरीक्षण के समय उन्हें बुला लेते हैं और उनके स्थान पर गुणरहित एवं सस्ते शिक्षकों से शिक्षण कार्य कराते हैं। ऐसी स्थिति में हमारे देश के भावी कर्णधार कैसे गुणवान बन सकते हैं?

13. सभी संस्थानों में इंटरनेट एवं वीडियो कॉन्फ्रेन्सिंग की सुविधा की व्यवस्था के आदेश दिये जायें ताकि प्रशिक्षार्थी देश-विदेश में हो रही रिसर्च एवं महत्त्वपूर्ण व्याख्यानों से अवगत हो सकें।

संक्षेप में कहा जा सकता है कि शिक्षक-शिक्षा में गुणवत्ता लाने के लिए एन.सी.टी.ई. प्रयास कर रही है। फिर भी उतनी गुणात्मकता नहीं मिल पा रही है क्योंकि निजी प्रशिक्षण संस्थान गुणवत्ता को दरकिनार कर मात्र डिग्री प्रदान कर रहे हैं। इसलिए परिषद् को अपनी कार्यप्रणाली में पुनः मूल्यांकन करने की आवश्यकता है ताकि हमारे भावी शिक्षक गुणवान एवं समर्पित बन सकें। डॉ. राधाकृष्णन ने कहा है कि—"समाज में शिक्षक का स्थान अत्यन्त महत्त्वपूर्ण है। वह एक पीढ़ी से दूसरी पीढ़ी को बौद्धिक परम्परायें और तकनीकी कौशल पहुंचाने का केन्द्र है और सभ्यता के प्रकाश को प्रज्ज्वलित रखने में सहायता देता है।"[7]

संदर्भ सूची

1. शर्मा, आर.के. एवं शर्मा, के., 'शिक्षा तकनीकी की आवश्यकताएं और प्रबन्ध', राधा प्रकाशन मन्दिर, आगरा, 2005, पृ. सं. 276।
2. सोनी, ए., नेशनल सेमिनार सोवनियर, आई.ए.टी.ई., जयपुर, अक्टूबर 18-19, 2003, पृ. सं. 105।
3. वाजपेयी, एल.बी. एवं सारस्वत, एम., 'भारतीय शिक्षा का विकास एवं सामयिक समस्याएं', आलोक प्रकाशन, लखनऊ, 2000, पृ.सं. 233।
4. शर्मा, जे., नेशनल कान्फ्रेंस सोवनियर, ए.आई.ए.टी.ई., नई दिल्ली, दिसम्बर, 26-27, 2006, पृ.सं. 8।
5. बघेल, एच.एस., 'शिक्षा तथा भारतीय समाज', एच.पी. भार्गव प्रकाशन, आगरा, 1988, पृ.सं. 180।
6. भट्टाचार्य, जी.सी., 'अध्यापक शिक्षा', विनोद प्रकाशन मन्दिर, आगरा, 2005, पृ.सं. 183।
7. शर्मा, इ. एवं शर्मा, पी., नेशनल सेमिनार सोवनियर, आई.ए.टी.ई., जयपुर, अक्टूबर 18-19, 2003, पृ.सं. 118।

शिक्षक-शिक्षा का एक उपेक्षित क्षेत्र-सेवारत शिक्षक-प्रशिक्षण कार्यक्रम

जे.सी. सिन्हा
रुचि सिन्हा

शिक्षक-शिक्षा के क्षेत्र में 'सेवारत शिक्षक-प्रशिक्षण' एक ऐसा उपेक्षित क्षेत्र रहा है जिसकी महती आवश्यकता को स्वतंत्रता-प्राप्ति के पश्चात् सभी शिक्षा आयोगों यथा मुदालियर माध्यमिक शिक्षा आयोग[1] (1952-53), कोठरी शिक्षा आयोग[2] (1964-65), राष्ट्रीय शिक्षा नीति[3] (1986) ने शिक्षक-शिक्षा को 'निरन्तर चलने वाली प्रक्रिया' अर्थात् पूर्व सेवा के साथ सेवारत प्रशिक्षण (9.4 पृष्ठ 26) कहकर अनुभव किया है। यहां तक कि, 1992 में आयोजित राष्ट्रीय कार्यक्रम क्रियान्चयन योजना (एन.पी.ए. 1992)[4] ने भी इसे वरीयता के साथ शीघ्र राष्ट्रीय स्तर पर लागू किये जाने के लिए अपनी संस्तुतियां दी हैं। मुदालियर शिक्षा आयोग (1953) की संस्तुति पर देश भर के ख्याति प्राप्त चुने हुए शिक्षक-प्रशिक्षण महाविद्यालयों में 'प्रसार सेवा विभाग' (Extension Service Dept.) राष्ट्रीय शैक्षिक प्रशिक्षण एवं अनुसंधान परिषद्, नई दिल्ली के सहयोग से 1960 से 1975 तक खोले गये। इन केन्द्रों ने माध्यमिक स्तर पर सेवारत शिक्षक एवं प्रधानाचार्य वर्ग की व्यावसायिक क्षमता में अभिवृद्धि हेतु अनेक अल्पकालीन प्रशिक्षण कार्यक्रम शिक्षण-विधियों, परीक्षण-विधियों तथा विषयगत सहायक शिक्षण-सामग्री के निर्माण एवं कक्षागत प्रयोग हेतु आयोजित किये। विशेष रूप से पांचवीं पंचवर्षीय योजना (1974 से 1979) में विद्यालयों में कार्यरत शिक्षक वर्ग के सेवाकालीन प्रशिक्षण हेतु व्यापक कार्यक्रम कार्यान्वित किये गये। कहीं-कहीं प्रसार शिक्षा केन्द्रों में सराहनीय कार्य भी सम्पादित हुआ। उ.प्र. एवं अन्य प्रदेशों में इनकी उपलब्धियों का मूल्यांकन किया गया। लेकिन कालांतर में इन प्रसार सेवा केन्द्रों की उपयोगिता एवं कार्यक्षमता पर प्रश्न चिह्न लगने लगे तथा उ.प्र. सरकार द्वारा इन केन्द्रों को स्वयं चलाने में

कठिनाई एवं असमर्थता के कारण इनका संचालन बन्द कर दिया गया। जब विभिन्न प्रदेशों की सरकारों ने इन प्रसार केन्द्रों के स्वतंत्र संचालन में असमर्थता प्रकट की तो केन्द्रों का एन.सी.ई.आर.टी., दिल्ली द्वारा संचालन बन्द कर दिया गया।

सन् 1962 से 1975 के बीच आर.बी.एस. कॉलेज आगरा के शिक्षक शिक्षा विभाग से सम्बद्ध सेवारत शिक्षक वर्ग के प्रशिक्षण हेतु एक ऐसा ही शिक्षा प्रसार सेवा केन्द्र था जिसकी उपलब्धियां उल्लेखनीय थीं। इसी प्रकार मथुरा में भी किशोरीरमण शिक्षक प्रशिक्षण महाविद्यालय[6] में भी एक शिक्षा प्रसार सेवा इकाई थी जो मथुरा जनपद के उच्चतर माध्यमिक स्तर के शिक्षक वर्ग के लिए अनेक प्रशिक्षण कार्यक्रम आयोजित किया करती थी। आगरा मण्डल के ये दोनों केन्द्र प्रधानाचार्य एवं शिक्षक वर्ग की व्यावसायिक क्षमता में वृद्धि हेतु विचार गोष्ठियां, व्यावसायिक सम्मेलन, कार्यशालाएं एवं प्रदर्शनियां आयोजित किया करते थे। इन सभी कार्यक्रमों में एन.सी.ई.आर.टी., दिल्ली एवं विभिन्न शिक्षा विशेषज्ञों तथा शिक्षा अधिकारियों का सक्रिय सहयोग लिया जाया करता था।

सतत शिक्षा केन्द्र[7] (Centers of Continuing Education)—सन् 1978 के आस-पास पुनः राष्ट्रीय शैक्षिक-प्रशिक्षण एवं अनुसंधान परिषद्, दिल्ली ने प्रदेश सरकार के शिक्षा विभाग द्वारा संचालित उच्चतर माध्यमिक विद्यालयों एवं इण्टर कॉलेज के शिक्षक वर्ग की 'व्यावसायिक क्षमता एवं ज्ञान' में अभिवृद्धि किये जाने हेतु विभिन्न राजकीय उच्चतर माध्यमिक विद्यालयों/इण्टर कॉलेजों में सतत शिक्षा केन्द्र खोले गये। इन केन्द्रों में दस दिवसीय गोष्ठियां आयोजित की जाती थीं जिनमें विभिन्न विषयों की 'नवीन उच्चीकृत विषय-वस्तु एवं शिक्षण-विधियों' से शिक्षक वर्ग को परिचित कराया जाता था। इन गोष्ठियों को सायं 6 बजे से रात्रि 9 बजे के बीच जनपद के राजकीय इण्टर कॉलेज में चलाया जाता था। राजकीय इण्टर कॉलेज का प्रधानाचार्य अपने केन्द्र का समायोजक हुआ करता था। कॉलेज के विभिन्न विषयों के प्रवक्तागण विषय विशेषज्ञ के रूप में गोष्ठी संचालित किया करते थे। मण्डल तथा जनपद के शिक्षा अधिकारीगण इन केन्द्रों का निरन्तर निरीक्षण करते थे तथा विभिन्न विद्यालयों के शिक्षक वर्ग को प्रशिक्षण हेतु संस्थाओं के प्रधानाचार्य वर्ग से कार्यमुक्त कराकर भिजवाया करते थे।

केन्द्र समायोजक एवं विषय विशेषज्ञों का प्रशिक्षण—केन्द्र समायोजक तथा विषय विशेषज्ञों के प्रशिक्षण का उत्तरदायित्व एन.सी.ई.आर.टी. के 'शिक्षक-शिक्षा एवं शिक्षा प्रसार विभाग' एवं प्रदेश सरकार के शिक्षा विभाग का था। उत्तर प्रदेश में इनके प्रशिक्षण की व्यवस्था राजकीय सेन्ट्रल पैडागॉजीकल इंस्टीट्यूट एवं राजकीय शिक्षा संस्थान, इलाहाबाद द्वारा की गई थी। विषय एवं शिक्षा विभाग की

नवीन नीतियों के परिचय के साथ इस गहन प्रशिक्षण के निम्न शीर्षक थे–राष्ट्रीय शिक्षा नीति के प्रमुख बिन्दु, विद्यालय सुधार अभिनव परियोजनाओं के विषय शीर्षक परियोजनाओं की रूपरेखा निर्माण (Preparing Synopsis of School Improvement Projects)। अभिनव प्रयोग योजना की विद्यालय स्तर पर संचालन विधि से परिचित कराया जाता था। इसके साथ-साथ सपुस्तक परीक्षा हेतु प्रश्न-पत्र निर्माण प्रक्रिया का स्वरूप (Open Book Examination System) आदि भी बताया जाता है।

सभी केन्द्रों में आने वाले प्रशिक्षणार्थियों का वाहन भत्ता, भोजन आदि व्यय के साथ-साथ विषय विशेषज्ञ एवं केन्द्र समायोजक के मानदेय क्रय एवं आकस्मिक व्यय के साथ कुल देय अनुदान की 50 प्रतिशत धनराशि एन.सी.ई.आर.टी., दिल्ली एवं 50 प्रतिशत धनराशि प्रदेश सरकार द्वारा सभी केन्द्रों को प्रदान की जाती थी। केन्द्र का वार्षिक अनुदान विद्यालय के प्रधानाचार्य को प्रदान किया जाता था।

सतत शिक्षा केन्द्र का अकादमिक पक्ष–उच्च माध्यमिक स्तर पर सामान्यतः विज्ञान-गणित-जीवविज्ञान के साथ-साथ प्रमुख विषय के शिक्षक वर्ग को विषयानुसार नवीन विषय-वस्तु की शिक्षण तथा परीक्षण विधि से परिचित कराया जाता था। इसके अतिरिक्त प्रशिक्षणार्थियों को दस दिवसीय गोष्ठियों में प्रदेश सरकार की शिक्षा सम्बन्धित नवीन नीतियों तथा विद्यालय के भौतिक स्तर के सुधार हेतु परियोजनाओं (School Improvement Projects) के संचालन में सहायता प्रदान की जाती थी। इन दिवसीय गोष्ठियों को प्रत्येक कार्य दिवस पर सायं 6 बजे से रात्रि 9 बजे के बीच तथा अवकाश के दिनों में 10.30 बजे से 4.30 बजे तक संचालित किया जाता था। गोष्ठी के प्रशिक्षार्थी वर्ग को वाहन भत्ता एवं भोजनादि व्यय भुगतान गोष्ठी समापन के दिन प्रदान किया जाता था। मासिक मानदेय के रूप में विषय विशेषज्ञों को 200 रु. माहवार एवं केन्द्र समायोजक/प्राचार्य को 300 रु. माहवार मानदेय प्रदान किया जाता था। दो वर्षों की अवधि में संचालित केन्द्रों के मूल्यांकन के बाद जब इनकी उपयोगिता सिद्ध नहीं हो पाई तो इन केन्द्रों को अधिक बेहतर स्थिति में संचालित किये जाने वाले विकल्पों पर राष्ट्रीय स्तर पर विचार किया गया।

यद्यपि अकादमिक दृष्टि से सतत शिक्षा केन्द्रों में 'दस दिवसीय प्रशिक्षण गोष्ठियों' के आयोजन को सर्वथा उपयुक्त माना गया था। कालान्तर में इन केन्द्रों को चलाये जाने का उत्तरदायित्व राजकीय एल.टी./बी.एड. प्रशिक्षण महाविद्यालयों एवं विश्वविद्यालयों के शिक्षक शिक्षा विभागों को सौंपा गया। यह भी आवश्यक समझा गया कि ऐसे दस दिवसीय प्रशिक्षण कार्यक्रम पूर्ण कार्य दिवस अवधि अर्थात् 10 बजे से 4 बजे के बीच चलाये जायें।

आगरा मण्डल में प्रारम्भ में डी.ई.आई. महिला प्रशिक्षण महाविद्यालय, दयालबाग आगरा को सतत शिक्षा केन्द्र चलाये जाने का प्रथम बार अवसर 1980 में प्राप्त हुआ। तत्पश्चात वर्ष 1981-1982 में सतत शिक्षा केन्द्र को दयालबाग एजूकेशनल इंस्टीट्यूट डीम्ड यूनीवर्सिटी में स्थानान्तरित कर दिया गया। प्रारम्भ के दो शैक्षिक सत्रों में यह केन्द्र केवल महिला शिक्षक वर्ग के लिए संचालित था। उ.प्र. पश्चिमी क्षेत्र के आगरा, बरेली, मुरादाबाद, मेरठ तथा समस्त पहाड़ी क्षेत्रों की हाईस्कूल स्तरीय शिक्षिकाओं हेतु प्रशिक्षण की व्यवस्था की गई थी। तत्पश्चात इस केन्द्र का कार्य क्षेत्र आगरा मण्डल ही कर दिया गया तथा मण्डल के सभी पुरुष एवं महिला शिक्षक वर्ग के प्रशिक्षण की व्यवस्था कर दी गई। डी.ई.आई. सतत शिक्षा केन्द्र ने सन् 1980 से सन् 2000 तक गहन प्रशिक्षण कार्यक्रम संचालित किया। डी.ई.आई. डीम्ड यूनीवर्सिटी के निदेशक स्वयं केन्द्र के अवैतनिक निदेशक एवं संरक्षक (Honorary Director and Patron) रहे तथा केन्द्र के प्रशिक्षण कार्यक्रम के प्रभारी एवं समायोजक के रूप में स्वयं पत्र प्रस्तोता डॉ. जे.सी. सिन्हा ने भी कार्य किया। प्रत्येक वर्षवार विभिन्न गोष्ठियों के संचालन का उत्तरदायित्व केन्द्र के कार्यक्रम समायोजक का ही था। उ.प्र. के सभी केन्द्रों की तुलना में डी.ई.आई. सतत शिक्षा केन्द्र की उपलब्धियां अधिक उल्लेखनीय रहीं। इस केन्द्र की एक प्रमुख अभिनव योजना थी 'केन्द्र की पहुंच जनपदीय स्तर तक' ('The Centre Reaches Teachers at the District Level')

डी.ई.आई. सतत शिक्षा केन्द्र ने मण्डलीय एवं जनपदीय शिक्षा अधिकारियों की सहायता से जनपदीय स्तर पर दो शैक्षिक सत्रों 1986 एवं 1988 में सात गोष्ठियां मथुरा, मैनपुरी, एटा एव अलीगढ़ में आयोजित की। सभी दस दिवसीय गोष्ठियां प्रात: 10.30 बजे से 4.30 बजे के बीच प्रतिदिन चलायी जाती थीं। विषय शीर्षक निम्न थे–

1. उ.प्र. स्तर पर सपुस्तक परीक्षा कार्यक्रम (Open Book Examination System).
2. विद्यालयों में पैनल निरीक्षण योजना–सीमाएं एवं सुझाव (Panel Inspection System in Inter Colleges).
3. पर्यावरण प्रदूषण निवारण कार्यक्रम।
4. मानव–मूल्यों की शिक्षा।
5. राष्ट्रीय एकता संवर्द्धन कार्यक्रम।
6. शिक्षक–अभिभावक संघ का विद्यालय स्तर पर उपयोग।
7. विषय आधारित वस्तुनिष्ठ प्रश्न निर्माण प्रक्रिया।

यह केन्द्र सन् 2002 तक ही चल पाया।

सेवारत शिक्षक-प्रशिक्षण कार्यक्रम का सफल संचालन-सर्वेक्षण आधारित विभिन्न पक्षीय विचाराभिव्यक्ति[8]–

'सेवारत शिक्षक-प्रशिक्षण कार्यक्रम' के सभी दृष्टियों से सफल संचालन हेतु आगरा मण्डल के शिक्षाधिकारियों, डी.ई.आई. सतत शिक्षा केन्द्र से सम्बद्ध शिक्षाविदों, शिक्षक प्रशिक्षकों, विद्यालयों के सुयोग्य प्रधानाचार्यों तथा स्वयं प्रशिक्षणार्थियों द्वारा अभिव्यक्त विचारों के आधारों पर प्राप्त सुझावों को यहां प्रस्तुत किया जा रहा है।

1. **मण्डलीय एवं जनपदीय शिक्षा अधिकारियों[9] द्वारा प्रस्तुत सुझाव–**

अ. 80 प्रतिशत शिक्षाधिकारीगण का (विभागीय क्रिया-कलापों के कारण अपनी सहभागिता सक्रिय रूप से न प्रदान करते हुए भी) स्पष्ट मत है कि ऐसे सेवारत कार्यक्रमों का आयोजन किया जाना अत्यन्त आवश्यक है। वे संस्थाओं के प्रधानाचार्य वर्ग के लिए ऐसे आयोजन किये जाना परम आवश्यक समझते हैं।

ब. 40 प्रतिशत से अधिक शिक्षाधिकारीगण समय मिलने पर विषय विशेषज्ञों के रूप में भी अपनी सहभागिता प्रदान करना सुनिश्चित करते हैं। विद्यालय सुधार हेतु अभिनव प्रयोग प्रायोजनाओं के संचालन में रुचि रखते हैं। शिक्षा के कुछ प्रमुख विषय बिन्दुओं यथा नामिका निरीक्षण कार्यक्रम (Panel Inspection System), अभिभावक-शिक्षक संघ (Parent Teacher Association), मानव-मूल्यों की शिक्षा (Education of Human Values), विद्यालय के अकादमिक सुधार, सम्बन्धित शिक्षा विभागीय नीतियों (School Improvement Policies) के सफल संचालन पर उन्होंने अपनी वार्तायें भी प्रदान की हैं।

स. 60 प्रतिशत शिक्षा अधिकारियों ने प्रान्तीय स्तर पर आयोजित शिक्षा अधिकारी गोष्ठियों में डी.ई.आई. सतत शिक्षा केन्द्र की उपलब्धियों की चर्चा भी की है। सतत शिक्षा केन्द्र की पहुंच जनपदीय स्तर के शिक्षक वर्ग तक जैसी केन्द्र अभिनव योजना के संचालन का पूरा प्रशासनिक उत्तरदायित्व जनपदीय शिक्षा अधिकारियों ने ही लिया था तथा प्रान्तीय शिक्षा अधिकारियों का सघन गोष्ठीय निरीक्षण कार्यक्रम भी आयोजित किया था। डी.ई.आई. सतत शिक्षा केन्द्र में स्व. द्वारिका प्रसाद माहेश्वरी, निदेशक साक्षरता केन्द्र (लखनऊ), मण्डलीय उप-शिक्षा निदेशक (आगरा), एस.पी. चन्दोला, प्राथमिक स्तरीय सहायक शिक्षा निदेशक (A.D. Basic) सिद्दीकी ने एवं स्व. एस.एन. परिहार, उपशिक्षा निदेशक (आगरा) ने विषय विशेषज्ञ के रूप में अपनी वार्तायें भी प्रस्तुत की थीं।

2. **डी.ई.आई. सतत शिक्षा केन्द्र से सम्बद्ध विषय विशेषज्ञों का अभिमत**[10]—अ) शिक्षा संकाय से सम्बद्ध 70 प्रतिशत शिक्षक-प्रशिक्षणों का अभिमत सेवारत प्रशिक्षण कार्यक्रम संचालन के पक्ष में ही रहा है। 35 प्रतिशत शिक्षा संकाय के शिक्षक वर्ग ने अनिवार्य रूप से प्रशिक्षण कार्यक्रम में अपना सक्रिय सहयोग प्रदान किया है। विज्ञान संकाय के शिक्षक वर्ग का सहयोग अभूतपूर्व रहा है यथा पर्यावरण शिक्षा सम्बन्धित गोष्ठियों एवं परियोजनाओं का सफल संचालन उन्हीं के द्वारा किया गया है।

   ब) 70 प्रतिशत से अधिक शिक्षा संकाय के शिक्षक वर्ग का मत है कि पूर्व कालीन शिक्षक शिक्षा (Pre-Service Teacher Education Programme) कार्यक्रम आयोजन किये जाने की भांति सेवारत प्रशिक्षण कार्यक्रम को आयोजित करने का उत्तरदायित्व भी उनका है। उनका स्पष्ट मत है कि उन्हें इन सेवारत प्रशिक्षण कार्यक्रम के संचालन हेतु उचित मानदेय कम-से-कम 1000 रुपये प्रदान किया जाये तथा शरद एवं ग्रीष्मावकाश में कार्य करने हेतु प्रतिकर अवकाश (Compensatory Leaves) प्रदान किया जाये।

   स) 60 प्रतिशत विषय विशेषज्ञ यह भी आवश्यक समझते हैं कि उ.प्र. शिक्षा विभाग एवं एन.सी.ई.आर.टी., दिल्ली से उन्हें आवश्यक एवं नवीन पठनीय सामग्री (Reading Material) प्रदान की जाये।

3. **केन्द्र में प्रशिक्षण प्राप्त करने वाले प्रशिक्षणार्थियों का अभिमत**[11]—अ) प्रशिक्षण प्राप्त करने वाले शिक्षकगण चूंकि इन प्रशिक्षण कार्यक्रमों की उपयोगिता से परिचित नहीं हैं अत: 65 प्रतिशत शिक्षकगण ऐसे कार्यों में रुचिपूर्वक भाग नहीं लेते हैं इसके विपरीत राजकीय विद्यालयों के 80 प्रतिशत शिक्षक वर्ग में यह मनोवृत्ति नहीं दिखलाई देती है।

   ब) राजकीय विद्यालयों के 70 प्रतिशत शिक्षकगण प्रशिक्षण केन्द्रों में सक्रिय भाग लेते हैं। उनकी यह मनोवृत्ति सहज हो जाया करती है कि ऐसे कार्यक्रमों में भाग लेने से उन्हें पदोन्नति मिलना आसान हो जायेगा। कार्यक्रम में भाग लेना भी उनकी सेवा-शर्तों से सीधे सम्बन्धित है।

   स) प्रशिक्षण केन्द्रों में कार्यरत शिक्षक वर्ग का अभिमत उस शिक्षक वर्ग की तुलना में अधिक सकारात्मक रहा है जिन्होंने कभी भी सेवारत प्रशिक्षण नहीं लिया है। 90 प्रतिशत शिक्षक वर्ग (जिन्होंने ऐसे कार्यक्रमों में सक्रिय सहयोग प्रदान किया था) का मत था कि ऐसे कार्यक्रम उन्हें निरन्तर प्रदान किये जायें जिससे वे अपना विषय प्रभावी ढंग से कक्षा में पढ़ा सकें तथा

नवीन शिक्षण-विधियों का प्रशिक्षण में प्रयोग कर सकें।

द) प्रशिक्षणार्थियों के रूप में लगभग सभी 5 प्रतिशत प्रधानाचार्यों ने ऐसे प्रशिक्षण कार्यक्रम को स्वयं तथा शिक्षक वर्ग के लिए उपयोगी बताया है।

य) 80 प्रतिशत प्रधानाचार्यगण इस तथ्य से भी सहमत थे कि वे भविष्य में अपने शिक्षक वर्ग को प्रशिक्षण कार्यक्रम में भाग लेने के लिए अपने विद्यालयों से मुक्त करेंगे।

अंत में पत्र-प्रस्तोता सेवारत प्रशिक्षण कार्यक्रम को विद्यालयों में कार्यरत शिक्षक वर्ग की व्यावसायिक क्षमता में अभिवृद्धि के लिए आवश्यक समझता है लेकिन प्रभावी परिणाम प्राप्ति के लिए प्रशिक्षणार्थी एवं प्रशिक्षणदाताओं को अधिक सजग, निष्ठावान तथा जिज्ञासु बनना पड़ेगा। कठिन, गहन एवं धैर्ययुक्त परिश्रम आयोजनकर्त्ताओं के लिए भी वरदान साबित होगा।

सन्दर्भ सूची

1. मुदालियर शिक्षा आयोग (1952-53) (इम्प्रूवमेन्ट ऑफ टीचिंग पर्सोनल), अध्याय 12, पृष्ठ संख्या 167-169।
2. कोठारी शिक्षा आयोग (1964-66) (कन्टीन्यू प्रोफेशनल एजूकेशन ऑफ टीचर्स), 4.56-4.57, पृ. 84-85।
3. नेशनल पॉलिसी ऑफ एजूकेशन (1986) दी टीचर, अध्याय 9, पृ. 25-26।
4. नेशनल प्रोग्राम ऑफ एक्शन (एन.पी.ए.) 1992।
5. रीजनल कांफ्रेन्स ऑफ ऑनरेरी डायरेक्टर्स एण्ड कॉर्डीनेटर्स, सितम्बर 23-25, 1986। खन्ना, आदर्श एवं भाटिया, टी.आर. (संपादक), शिक्षक शिक्षा विभाग एवं प्रसार शिक्षा, एन.सी.ई.आर.टी., दिल्ली।
6. 'रिपोर्ट ऑफ एक्टिविटीज', प्रसार सेवा इकाई, के.आर. ट्रेनिंग कॉलेज, मथुरा, प्रगति आख्या, मार्च 1973, पब्लिकेशन नम्बर 11।
7. सतत शिक्षा केन्द्र, दयालबाग एजूकेशनल इंस्टीट्यूट, आगरा।
   (क) वार्षिक प्रगति आख्या, 1980 से दिसम्बर 1984।
   (ख) वार्षिक प्रगति आख्या, 1985-86।
   (ग) वार्षिक प्रगति आख्या, 1986-87।
   (घ) वार्षिक प्रगति आख्या, 1987-88।
8. अरोरा, गुरमीत, 'एन इवेल्यूएशन ऑफ इनसर्विस ट्रेनिंग प्रोग्राम ऑफ डी.ई.आई. सेन्टर ऑफ कन्टीनुइंग एजूकेशन,' एम.एड. डिजर्टेशन, 1984-85।
9. सिंघल, लोकेश्वरी, 'शैक्षिक अधिकारीगण एवं प्रधानाचार्य द्वारा सतत शिक्षा कार्यक्रम के सम्बन्ध में अभिव्यक्त विचारधारा का अध्ययन', एम.एड. डिजर्टेशन, 1985-86।

10. अस्थाना, भावना, 'विषय विशेषज्ञों की दृष्टि में सतत शिक्षा कार्यक्रम,' एम.एड. डिजर्टेशन, 1985-86।
11. प्रकाश, सुधीर, 'उत्तर प्रदेश शिक्षा विभाग द्वारा नवीन शिक्षा-नीति विषयक सेवारत प्रशिक्षण कार्यक्रम का शिक्षक एवं प्रधानाचार्य वर्ग की दृष्टि से अध्ययन', एम.एड. डिजर्टेशन, 1986-87।

जनजातीय क्षेत्रों में शिक्षक-शिक्षा परिदृश्य

सुशीला सिंह

स्वतन्त्रता-प्राप्ति के उपरान्त भारतीय संविधान में जनजातियों के हितों की रक्षा एवं कल्याण हेतु विशेष अनुच्छेद रखे गए। जनजातियों की एक अनुसूची संविधान में दी गई और उन क्षेत्रों को निश्चित किया गया जहां यह जनजातियाँ बहुतायत में निवास करती हैं। इसमें प्रथम उत्तर तथा उत्तर-पूर्व क्षेत्र हैं जिसके अन्तर्गत पश्चिम में शिमला से लेकर पूर्वी जम्मू कश्मीर, हिमाचल प्रदेश, उत्तर प्रदेश का तराई क्षेत्र, पश्चिमी बंगाल, असम, मेघालय, अरुणाचल प्रदेश, नागालैण्ड, मणिपुर, मिजोरम और त्रिपुरा के पहाड़ी क्षेत्र आते हैं। दूसरा मध्य क्षेत्र है जिसके अन्तर्गत पश्चिम बंगाल, बिहार, दक्षिणी उत्तर प्रदेश, मध्य प्रदेश, छत्तीसगढ़, उड़ीसा, राजस्थान, गुजरात एवं महाराष्ट्र के जनजातीय क्षेत्र आते हैं। यह सबसे विस्तृत जनजातीय क्षेत्र है जहां आदिवासियों की 55% आबादी निवास करती है। तीसरा है दक्षिणी क्षेत्र जिसमें आन्ध्र प्रदेश, कर्नाटक, केरल व तमिलनाडु के आदिवासी क्षेत्र आते हैं। बंगाल की खाड़ी में स्थित अंडमान निकोबार द्वीप समूह तथा अरब सागर में स्थित लक्षद्वीप के जनजातीय क्षेत्र इसी के अन्तर्गत आते हैं।

जनजातीय कल्याण हेतु संवैधानिक संस्तुतियां

नवम्बर 1949 को संविधान सभा की बैठक को सम्बोधित करते हुए डॉ. बी.आर. अम्बेडकर ने कहा था-"26 जनवरी, 1950 को हम एक अन्तर्विरोध की जिन्दगी में प्रवेश कर रहे हैं। राजनीति में समानता रखेंगे तथा सामाजिक-आर्थिक स्तर पर हम असमान रहेंगे। इस अन्तर्विरोध को हमें शीघ्रातिशीघ्र दूर करना होगा अन्यथा जो असमानता के शिकार हैं वे लोग हमारी राजनैतिक लोकतान्त्रिक प्रणाली की धज्जियां उड़ा देंगे।"

भारतीय संविधान के 341 एवं 342 अनुच्छेद में असमानता की शिकार जातियों को सूचीबद्ध करके अनुसूचित जाति एवं अनुसूचित जनजाति का दर्जा दिया गया

तथा अनुच्छेद 46 के अन्तर्गत इनके उत्थान के लिए राज्यों को विशेष व्यवस्था करने के लिए कहा गया। भारत में जनजातियों की आबादी सम्पूर्ण आबादी की 7.5% है जो कि विश्व के कई स्वतंत्र देशों के बराबर है। 1950 में भारत सरकार ने 212 जनजाति समूहों को अनुसूचित जनजाति की श्रेणी में रखा था। 1971 तक यह संख्या 427 जनजाति समूह हो गई और अब भी इस सूची में और जनजाति समूहों को सम्मिलित करने की बात चल रही है।

भारतीय संविधान के अन्तर्गत अनुसूचित जनजातियों को प्रदान किए जाने वाले कुछ मुख्य संरक्षण इस प्रकार हैं–

1. अस्पृश्यता तथा इसके किसी भी रूप में प्रचलन का निषेध (अनुच्छेद 17)
2. इन जातियों के शैक्षिक और आर्थिक हितों की रक्षा और सभी प्रकार के शोषण एवं सामाजिक अन्याय से बचाव (अनुच्छेद 46)
3. किसी भी अनुसूचित जनजाति के हित में सभी नागरिकों के स्वतन्त्रतापूर्वक आने, जाने, बसने और सम्पत्ति अर्जित करने के सामान्य अधिकारों में विधि द्वारा कटौती की व्यवस्था (अनुच्छेद 19)
4. राज्य द्वारा पोषित अथवा राज्यनिधि से सहायता पाने वाली किसी शिक्षा संस्थान में प्रवेश पर किसी भी तरह के प्रतिबन्ध का निषेध (अनुच्छेद 29)
5. राज्य के लिए यह अपेक्षित करना कि वह सरकारी सेवाओं में नियुक्तियाँ करने के मामले में अनुसूचित जातियों एवं जनजातियों के दावों को ध्यान में रखे (अनुच्छेद 16 तथा 335)
6. अनुसूचित जातियों एवं अनुसूचित जनजातियों को 25 जनवरी, 1990 तक लोक सभा एवं राज्य विधान सभाओं में विशेष प्रतिनिधित्व देना (अनुच्छेद 330, 332, 334)। इसे संशोधित करके 25 जनवरी, 1990 से 10 वर्ष के लिए बढ़ा दिया गया और इसे पुनः संशोधित करके 25 जनवरी, 2000 से 10 वर्ष के लिए बढ़ा दिया गया है।
7. अनुसूचित जनजातियों के कल्याण व हितों की रक्षा के लिए राज्यों में जनजाति सलाहकार परिषदों तथा पृथक विभागों की स्थापना करना और केन्द्र में एक विशेष अधिकारी नियुक्त करना (अनुच्छेद 164 एवं 338)
8. अनुसूचित जनजाति क्षेत्रों में प्रशासन एवं नियंत्रण के लिए विशेष उपबन्ध (अनुच्छेद 224)
9. मानव-देह व्यापार एवं जबरदस्ती किए गए श्रम का निषेध (अनुच्छेद 23)

10. अनुसूचित जाति एवं अनुसूचित जनजाति क्रूरता निवारक अधिनियम 1989 जो कि 31.1.1990 से लागू किया गया। इसका उद्देश्य इन जातियों के विरुद्ध होने वाले अपराधों को रोकना, उनके प्रति लोगों को निर्भय करना है।

इन जनजातीय संवैधानिक संरक्षणों के बीच उनकी उन्नति किस प्रकार की जाय इस सम्बन्ध में तीन मत हैं। प्रथम मत यह है कि आदिवासियों का उन्नयन उनकी सामाजिक व्यवस्था में बिना किसी परिवर्तनकारी हस्तक्षेप के किया जाए। दूसरा मत ईसाई मिशनरी एवं कतिपय हिन्दू समाज-सुधारकों का है। वे चाहते हैं कि आदिम जातीय समूह अपनी परम्परागत मान्यताओं व जीवन-निधि का मोह छोड़कर ईसाई या हिन्दू समाज के साथ सम्मिलित होकर स्वयं को समायोजित कर अपनी प्रगति का मार्ग प्रशस्त करें। तीसरा मत यह है कि आदिवासियों की सामाजिक एवं सांस्कृतिक परम्पराओं को पूर्ण सम्मान एवं संरक्षण देते हुए उन्हें विकास की मुख्य धारा से जोड़ा जाय। यही मत आदिवासियों के उन्नयन के लिए युक्तिसंगत एवं व्यावहारिक है। नेहरूजी ने इसी मत का समर्थन करते हुए आदिवासियों की प्रगति की योजना में निम्न बातों पर ध्यान आकर्षित किया था–

1. आदिवासियों का विकास उनकी स्वयं की बुद्धि के अनुसार होना चाहिए। हमें कोई भी बात उन पर थोपनी नहीं चाहिए। हमें हर प्रकार से उनकी परम्परागत कलाओं तथा शिल्पों को प्रोत्साहित करना चाहिए।
2. भूमि तथा वनों के सम्बन्ध में आदिवासियों के अधिकारों का सम्मान करना चाहिए।
3. हमें प्रशासन तथा विकास का काम करने के लिए उनके अपने व्यक्तियों को प्रशिक्षित करके उनकी टीम तैयार करने का प्रयास करना चाहिए। निसन्देह बाहर के तकनीकी लोगों की आवश्यकता होगी परन्तु आदिवासी क्षेत्रों में बहुत लोगों की भरमार नहीं करनी चाहिए।
4. हमें इन आदिवासी क्षेत्रों का बहुत अधिक प्रशासन नहीं करना चाहिए या उनके लिए अनेक योजनाएं नहीं प्रारम्भ करनी चाहिए। हमें उनकी सामाजिक सांस्कृतिक संस्थाओं की प्रतिद्वन्द्वी संस्था नहीं खड़ी करनी चाहिए बल्कि उन्हीं की संस्थाओं के माध्यम से कार्य करना चाहिए।
5. हमें परिणामों को आंकड़ों या व्यय किए गए धन के आधार पर नहीं तोलना चाहिए बल्कि मानव की उस गुणवत्ता के आधार पर तोलना चाहिए जो पैदा हुई हो।

विभिन्न पंचवर्षीय योजनाओं में अनुसूचित जाति/अनुसूचित जनजाति के कल्याणार्थ की गई पूंजी निवेश की मात्रा आगे दी गयी है।

अनुसूचित जाति/अनुसूचित जनजाति कल्याण में पूंजी निवेश

योजनाएं	*अवधि*	*व्यय (करोड़ रु. में)*
प्रथम	1951–56	30.04
द्वितीय	1956–61	79.41
तृतीय	1961–66	100.42
तीन वार्षिक योजनाएं	1966–69	68.50
चतुर्थ	1969–74	122.70
पंचम	1974–79	296.19
छठी	1980–85	1337.21
सातवीं	1985–90	1976.22
दो वार्षिक योजनाएं	1990–92	950.20
आठवीं	1992–97	2546.50
नवीं	1997–2002	2990.50

उपर्युक्त प्रदत्तों पर दृष्टि डालने से स्पष्ट होता है कि जनजातीय विकास हेतु किए गए व्यय की मात्रा प्रत्येक योजना में बढ़ती गई है। इसके अतिरिक्त भी केन्द्रीय तथा राज्य सरकारें 'आदिवासी उपयोजना' तथा 'गैर-योजना विकास' पर व्यय करती हैं। अखिल भारतीय स्तर पर अनेक स्वैच्छिक संगठन भी आदिवासी कल्याण कार्यक्रम में संलग्न हैं। परन्तु अब तक के समस्त सरकारी एवं गैर-सरकारी प्रयासों के आकलन से प्राप्त परिणाम घोर निराशाजनक ही रहे हैं। सातवीं पंचवर्षीय योजना में जनजातीय विकास पर विचार करने वाली समिति जनजातीय विकास के सन्दर्भ में अब तक की उपलब्धि को कहीं से संतोषजनक नहीं पाती है। इस समिति की स्वीकारोक्ति है कि बढ़ते बजट व सरकारी व गैर-सरकारी प्रयासों के बावजूद स्थिति बिगड़ी हुई है (योजना, 15 जून, 1986)। इस बिगड़ती स्थिति की गवाह आदिवासियों द्वारा अपनी उपेक्षा तथा शोषण व उत्पीड़न के खिलाफ चलाए जा रहे आन्दोलन भी हैं।

सरकार के निरन्तर किए गए खर्च व प्रयासों के बावजूद आदिवासियों की 85% जनसंख्या गरीबी रेखा के नीचे जीवनयापन कर रही है जबकि राष्ट्रीय औसत 30% ही है।

आदिवासियों की स्थिति को सुधारने का शिक्षा ही एक महत्त्वपूर्ण साधन है परन्तु शिक्षा की सामान्य व्यवस्था से इन क्षेत्रों में शिक्षा-व्यवस्था भिन्न आधार पर होनी चाहिए। कोठारी आयोग का भी विचार है कि, "जनजातीय समूह अलग-

राज्यों की जनसंख्या में जनजातीय जनसंख्या एवं साक्षरता

	जनजातीय जनसंख्या का %	साक्षरता %
लक्षद्वीप	94.51	86.66
मिजोरम	94.46	88.80
नागालैण्ड	89.15	66.59
मेघालय	85.94	62.56
अरुणाचल प्रदेश	64.22	54.34
दादर नगर हवेली	62.24	57.63
मणिपुर	34.20	70.53
छत्तीसगढ़	31.76	64.66
त्रिपुरा	31.05	73.19
झारखण्ड	26.30	53.56
उड़ीसा	22.13	63.08
मध्य प्रदेश	20.27	63.74
सिक्किम	20.60	68.81
गुजरात	14.76	69.14
राजस्थान	12.56	60.41
असम	12.41	63.23
हिमाचल	10.90	76.48
दमनद्वीप	08.85	78.18
महाराष्ट्र	08.85	76.88
जम्मू-कश्मीर	08.20	56.26
अण्डमान	08.27	81.30
आन्ध्र प्रदेश	06.59	60.47
कर्नाटक	06.55	66.64
गोवा	06.04	82.01
पं. बंगाल	05.50	68.64
उत्तरांचल	03.02	71.62
केरल	01.14	90.86
तमिलनाडु	01.04	73.45
बिहार	00.91	47.00
उत्तर प्रदेश	00.06	56.27
पंजाब	Nil	69.65
चंडीगढ़	Nil	81.94
हरियाणा	Nil	67.91
दिल्ली	Nil	81.67
पाण्डिचेरी	Nil	81.24

अलग स्थानों पर भिन्न-भिन्न सांस्कृतिक एवं आर्थिक प्रगति के उपादानों पर हैं इसलिए इसके अलग-अलग समूहों को नजदीक से ध्यानपूर्वक निरीक्षण की आवश्यकता है। उसी निरीक्षण के आधार पर ही इनके लिए विद्यालय एवं शैक्षिक कार्यक्रम निश्चित किए जाने चाहिए।''

राज्यों की जनसंख्या में जनजातीय जनसंख्या का अनुपात व उस राज्य की साक्षरता प्रतिशत प्रदर्शित करने वाली उपर्युक्त तालिका से यह स्पष्ट होता है कि लक्षद्वीप, मिजोरम, नागालैण्ड, मेघालय, अरुणाचल प्रदेश, दादर नगर हवेली आदि ऐसे प्रान्त व केन्द्र शासित प्रदेश हैं जहां 62% से ऊपर जनजातीय जनसंख्या है। फलत: वहां की राजनैतिक शक्ति में उस जनसंख्या का पूरा-पूरा हाथ या भागीदारी रहती है अत: यह वर्ग उपेक्षित नहीं रहता। लक्षद्वीप, मिजोरम, नागालैण्ड, मेघालय में तो साक्षरता का प्रतिशत भी 62 से ऊपर है। परन्तु छत्तीसगढ़, झारखण्ड, मध्यप्रदेश, उड़ीसा आदि ऐसे राज्य हैं जहां जनजातीय वर्ग उपेक्षित है। वहां सरकारें इस वर्ग का उतना ध्यान नहीं रख पातीं, जितना कि होना चाहिए।

शिक्षा की सुनिश्चित और प्रभावी योजनाओं की सफलता शिक्षक पर निर्भर है जो इस प्रक्रिया का संवाहक है। जनजातीय क्षेत्रों में शिक्षक की भूमिका और भी अधिक महत्त्वपूर्ण हो जाती है। इसलिए जनजातीय क्षेत्रों में शिक्षक-प्रशिक्षण व्यवस्था विशेष प्रकार की होनी चाहिए जो कि जनजातीय समूहों की संस्कृति, परम्पराओं, विचारों, कार्यकलापों व उनकी अपेक्षाओं से उन्हें अवगत कराए। शिक्षक में इन समूहों के प्रति संवेदनशीलता विकसित करे जिससे शिक्षक आत्मीयता से उन्हें शिक्षित कर उनमें अपनी वर्तमान स्थिति से ऊपर उठने की ललक विकसित कर सके।

जनजातीय क्षेत्रों में यदि शिक्षक शिक्षा के परिदृश्य पर दृष्टिपात करें तो ज्ञात होता है कि सभी राज्यों में शिक्षक शिक्षा कार्यक्रम थोड़ी-बहुत भिन्नता रखते हुए लगभग समान ही है। शिक्षक शिक्षा प्रमुख तीन स्तरों से सम्बन्धित है–प्राइमरी, मिडिल तथा हायर सैकेन्डरी। सभी स्तरों पर सरकार द्वारा संचालित व प्राइवेट संस्थाएं चल रही हैं जो सरकार से सहायता प्राप्त करती हैं। सेवा कालीन व पूर्व सेवा कालीन शिक्षक शिक्षा की व्यवस्था है।

प्राइमरी स्तर पर– एक वर्षीय जूनियर टीचर ट्रेनिंग सर्टीफिकेट कोर्स JTTC है जो बेसिक ट्रेनिंग इन्स्टीट्यूट या बेसिक ट्रेनिंग सेन्टर द्वारा प्रदान किए जाते हैं। इस स्तर पर सेवाकालीन व पूर्व सेवाकालीन शिक्षक-प्रशिक्षण दिया जाता है। परन्तु अधिकांश राज्यों में बल सेवाकालीन प्रशिक्षण पर ही अधिक है। DIET (District Institutes of Educational Training) व SCERT भी इस क्षेत्र में प्रशिक्षण का कार्य कर रही हैं। अलग-अलग राज्यों में बेसिक ट्रेनिंग सेन्टर के

प्रशिक्षणार्थियों के प्रवेश की क्षमता भिन्न-भिन्न है। जैसे नागालैण्ड में सौ है तो मेघालय में पचास।

मिडिल या अपर प्राइमरी स्तर पर कुछ राज्यों में जैसे मेघालय में नार्मल ट्रेनिंग स्कूल (NTS) हैं जो 2 वर्ष का शिक्षक-प्रशिक्षण कोर्स देते हैं। विभागीय अपर प्राइमरी या मिडिल स्कूल अप्रशिक्षित शिक्षकों को प्रशिक्षित करते हैं।

सैकेन्डरी स्तर पर शिक्षक-प्रशिक्षण हेतु बी.एड. का कोर्स है जो एक वर्षीय पाठ्यक्रम है। यह सेवाकालीन तथा पूर्व सेवाकालीन दोनों प्रकार के शिक्षकों के लिए है। DIET व SCERT भी सैकेन्डरी स्तर के विद्यालयों के शिक्षकों हेतु लम्बे व कम समय के सेवाकालीन प्रशिक्षण कोर्स की व्यवस्था करती हैं। हिन्दी शिक्षक शिक्षा संस्थान-मिडिल व हाईस्कूल अप्रशिक्षित हिन्दी शिक्षकों के लिए एक वर्ष का ब्रिज कोर्स चलाते हैं। केन्द्रीय हिन्दी संस्थान इसका पाठ्यक्रम बनाता है। एन.सी.ई.आर.टी. के सहयोग से भी कुछ प्रशिक्षण कार्यक्रम चलाए जाते हैं। जनजातीय क्षेत्रों में यह पाया गया है कि विद्यालयों में प्रशिक्षित की अपेक्षा अप्रशिक्षित शिक्षक अधिक हैं। यद्यपि निरन्तर प्रयास से यह अन्तर कम हो रहा है। सेवा पूर्व प्रशिक्षण की अपेक्षा सेवाकालीन प्रशिक्षण पर अधिक बल है ताकि जो अप्रशिक्षित शिक्षक शिक्षण कर रहे हैं उनकी गुणवत्ता को बढ़ाया जा सके। परन्तु जब सेवाकालीन प्रशिक्षण कार्यक्रम की व्यवस्था की जाती है तो यह पाया जाता है कि शिक्षकों की संतोषप्रद उपस्थिति नहीं होती है अर्थात् जितने लोगों को बुलाया जाता है और प्रशिक्षित करने का लक्ष्य रखा जाता है उतने लोग उपस्थित नहीं होते हैं। यह समस्या योजना को कड़ाई से प्रशासनिक मशीन द्वारा लागू करने की असफलता के कारण है। दोषी शिक्षक के विरुद्ध कोई भी प्रभावपूर्ण कदम प्रधानाध्यापक या अन्य अधिकारी द्वारा नहीं उठाया जाता है। इससे अप्रशिक्षित अध्यापक अयोग्यता के साथ ही पढ़ाते रहते हैं। इसके कई कारण हैं–

1. शिक्षक के व्यक्तिगत कारण,
2. न्यूनतम भौतिक सुविधाओं की अनुपलब्धता,
3. प्रशिक्षण के दौरान प्रशिक्षणार्थियों को अपर्याप्त वित्तीय सहयोग।

सेवाकालीन प्रशिक्षण में एक मुख्य समस्या यह है कि DIET व SCERT प्रशिक्षणार्थियों को पर्याप्त आवास की सुविधा नहीं देते हैं। शिक्षक को यात्रा भत्ता, महंगाई भत्ता के रूप में जो कुछ मिलता है उससे अधिक उसे व्यय करना पड़ जाता है। प्रशिक्षण कार्यक्रमों के आयोजक कार्यक्रम बनाते समय शिक्षक की वैयक्तिक आवश्यकताओं को ध्यान में नहीं रखते हैं। शिक्षक को प्रशिक्षण की ओर आकर्षित करने के लिए सरकार एक वेतन-वृद्धि का प्रेरक प्रस्तुत कर आकर्षण को बढ़ा सकती है।

प्रारम्भिक स्तर पर राज्य सरकारें शिक्षक-प्रशिक्षण कार्यक्रमों के लिए पर्याप्त बजट दे रही हैं जिससे शिक्षा के स्तर को बढ़ाया जा सके। सरकार पूर्णकालीन शिक्षक-प्रशिक्षण सुविधा देने के साथ-साथ अभिस्थापन कार्यक्रम, सेमिनार, कार्यशालाओं का आयोजन कर रही हैं जिससे शिक्षकों को अनुदेशन की नवीन तकनीकों व पाठ्य-वस्तु से परिचित कराया जा सके। परन्तु इसका प्रभाव कक्षा-शिक्षण पर प्रभावी नहीं है और ग्रामीण अंचल में तो चित्र बड़ा ही धूमिल है क्योंकि शिक्षकों की औसतन कमजोरी है कि उनकी सामान्य शिक्षा स्तर से बहुत नीचे है इसलिए जो प्रशिक्षण उन्हें दिया जाता है वे उससे लाभान्वित नहीं होते हैं।

कई राज्यों में यह देखा गया कि सरकारी ट्रेनिंग संस्थाओं की दशा अच्छी नहीं है। हॉस्टल सुविधाओं की कमी है, प्रयोगशाला, संयंत्र, फर्नीचर और प्रशिक्षण सामग्री की कमी है। प्राइवेट प्रशिक्षण केन्द्रों पर भवन, फर्नीचर, प्रयोगशाला, खेल के मैदान स्तरीय नहीं हैं फिर भी साफ हैं, ठीक से व्यवस्थित हैं और उनका अधिकतम प्रयोग किया जाता है।

सेवाकालीन प्रशिक्षण पर अधिक बल देने से अप्रशिक्षित शिक्षकों का बैकलॉग बढ़ता जाता है क्योंकि उनमें प्रशिक्षणार्थियों की एक निश्चित कम संख्या ही ली जाती है तब तक नये नियुक्त अप्रशिक्षित शिक्षक प्रशिक्षण के लिए तैयार हो जाते हैं।

इन क्षेत्रों में शिक्षक प्रशिक्षकों से उनकी स्थिति के विषय में प्रश्न किए गए तो उत्तर मिला कि उन्हें अपने ज्ञान, कौशल व अभिवृत्ति पर निर्भर रहना पड़ता है जो कि पुराना है जबकि उन्हें परिवर्तन के साथ चलने की आवश्यकता है।

आधुनिकतम तकनीकी, कौशल व प्रभावी कक्षा अनुदेश के साथ-साथ शिक्षकों को सामाजिक आवश्यकताओं को समझने, मूल्यों व नेतृत्व-गुणों से युक्त होने की आवश्यकता है जिससे वे अभिभावकों, समाज और बालकों के पूर्ण विकास से सम्बन्धित सभी प्रकार की परिस्थितियों से निपट सकें।

बहुत-सी शिक्षक-प्रशिक्षण संस्थाओं में पुस्तकों, पत्र व पत्रिकाओं का नवीनतम संग्रह नहीं होता है। साथ हो स्थानीय व बोधनीय भाषा में प्रशिक्षणार्थियों के लिए स्वयं अध्ययन हेतु सामग्री का अभाव पाया जाता है।

अधिकांश प्रशिक्षणार्थियों में तत्परता, त्याग, गत्यात्मकता. रुचि एवं सांवेगिक समायोजन की आवश्यकता होती है जिससे कि वे परिवर्तन के साथ समायोजन कर सकें और सामाजिक पिछड़े क्षेत्रों से आने वालों के साथ समुचित व्यवहार कर सकें। अध्यापकों को परिवर्तन का प्रभावी अभिकर्त्ता बनाना है।

कुछ राज्यों में प्रारम्भिक स्तर के शिक्षक-प्रशिक्षण में जितने स्थान निश्चित हैं वे पूरे नहीं भरते हैं। जितने भरते हैं उनमें से कुछ परीक्षा में सम्मिलित नहीं होते हैं।

जनजातीय क्षेत्रों में शिक्षा के समक्ष चुनौती है कि शिक्षा को आदिवासी समूह की आवश्यकताओं व आकांक्षाओं को पूर्ण करने का साधन बनाना है। इसके लिए सेवाकालीन शिक्षक शिक्षा में प्रशिक्षणार्थियों को वहां के जनजातीय समूह की आवश्यकताओं, आकांक्षाओं, जीवन-मूल्यों से पूर्ण परिचित कराया जाय। शिक्षा को उत्पादकता से जोड़ने की जानकारी दी जाय। यदि शिक्षक उत्पादकता के ढंगों से परिचित होकर बालकों को शिक्षित करेंगे तो वहां के बालकों व अभिभावकों की शिक्षा के प्रति रुचि जाग्रत होगी। जनजातीय क्षेत्रों में उपलब्ध प्राकृतिक संसाधनों से किस प्रकार उत्पादकता बढ़ाई जा सकती है शिक्षकों को इस बात की ट्रेनिंग दी जाय। शिक्षकों को यह ज्ञान कराया जाय कि वहां पाये जाने वाले प्राकृतिक खाद्य-पदार्थों से कैसे सन्तुलित आहार बनाया जा सकता है तब ही वह शिक्षक बालकों को यह जानकारी दे सकेगा और नवीन आधुनिक व्यंजनों की अपेक्षा वहां प्रचुरता में पाये जाने वाले स्थानीय वन उत्पादों एवं पदार्थों से नवीन व्यंजन बनाने का प्रशिक्षण दे सकेगा तभी लोग शिक्षा को जीवन से जुड़ा पाएंगे। पुस्तकीय व सैद्धांतिक ज्ञान की अपेक्षा व्यावहारिक ज्ञान दिया जाय जिससे आदिवासियों में उत्पादकता बढ़ाने, जीवन को समुन्नत बनाने की चाह विकसित हो। इनके शिक्षक प्रशिक्षण विषय-वस्तु में आदिवासी क्षेत्र के कला व शिल्प को शामिल किया जाय, उसमें नवीन आधुनिक डिजाइनों का समावेश हो।

जनजातीय क्षेत्रों में ऐसे शिक्षकों की आवश्यकता है जो उनके विकास के लिए उनकी स्थिति में सुधार के लिए संकल्पित हो और अपनी सहयोगी अभिवृत्ति रखकर विकास कार्यक्रमों में सहभागिता रखें। सामान्यतः शिक्षक विकास के प्रति जागरुक नहीं होते, उनमें उन लोगों के लिए कुछ करने की अभिवृत्ति का अभाव पाया जाता है। अतः शिक्षक-प्रशिक्षण कार्यक्रम द्वारा शिक्षकों में नैतिक व सामाजिक दायित्व के भाव को जाग्रत करना होगा, उनमें मिशनरी इच्छा व समर्पण का प्रादुर्भाव करना होगा। इन क्षेत्रों में विघटनकारी प्रवृत्तियां बढ़ रही हैं। कई जनजातीय बहुल राज्यों में उपद्रव व आन्दोलन बढ़ रहे हैं जैसे नक्सलवाद। लोगों में असुरक्षा का भाव है। इसके अनेक सामाजिक व राजनैतिक कारण हैं जिन्होंने लोगों के मन में अविश्वास को बढ़ावा दिया है। परन्तु शिक्षक यदि उस समाज से जुड़े, उसका विश्वास हासिल करे तो एकत्व का भाव जाग्रत कर विघटन व उपद्रवी ताकतों को कमजोर कर सकता है।

आदिवासियों के प्रति सम्मान का भाव, उनकी क्षमताओं में विश्वास अति आवश्यक है। आधुनिक सभ्यता के प्रतिनिधि उन्हें निम्न कोटि का न मानें। अतः वह ज्ञान उन्हें दिया जाय जो उनके लिए प्रासंगिक हों, वास्तविक परिस्थितियों से मेल खाता हो। परन्तु शिक्षक इस बात का ध्यान तभी रख सकता है जब प्रशिक्षण

के समय इस ओर ध्यान आकर्षित किया जाय। आदिवासियों का अपना एक गौरव पूर्ण इतिहास है। उन्हें उससे परिचित कराया जाय। नई पीढ़ी को उससे अनभिज्ञ न रखा जाय। आज भी गैर-आदिवासी शिक्षक का मूल निवासियों के प्रति तिरस्कार का रवैया है। ग्रामीण, निर्धन, खेतिहर श्रमिक व बंधक श्रमिकों को साक्षर बनाने से पूर्व उनके समूचे जीवन सन्दर्भ को समझना होगा, उनकी मानसिकता को समझना होगा और अक्षरों के माध्यम से उनमें परिवर्तनवादी दृष्टिकोण विकसित करना होगा तभी वर्तमान यथार्थ में परिवर्तन लाया जा सकता है।

कई अध्ययनों में पाया गया है कि जो समाजसेवी संस्थाएं आदिवासियों को शिक्षा के महत्त्व से अवगत कराकर बच्चों का नामांकन बढ़ाने के लिए अधिक प्रेरित कर लेती हैं उनकी शैक्षिक भागीदारी अधिक होती है। 'आश्रम स्कूलों और आदिवासी बच्चों की शिक्षा-कर्नाटक में सामाजिक अध्ययन' में दास, नायडू एवं श्रीधर ने पाया कि आश्रम स्कूलों का आदिवासी बालकों की आकांक्षाओं को उच्च बनाने में गहरा प्रभाव पड़ा। वे बच्चे अभिभावकों की प्रेरणा के अभाव से बहुत कमी अनुभव करते थे, आश्रम में पढ़ने वाले 72.59 प्रतिशत शिक्षा के प्रति सकारात्मक अभिवृत्ति रखते थे। 74.84% का मानना था कि गरीबी सबसे बड़ी समस्या है।

अपनी आज की औपचारिक शिक्षा का आयोजन हम वर्तमान विकसित आर्थिक अवस्था के आधार पर ही कर रहे हैं, जब कि हमारा आदिवासी समाज आज भी वनोपज, पशुपालन, शारीरिक श्रम एवं कुछ छोटी-मोटी खेती पर निर्भर है। यह उनका दुर्भाय है कि शिक्षा के अभिजात आयोजक वर्तमान शिक्षा द्वारा एक ही लम्बी छलाँग में उनको लाकर अपने बराबर खड़े करना चाहते हैं। ऐसी लम्बी छलाँग उनके लिए दुरूह एवं असम्भव है। औपचारिक शिक्षा-पद्धति की अपेक्षा अनौपचारिक शिक्षा इनके लिए अधिक लाभप्रद सिद्ध हो सकती है। औपचारिक शिक्षा-पद्धति की सबसे बड़ी कमी यह है कि कोई बच्चा यदि विद्यालय में प्रवेश न ले पाये या बीच में अध्ययन से बाहर निकल जाए तो ऐसे बच्चे को यह प्रणाली न तो दुबारा अवसर देती है न ही कोई सहायता। इनके लिए तो अनौपचारिक शिक्षा केन्द्र, आश्रम-पद्धति के विद्यालय एवं प्रायोगिक कार्यों के केन्द्र अधिक लाभदायक होंगे। इनकी सारी शिक्षा का आयोजन कार्योन्मुखी हो न कि नौकरीपरक। अतः शिक्षक शिक्षा में इस बात को ध्यान में रखकर परिवर्तन किया जाय।

जनजातीय वर्ग कुरीतियों में जकड़ा हुआ है। केन्द्र व राज्य सरकारों द्वारा समय-समय पर विभिन्न शैक्षिक योजनाओं का क्रियान्वयन जनजातियों की शैक्षिक रूप से पिछड़ी स्थिति को देखते हुए पर्याप्त नहीं है। रूढ़िवादिता में जकड़ी हुई जनजातियों में जागरुकता लाने की आवश्यकता है। इसके लिए राज्य सरकार को

ग्राम पंचायत स्तर पर प्रत्येक गाँव-गाँव शिक्षा के महत्त्व को समझाना है ताकि वे रुढ़िवादी परम्परा से मुक्त होकर स्वयं को विकास की मुख्य धारा से जोड़ सकें। इसके लिए ग्राम पंचायतों को टी.वी. प्रदान किये जायें जिस पर प्रसारित कार्यक्रमों से आदिवासियों में परिवर्तन की लालसा जगे।

बहुत से जनजातीय समाज सरकार की ओर से अनुसूचित जनजाति का स्पष्ट दर्जा प्राप्त करने के बाद भी समाज में उन्नति के मार्ग से बिल्कुल अलग-थलग हैं। संविधान सम्भव अधिकारों के दिए जाने के उपरान्त भी वे विकास की मुख्य धारा से कोसों दूर हैं। अतः उनके शैक्षिक पिछड़ेपन को दूर किया जाना आवश्यक है। इसके लिए गहन कार्यक्रम की आवश्यकता है, आश्रम-पद्धति के विद्यालय व समर्पित अध्यापकों की आवश्यकता है। बालिकाओं में शैक्षिक जागरुकता सम्बन्धी कार्यक्रम युद्ध स्तर पर चलाए जाएं।

विभिन्न सर्वेक्षणों के दौरान देखा गया कि जनजातियां प्रायः मुख्य ग्राम से हटकर जंगलों, पहाड़ों के बीच बसती हैं। इनके बीच विकास के साधन जैसे सड़क मार्ग, यातायात एवं संचार के साधन, विद्युत व्यवस्था, चिकित्सालय आदि की अत्यधिक कमी है। इन स्थलों पर विद्यालय खोल दिए जाएं तो अध्यापक माह में कुछ ही दिन आ पाता है क्योंकि उन सुदूर स्थानों पर वह निवांस नहीं कर पाता और यातायात के साधनों की कमी तथा असुविधा के कारण वहां शिक्षण हेतु कम ही आ पाता है तो स्वाभाविक रूप से बच्चों की शैक्षिक भागीदारी भी कम होगी। अतः ऐसे स्थलों पर आधुनिक तकनीकी का प्रयोग कर सोलर शक्ति से संचालित टेलीविजन प्रदान किए जायें जिन पर जनजातीय भाषाओं में कार्यक्रम दिए जाएं जिससे आधुनिक ज्ञान उन तक पहुंचे और आदिवासी लाभान्वित हो सकें। इस क्षेत्रों में नैनोतकनीकी का प्रयोग किया जा सकता है जिसमें बैटरी से उपकरण चलाए जा सकते हैं तथा विद्युत शक्ति का अत्यल्प लगभग 1 प्रतिशत ही उसमें उपभोग होता है। विद्युत शक्ति के अन्य गैर पारम्परिक आधुनिक स्रोतों का भी प्रयोग किया जा सकता है जो बहुत सस्ते होते हैं।

आज के इस तकनीकी युग में हम लोगों को दूरस्थ क्षेत्रों में अलग-थलग नहीं रख सकते। तकनीक की पहुँच संसार के कोने-कोने में है इसलिए तकनीकी ने लोगों को जोड़कर व प्रभावित करके विश्व को एक वैश्विक गांव में परिवर्तित कर दिया है। हमारे जीवन तकनीकी से प्रभावित हैं और जाने-अनजाने हम तकनीकी का प्रयोग कर लाभान्वित होते हैं, विकास की मुख्य धारा में जुड़ते हैं।

आदिवासी क्षेत्रों में तकनीकी का प्रयोग करके वहां के लोगों को कम्प्यूटर, इन्टरनेट, मोबाइल के सम्पर्क में लाया जा सकता है। तकनीकी के माध्यम से आदिवासियों की विशिष्टताओं को संरक्षित किया जा सकता है व परम्परागत ज्ञान

के अनेक क्षेत्रों को और सशक्त बनाया जा सकता है। उन्हें (वैश्विक) बाजार के प्रति उन्मुख किया जा सकता है। साथ ही अन्य नवीन क्षेत्रों की खोज भी की जा सकती है। ज्ञानी समाज मुख्य धारा के लोगों को भी लाभ प्रदान करता है तो मुख्य धारा से अलग रह रहे लोगों को भी लाभान्वित करता है। अत: इस क्षेत्र में केवल सरकारी प्रयासों पर ही निर्भर न रहकर गैर-सरकारी संस्थाओं, सरकारी संस्थाओं, शिक्षा विभागों, आदिवासी क्षेत्रों के पंचायत अध्यक्षों या समूह अध्यक्षों, सभी को मिलकर आदिवासियों को शिक्षित करके मुख्य धारा में लाने व तकनीकी का प्रयोगकर्त्ता बनाने में नेतृत्व प्रदान करना होगा। साथ ही मूल धारा से जुड़े आदिवासी मूल के अभिजात वर्ग से भी सहयोग की अपेक्षा है।

सन्दर्भ सूची

1. राव, बी.एस., 'द फ्रेमिंग ऑफ इण्डियन कान्स्टीट्यूशन—सलेक्ट डाक्यूमैन्टस', भाग 1, नई दिल्ली, 1968, पृ. सं. 944-945।
2. 'भारत का संविधान', अनुच्छेद 46, 341, 342।
3. वैरियर, एल्विन, 'न्यू डील ऑफ ट्रायबल इण्डिया', मिनिस्ट्री ऑफ होम अफेयर्स, नई दिल्ली, 1963, पृ. 51।
4. दूबे, एस. सी., 'ट्राइबल हैरिटेज ऑफ इंडिया', विकास, बम्बई, 1977, पृ. 2।
5. हसनैन, नदीम, 'जनजातीय भारत', जवाहर पब्लिशर्स, नई दिल्ली, 1997, पृ. 538।
6. वैरियर, एल्विन, 'डू वी रियली वान्ट टू कीप दैम इन ए जू', जवाहर लाल नेहरू कृत दी आदिवासी में संकलित, सूचना एवं प्रसारण मंत्रालय, भारत सरकार, नई दिल्ली, 1956, पृ. 6।
7. 'योजना', सूचना एवं प्रसारण मंत्रालय, नई दिल्ली, 15 जून, 1976।
8. कोठारी शिक्षा आयोग, नई दिल्ली, 1966, पृ. सं. 159।
9. भारत 2005, 2006, 2007, 2008
10. विभिन्न वैबसाइट

प्रज्ञ समाज के परिप्रेक्ष्य में कला शिक्षक

रेखा कक्कड़

सामाजिक विकास की सरिता के मूल स्रोत शिक्षक ही हैं फिर चाहे वह कला के हों, संगीत के हों अथवा फिर अन्य किसी विषय के। कला जीवन का नवनीत है, जो शुष्क विषयों को भी ग्राह्य बना देता है। आत्मा-परमात्मा, जीव-जगत जैसे गंभीर विषयों को भी छात्रों की तूलिका विभिन्न माध्यमों से साकार कर देती है। यह रंगों का प्रयोग, प्रतीकों का अर्थ, रेखा, रंग, रूप, आकार का ज्ञान कलाकार शिक्षक ही तो देता है। जीवन और जगत की कुरूपता व असंगतियों को अस्वीकार करते हुए सुन्दर सामंजस्य पूर्ण तथा आनन्दमय चित्रों की रचना कलाकार की परिष्कृत रुचि, गंभीर विचार, अभिनव कल्पना तथा दार्शनिक मनोवृत्ति को व्यक्त करते हैं। शिष्यों द्वारा रचित ऐसे चित्र वे दर्शकों को देते हैं जिसकी समाज को आवश्यकता है। ज्ञान की उच्च सीढ़ी पर प्रतिष्ठित शिक्षक ही विश्व को प्रकाशित करते हैं चाहे वह भारत हो, मिस्र हो या फिर यूनान अथवा कोई भी देश। आन्तरिक शक्ति उन्हें अपना ज्ञान समाज के अन्य लोगों के साथ बांटने के लिए प्रेरित करती है।

ज्ञान अभी तक के कोष में केवल जोड़ मात्र ही नहीं वरन् सत्य की, मूल की अनवरत खोज है। संगीत के बारे में प्लेटो का विचार कला पर भी लागू होता है। सत्य है–It is the direct disposition of soul. यह बुद्धि का निरन्तर नवीनीकरण एवं सृजनात्मक यात्रा है, (a constant renewal of the mind, a creative venture.)

मानव के रूप में शिक्षक तथा व्यवसाय के रूप में शिक्षण-कार्य संसार में सर्वोच्च समझे जाते हैं। श्री एस. बाल कृष्ण जोशी ने लिखा है, "वह मनुष्य सौभाग्यशाली है जो शिक्षक है। उससे दुगुना सौभाग्यशाली वह है जिसने हमारे इस महान देश में शिक्षक का जन्म लिया है जहां गुरु के प्रति प्रेम-सम्मान व्यक्त किया गया है और उसे देवताओं की श्रेणी में रखा गया है, जहां राजा और रंक ने उनके प्रति श्रद्धा व्यक्त करने में परस्पर स्पर्धा की है। उससे तिगुना सौभाग्यशाली वह है

जो देश में इस भव्य उषाकाल में शिक्षक है जो अद्वितीय प्रगति एवं वैभव की संभावनाओं से अलौकिक है।'' भूतपूर्व शिक्षामंत्री एम.सी. छागला के अनुसार, ''प्रशिक्षित व योग्य अध्यापकों की सहायता के बिना कोई भी शिक्षा क्रम उन्नति नहीं कर सकता। योग्य अध्यापकों का देश एक उज्ज्वल भविष्य का देश है।''

कला सृजन के प्रागैतिहासिक काल में जहां मानव ने स्वतंत्र रूप तथा स्वांतः सुखाय की दृष्टि से कला सृजन किया तो सभ्यता-काल तक आते-आते निष्णात कलाकार के रूप में गुरु की अवधारणा थी। गुरु की अवधारणा ने गुरु-शिष्य परम्परा को विकसित किया जिसमें गुरु ने अपने शिष्य को कला के गूढ़ रहस्यों के साथ-साथ समाज में वर्षों से चली आ रही परम्परा एवं विश्वासों से परिचय करवाया। कला निश्चय ही विषय और भावना से चित्रांकन तक की लम्बी यात्रा है जिसकी अभिव्यक्ति में चित्रकार को अपनी मातृभूमि, संस्कार, मनोवृत्ति एवं नूतन शिल्प का सम्बल लेना होता है। वह विषय की परिकल्पना कर उसे फलक पर सृजित करता है जिसमें उसे अध्ययन, अभ्यास, प्रयोगधर्मिता और साधना की आवश्यकता होती है।

पिछले दशकों से कला में क्रांतिकारी परिवर्तन आये हैं। राजकीय या सम्पन्न अधिष्ठाताओं के द्वारा स्थापित संस्थाओं की आवश्यकता हुई और इसलिए बीसवीं सदी में कला महाविद्यालयों की स्थापना की गई। कला महाविद्यालयों (स्कूल ऑफ आर्ट्स) का उद्देश्य कला विषयक व्यावहारिक ज्ञान प्रदान कर कला की शिक्षा देना था जिनमें प्रायः परम्परागत शैलियों के आधार पर कला के प्रयोगात्मक पक्ष पर ही अधिक बल दिया जाता था। इसका उद्देश्य यह था कि यहां से निकला छात्र वास्तविक अर्थों में एक कलाकार कहला सके, लेकिन शिक्षा के विस्तृत सैद्धान्तिक ज्ञान की अनिवार्यता नहीं थी जिसके कारण कलाकार को शिक्षा के क्षेत्र में कला शिक्षक बनने में कठिनाइयों के दौर से गुजरना पड़ता था। धीरे-धीरे कला शिक्षण के दो प्रमुख केन्द्र बने। एक वे महाविद्यालय जिनमें प्राचीन परिपाटी के अनुसार शिक्षा-दीक्षा दी जा रही है तथा दूसरे विश्वविद्यालय जहां कला में स्नातकोत्तर डिग्री प्रदान की जाती है। प्रारम्भ से लेकर वर्तमान समय तक शिक्षण संस्थाओं का एकमात्र उद्देश्य कलाकार को प्रशिक्षण देना रहा है। आज शोध-कार्य, कार्यशालाओं का आयोजन, सेमिनार, कान्फ्रेंस, दृश्य-श्रव्य माध्यमों द्वारा समसामयिक कला के बारे में जानकारी इत्यादि द्वारा इस दिशा में लगभग सभी शिक्षण संस्थान आगे बढ़ते नजर आते हैं।

समाज के सामान्य जन में कला के प्रति जागरुकता लाने का प्रयास कला महाविद्यालयों, शिक्षण संस्थाओं और कला शिक्षकों द्वारा ही संभव है। हालांकि

कला एक जन्मजात प्रतिभा होती है उसे शिक्षा की आवश्यकता नहीं होती, परन्तु वह 'गॉड गिफ्टेड' व्यक्ति समाज में स्वतंत्र कलाकार होता है। वह स्वांतः सुखाय रचना करता है जबकि हमें शिक्षण संस्थाओं में कलाकार शिक्षक की आवश्यकता होती है। देश की धरोहर, संस्कृति, धर्म, इतिहास इत्यादि को साहित्य-संगीत-कला के द्वारा ही समाज में प्रस्तुत किया जा सकता है। ये माध्यम बच्चों से लेकर बड़ों तक के मस्तिष्क में अमिट छाप छोड़ते हैं। विश्व के कोने-कोने की प्रत्येक स्थान, बात, घटना को इन माध्यमों से दर्शाया जाता है और कला प्रचलित मान्यताओं को स्वीकार करती हुई आगे बढ़ती जाती है किन्तु विचारशील एवं सजग शिक्षक उन मान्यताओं में नये आयाम जोड़कर एक नयी दिशा एवं नये मूल्यों की ओर समाज को ले जाना चाहते हैं। आधुनिकता की होड़ में नवीन प्रयोग कला के पर्याय बनते जा रहे हैं। आधुनिकता को यदि सही रूप में ग्रहण किया जाये तो कला नवीन दिशायें खोजने एवं मौलिक सृजनात्मकता के माध्यम से समाज को नयी चेतना प्रदान कर उसे उन्नति के पथ पर अग्रसर करना ही है। चित्रकला में भी इन प्रयोगों हेतु प्रतीकों, टेक्चर्स आदि के अतिरिक्त रचना के नये संसाधन खोजे गये। आज चित्र डिजिटल युग में आ गये हैं। चित्रों की रचना में कलाकार के हाथों की जगह कम्प्यूटर ने ली है। चित्र शिलाओं से चलकर कम्प्यूटर स्क्रीन तक पहुंच गये।[1] जैसे-जैसे अन्तर्राष्ट्रीय प्रदर्शनों के अवसर बढ़े एवं त्रिनाले जैसे आयोजनों से भारतीय कलाकारों में भी जोश आया और चित्रकला की विभिन्न तकनीकों यथा-प्रिन्टमेकिंग-एचिंग, इनग्रेविंग, मिश्रित माध्यमों, इन्स्टॉलेशन एवं वीडियो आर्ट, कम्प्यूटर डिजिटल आर्ट में प्रयोग कर वे समाज में नयी क्रान्ति ले आये। यह क्रान्ति कलाकार की व्यक्तिगत कला में सीमित न रहकर महाविद्यालयों के कला-शिक्षक के द्वारा कला विषय के रूप में उत्तरोत्तर स्थापित हो रही है।

यदि हम कलाकारों की रचनाओं पर दृष्टि डालें तो देखते हैं कि मिक्स मीडिया कोलाज़ के रूप में प्रारम्भ होकर विस्तार पा रहा है। कलाकार अपने कार्य में रिलीफ वर्क, मैटल, लकड़ी, प्लाई के टुकड़े, शीशी के ढक्कन, दवाओं के कैप्स्यूल, जूट, लाख, बुरादा तथा अन्य वेस्ट मैटीरियल से रचना कर जो त्रिआयामी प्रभाव उत्पन्न करते हैं वह वास्तव में, समाज के उस वर्ग जो कला का ए.बी.सी.डी. भी नहीं जानते, को भी देर तक उसे देखने, समझने और आनन्द लेते के लिए बरबस खींच लेता है। ऐसे प्रमुख चित्रकारों के चित्रों ने समाज को लुभाया है और वे प्रसिद्धि के उच्चतम शिखर पर पहुंच चुके हैं। शान्ति दवे ने टेक्सचर में, सतीश गुजराल ने आकृतियों में लकड़ी, कपड़े एवं रंगों का प्रयोग, जे. राम पटेल, विनोद शाह ने लकड़ी को जलाकर अधिक मात्रा में धुआं देकर कृतियों की रचना की है। मृणालिनी

मुखर्जी ने जूट के कल्पनात्मक आकारों को अपनी कृति में स्थान दिया है।[2] जहां आधुनिक कला में 20वीं सदी का प्रारम्भ रचनात्मक क्रान्ति से जुड़ा रहा, वहीं सदी के अन्तिम दौर तक आते-आते चित्रकला के क्षेत्र में अन्तर्राष्ट्रीय स्तर पर इन्स्टॉलेशन कला समाज में नया रूप लेकर आयी। भारत में नौवीं त्रैवार्षिकी के माध्यम से इन्स्टॉलेशन कला की अभिव्यक्ति देखने को मिली। यह कला जनकला का एक सशक्त माध्यम है। इसमें नष्ट किये जाने वाले पदार्थ जैसे–मशीन के पुर्जे, प्रिंटिंग प्रेस की वेस्ट जिंकशीट्स, कार, मोटर के पार्ट्स, स्टैपनी, पहिया कुछ भी ऐसी चीजों से नये प्रयोग कर नये विचार कलाकार छात्रों के सम्मुख प्रस्तुत करता है। सन् 1990 में नेकचन्द ने चंडीगढ़ में व्यर्थ की वस्तुओं से रॉक गार्डन का निर्माण किया था। उनका यह इन्स्टॉलेशन स्थिर है[3] और समाज के व्यक्ति वहां जाकर इस कला को देख आनन्दित होते हैं। प्रतिष्ठित चित्रकारों में एम.एफ. हुसैन, अंजली इला मेनन, विवान सुन्दरम्, नये कलाकारों में तुशार जोगा, श्रुति खंडेलवाल, रीना सैनी, सुबोध गुप्ता, अंजुम सिंह, अशोक सुकुमार, शीतल जतानी, अतुल दोहिया, राजीव सेठी आदि चित्रकला की इस विधा में कार्यरत हैं एवं अन्तर्राष्ट्रीय पटल पर निरन्तर अपनी पहचान बनाने में अग्रसर हैं।[4]

सामाजिक आवश्यकता के संदर्भ में यदि कहें तो आज के युग में कलाकार बनने के लिए धन की अहम भूमिका है। कला-शिक्षा महंगी होती जा रही है। चित्रकला, मूर्तिकला, छापाकला, संगीत, नाट्य कला, स्थापत्य कला सभी की शिक्षा के लिए बहुत अधिक धन एवं साधनों की आवश्यकता होती है। कला महाविद्यालयों व कला संस्थानों में कला की शिक्षा-पद्धति परम्परागत रूप से चली आ रही है किन्तु स्नातकोत्तर महाविद्यालयों में सीमित पाठ्यक्रम, सीमित समय, सीमित साधन के कारण कला शिक्षक एक सीमित दायरे में ही रह जाता है। कला शिक्षा के निरन्तर विकास व कला शिक्षा-शिक्षण संस्थाओं में एकरूपता लाने के लिए विश्वविद्यालय अनुदान आयोग ने अच्छी पहल की, लेकिन शिक्षण संस्थान इस ओर उदासीन हैं। यदि कला शिक्षा में एकरूपता आती है तो गुणात्मकता के साथ-साथ शोधार्थियों, शिक्षकों व समाज में कला रसिकों को कला विकास क्रम का अधिकृत परिचय प्राप्त होगा।

आधुनिकता के इस दौर में चाहे वह परम्परावादी कला हो या कला की कोई अन्य विधा लेकिन जो विचार, जो भाव, जो अभिव्यक्ति एक कलाकार गुरु-शिष्य परम्परानुसार सृजित करता है वह मशीनीकरण से नहीं हो सकता परंतु फिर भी प्रज्ञ समाज का कला शिक्षक आज के इस डिजिटल परिवर्तन को अपनी कला के साथ समायोजित कर नये आयाम स्थापित कर रहा है।

कलाकार शिक्षक अपने शिष्यों का भविष्य उन्नत बनाकर जो प्रसन्नता अनुभव करता है प्रज्ञ समाज में यही उसका सर्वश्रेष्ठ पुरस्कार होता है।

संदर्भ सूची

1. डॉ. राम विरंजन, 'आधुनिक कला एवं प्रयोगधर्मिता', कलादीर्घा, अप्रैल 2003, अंक 3 नं. 6, पृ. 31।
2. डॉ. राम विरंजन, वही पृ. 32।
3. डॉ. बदर जहान, 'कम्यूनिकेशन थ्रू इनस्टॉलेशन एंड पब्लिक आर्ट', कलादीर्घा, अप्रैल 2006, अंक 6, नं. 12, पृ. 87-88।
4. वही।
5. गिर्राज किशोर, कला समीक्षा,
6. यूनिवर्सिटी न्यूज।

होमियोपैथी कुछ तथ्य

एम.एस. सिरोही

प्रस्तुत आलेख में होमियोपैथी से सम्बन्धित कुछ तथ्यों को स्पष्ट करने का प्रयास किया गया है। होमियोपैथी के सिद्धान्त, औषधि का स्वरूप और उसके प्रयोग से सम्बन्धित प्रचलित भ्रांतियों को स्पष्ट करने का यत्न किया गया है। इस चिकित्सा पद्धति से सम्बन्धित कई प्रश्न जिनके बारे में या तो लोग अनभिज्ञ हैं या गलत जानते हैं–उनके बारे में स्पष्टीकरण देने का प्रयास किया गया है।

ज्ञानी समाज के शिक्षक के लिए अपने विद्यार्थियों के स्वास्थ्य का ध्यान रखना अपरिहार्य है। एलोपैथी को यद्यपि व्यापक मान्यता प्राप्त है किन्तु अनेक दुष्परिणाम (side effects) भी उससे उपजते हैं। भारतीय ज्ञानवान समाज के शिक्षक के लिए परम्परागत व अन्य चिकित्सा पद्धतियों की समझ अनिवार्य सी जान पड़ती है क्योंकि शिक्षक के मूल्य उसके छात्रगण व उनके माध्यम से व्यापक समाज को प्रभावित करते हैं। जीवन शैली से संबद्ध अनेक व्याधियों से ग्रस्त आज के विश्व में इसी संदर्भ में मैं होम्योपैथी के विषय में कुछ मूल जानकारियां प्रदान करने का प्रयास कर रहा हूं।

होमियोपैथी शब्द ग्रीक भाषा के दो शब्दों से बना है, जिसका अर्थ है सदृश्य द्वारा सदृश्य रोग का चिकित्सा विधान। चिकित्सा का यह विधान, चिकित्सा के मूलभूत सिद्धान्त पर आधारित है जो प्रायोगिक तथ्यों द्वारा सिद्ध हुआ तथ्य है।

होमियोपैथी क्या है? इस प्रश्न का उत्तर सारांश में इस अभिव्यक्ति द्वारा दिया जा सकता है। 'सिमिलिया सिमिलीबस क्यूरेन्टर' अर्थात् सदृश्य द्वारा सदृश्य की चिकित्सा विधान। सदृश्य रोग का सदृश्य गुण वाले औषधि द्रव्य से उपचार किया जा सकता है। जैसे–'आर्सेनिक' यदि किसी व्यक्ति को पर्याप्त मात्रा में सेवन कराया जाए तो वह कुछ लक्षण पैदा करेगा जैसे–वमन, विरोचन तथा उदरशूल आदि। इस द्रव्य (आर्सेनिक) को उस रोगी के उपचार में प्रयुक्त किया जा सकता है जो लक्षण आर्सेनिक द्वारा स्वस्थ व्यक्ति में पैदा हुए थे। उदाहरणार्थ 'फूड

पॉइजनिंग' से पीड़ित व्यक्ति का उपचार आर्सेनिक द्वारा किया जा सकता है। यह सर्वविदित है कि एक्स-रेज और रेडियम कैंसर पैदा करते हैं, परन्तु फिर भी ये कैंसर के इलाज में न्यूनाधिक सफलता के साथ प्रयुक्त किए ही जाते हैं। यह लक्षणों की सादृश्यता ही होमियोपैथी का आधार है, न कि औषधि की न्यूनतम मात्रा, जैसा कि जनसमुदाय में आमतौर से प्रख्यात है। यह सही है कि होमियोपैथिक डॉक्टर बहुधा उत्यणु (इनफिनिटीसीमल) या अत्यन्त सूक्ष्म मात्रा में औषधि उपयोग में लाता है, क्योंकि अत्यणुयिक मात्रा अधिक प्रभावशाली ढंग से कार्य करती है, परन्तु औषधि की स्थूल मात्रा भी होमियोपैथिक सिद्धान्तानुसार प्रयुक्त की जा सकती है।

होमियोपैथिक डॉक्टर द्वारा प्रयुक्त औषधि की सूक्ष्म मात्रा स्थूल औषधि द्रव्य का तनूकरण (डाइल्यूशन) मात्र नहीं होता अपितु यह पोटेन्सी कहलाती है जिसमें एक शक्ति विद्यमान रहती है। यह है एक अदृश्य अन्तर्निहित रोग निवारण शक्ति, जो प्राकृत भौतिक द्रव्य में नहीं होती वरन् प्रसुप्त (डॉर्मेन्ट) अवस्था में विद्यमान रहती है। उदाहरण के लिए यदि किसी व्यक्ति को एक मात्रा पारे की सेवन कराई जाए तो वह उदर और महास्रोत से होकर अधोमार्ग से प्रभावहीन ही निष्कासित हो जाएगी। परन्तु यदि पारे को चाक मिट्टी के साथ खूब रगड़कर धूसरवर्ण महीन चूर्ण के रूप में सेवन किया जाए तो वह विरेचन कार्य सम्पन्न करेगी। औषधि द्रव्य को रगड़ने से, हिलाने से उसका शक्तिकरण और गुण रूपान्तरण होता है।

होमियोपैथिक डॉक्टर द्वारा औषधि को अत्यन्त सूक्ष्म मात्रा में प्रयुक्त करना औषधि विज्ञान की दूसरी विचारधारा (एलोपैथी) से एक बड़ा प्रभेद प्रस्तुत करता है। एलोपैथिक डॉक्टर मरीज को सहनशक्ति के अनुसार बड़ी-से-बड़ी मात्रा देने की चेष्टा करता है। इससे स्पष्ट रूप में रोगी का अहित होता है इसके विपरीत होमियोपैथिक डॉक्टर अति सूक्ष्म मात्रा प्रयोग में लाता हे जो साइड इफेक्ट के रूप में हानिकारक नहीं होती। वास्तव में यह मात्रा इतनी न्यून होती है कि साधारण तरीके से विश्लेषण द्वारा इसमें औषधि नहीं खोजी जा सकती। वास्तव में इसमें पोटेन्सी या मूल औषधि का निर्गम (एमॅनेशन) मात्र रह जाता है। होमियोपैथी का यह अमूर्तरूपी सिद्धान्त ही आज के भौतिकवादी जगत में जनसाधारण द्वारा इसे सर्वत्र अपनाए जाने में एक बड़ी बाधा है।

होमियोपैथिक डॉक्टर रोग विशेष के लिए औषधि का चयन कैसे करता है? वह यह कभी नहीं भूलता कि बीमारी अमूर्त रूप में विद्यमान नहीं होती। व्यक्ति विशेष बीमार होते हैं। समष्टि रूप में बीमार व्यक्ति उसके जहन में होता है। वह जानता है कि सम्पूर्ण व्यक्ति उसके विभिन्न अंगों के योग से अधिक होता है। वास्तव में यह कहा जा सकता है कि भौतिक, नाशवान शरीर एक साधन मात्र है

जिसके माध्यम से व्यक्ति का अविनाशी व्यक्तित्व, एक अदृश्य योजना के अनुसार, स्वयं को व्यक्त करने में सफल होता है और अन्य व्यक्तियों और पर्यावरण के साथ अपना सम्बन्ध स्थापित करता है।

एलोपैथिक अभिवृत्ति के परिणामस्वरूप होमियोपैथिक डॉक्टर अपने मरीज का एलोपैथिक डॉक्टर के समान भौतिक निदान तो करता है, परन्तु वह जानता है कि किसी बीमारी का उपचार करने के लिए यह पर्याप्त नहीं है। इसलिए वह यह जानने का प्रयास करता है कि उसके सम्मुख किस तरह का व्यक्ति उपस्थित है। क्या वह गर्म मौसम में अच्छा अनुभव करता है या ठंडे मौसम में? क्या उसे मेघ गर्जना से डर लगता है? क्या वह एकान्त प्रिय है या संगी-साथियों के साथ रहना पसन्द करता है? बीमारी की हालत में क्या वह घर के सभी व्यक्तियों को अपनी सेवा में लगाए रखता है या उसे अकेला छोड़ देने के लिए दूसरों को झिड़क देता है? ऐसे प्रश्नों के प्रति मरीज की प्रतिक्रिया ही किसी रोग विशेष के लिए औषिधि चयन में सहायक होती है। यदि ये प्रतिक्रियाएं बीमारी के कारण परिवर्तित हो जाएं तो किसी औषधि विशेष के विशिष्ट लक्षण बन जाती हैं। ऐसा इसलिए है कि जब शोधकर्त्ता कोई औषधि स्वस्थ व्यक्ति को सेवन कराता है तो शोधकर्त्ता उन परिवर्तनों को नोट कर लेता है जो औषधि के कारण घटित होते हैं। ऐसे परिवर्तन व्यक्ति के भौतिक शरीर-स्तर पर ही प्रकट नहीं होते अपितु मानसिक, संवेदनात्मक और वातावरण के स्तर पर भी घटित होते हैं। चिर रोगों (क्रॉनिक) के उपचार में ऐसे परिवर्तित लक्षणों का विशेष महत्त्व है।

ज्वर जैसे नूतन (एक्यूट) रोगों के उपचार में भी एक होमियोपैथिक डॉक्टर रोग का निदान सामान्य डॉक्टर की अपेक्षा अलग ढंग से करता है। आधुनिक सोच के अनुसार रोग का कारण सूक्ष्म जीवाणु (माइक्रॉब) होता है। इसलिए सामान्य डॉक्टर इन जीवाणुओं पर काबू पाने के लिए सल्फोनामाइड अथवा एन्टीबायोटिक का मरीज को सेवन कराता है। इनके उपयोग में दूसरी सोच यह भी है कि रोगी का इन औषधियों के सेवन काल में प्रतिरोधतन्त्र सबल हो जाएगा जो अन्ततः रोगाणुओं पर काबू पा लेगा और उन्हें नष्ट करने में सफल हो जाएगा। परन्तु वास्तव में इस उपचार के परिणामस्वरूप रोगी को न केवल मूल रोग से अपितु औषधियों के साइड इफेक्ट से भी निरोग होना पड़ता है। होमियोपैथिक डॉक्टर रोग निदानोपरान्त किसी बीमारी का इलाज उस बीमारी के नाम से नहीं करता। औषधि चयन के लिए वह रोगी के सभी लक्षण नोट करता है। जैसे-बुखार किस त्वरा या गति से आया, ज्वर के दौरान प्यास थोड़ी लगती है या अधिक, बेचैनी होती है या रोगी निढाल पड़ा रहता है। इन प्रश्नों के उत्तरों को संयुक्त रूप से देखने पर वह ऐसी औषधि का

चयन करता है जिसमें परीक्षण द्वारा शोधकर्त्ता ने इसी प्रकार के लक्षण नोट किए थे। अति न्यून मात्रा के कारण होमियोपैथिक औषधि का कोई बुरा प्रभाव या साइड इफेक्ट नहीं होता।

होमियोपैथिक डॉक्टर नैदानिक नाम से व्याधियों का उपचार नहीं करता। क्योंकि व्यक्तिगत भिन्नताओं के कारण सभी व्यक्तियों की किसी एक बीमारी के प्रति समान प्रतिक्रिया नहीं हो सकती, वह एक-दूसरे से भिन्न होती है। इसलिए वह किसी रोगी के लिए उसके लक्षणों के आधार पर ऐसी औषधि की तलाश करता है जिसने परीक्षणों के समय इस रोगी जैसे लक्षण स्वस्थ व्यक्ति में पैदा किये थे।

चिर रोगों (क्रानिक) के उपचार में आजकल डॉक्टरों की कोशिश लक्षणों को दबा देने या आवर्तित (मास्क) कर देने की होती है। उदाहरण के तौर पर गठिया रोग में 'कॉरटीजोन' का प्रयोग रोगनिवारक न होकर अस्थायी रूप से केवल दर्द निवारक ही होता है और साइड इफेक्ट के रूप में अन्य कई व्याधियां पैदा कर देता है। औषधि द्वारा इस प्रकार पैदा हुई बीमारी को 'आइट्रोजेनिक' बीमारी कहा जाता है। आधुनिक चिकित्सा पद्धति रोगों को दबा देने का काम करती है, रोग निवारण का नहीं करती। परन्तु उपर्युक्त कथन के आधार पर यह निष्कर्ष नहीं निकाल लेना चाहिए कि प्रतिजीवाणु औषधि वर्ग (सल्फोनामाइड और एन्टीबायोटिक) का कोई महत्त्व नहीं है। यदि डॉक्टर अन्य कुछ बेहतर करने में असमर्थ है तो इनका बहुत बड़ा महत्त्व है। होमियोपैथिक डॉक्टर इन औषधियों का उपयोग ऐसे रोगों में करता है जिनमें शीघ्र ही जीवन नष्ट होने का जोखिम होता है। चुनी हुई होमियोपैथिक औषधि के साथ-साथ इन एलोपैथिक औषधियों का इस्तेमाल किया जा सकता है।

सामान्यतया जन समुदाय में एक भ्रामक मान्यता व्यापक रूप से विद्यमान है कि होमियोपैथ शल्य चिकित्सा में विश्वास नहीं करता। विश्वास मात्र पर सत्य की सत्ता को स्वीकार कर लेना अज्ञानता का द्योतक है। यह विश्वास का विषय नहीं है अपितु अर्जित ज्ञान और अनुभव का विषय है। निःसंदेह होमियोपैथिक उपचार अधिकांश अवसरों पर सफल हो सकता है, परन्तु कुछ अवसरों पर शल्यकर्म ही उचित ठहराया जा सकता है। ऐसे रोगों में शल्यचिकित्सा से पूर्व और उपरान्त होमियोपैथिक उपचार उपयोगी सिद्ध होता है।

क्या होमियोपैथिक चिकित्सा-पद्धति नया खोजने के फैशन या चाहत से उपजा आधुनिक विचार मात्र है? ऐसा सोचना पूर्णतया असत्य है। यह सिद्धान्त प्रथमतः ग्रीस के महान चिकित्सक और विचारक हिप्पोक्रेट्स ने, जिनका काल ईसा से 460 वर्ष पूर्व का बताया जाता है, प्रतिपादित किया था। परन्तु सेमुअल हनीमेन, जिनका काल 1755-1843 ईसवी है, से पहले इस सिद्धान्त को व्यवहार में नहीं लाया जा

सका। हनीमेन एक प्रतिष्ठित ख्याति प्राप्त डॉक्टर थे, एक उच्च कोटि के रसायनशास्त्री और भाषाविद थे। उन्होंने इस सिद्धान्त को अथक परीक्षणों के आधार पर विकसित तथा स्थापित किया। उनके जीवन काल में ही विश्वव्यापी स्तर पर उनके अनुयायी बन गए थे। अब से लगभग 150 वर्ष पूर्व वे जर्मनी में तथा जीवन के अन्तिम दस वर्षों तक फ्रांस में होमियोपैथिक प्रेक्टिस में व्यस्त रहे। उन्हीं के समय में होमियोपैथिक चिकित्सा अनेक देशों में प्रचलित हो चुकी थी। एलोपैथिक चिकित्सा समुदाय के अनेकों डॉक्टर होमियोपैथी के अनुयायी बन गये थे। भारत में अपेक्षाकृत व्यापक स्तर पर इसे स्वीकार किया गया। इसका कारण शायद भारतीय दर्शनशास्त्र तथा होमियोपैथिक दर्शनशास्त्र की सभ्यता को ठहराया जा सकता है। हनीमेन ने लम्बा जीवन पाया था। उन्होंने दो जुलाई सन् 1843 को प्रात: 5 बजे अन्तिम सांस ली। उनको एक अत्यन्त गरीब व्यक्ति की तरह दफन कर दिया गया। उनकी मृत्यु के पचपन वर्ष बाद पेरिस के अधिकारी वर्ग ने उनको पुनर्दफन करने का फैसला किया और उनके अवशेष को निकालकर पुन: पेरेलाशे के कब्रिस्तान में ससम्मान दफन कर दिया गया। इस अवसर पर फ्रांस, जर्मनी, स्पेन, बेल्जियम, इंग्लैण्ड, इटली, रूस और अमेरिका के प्रतिनिधियों ने भाग लिया।

लेखक परिचय

1. डॉ. अभिषेक अवतंस, व्याख्याता अनुसंधान एवं भाषा विकास विभाग, केन्द्रीय हिन्दी संस्थान, आगरा–05
2. (श्रीमती) अमिता निगम, प्रवाचक, मनोविज्ञान विभाग, बैकुण्ठी देवी कन्या महाविद्यालय, आगरा–01
3. श्री अरविन्द कुमार, शोध छात्र, शिक्षा संकाय, एम.जे.पी. रूहेलखण्ड विश्वविद्यालय, बरेली।
4. डॉ. (श्रीमती) आशा शाह, प्रवाचक, संस्कृत विभाग, बैकुण्ठी देवी कन्या महाविद्यालय, आगरा–01
5. प्रो. जे.सी. सिन्हा, निवर्तमान डीन तथा अध्यक्ष, शिक्षा संकाय, दयालबाग विश्वविद्यलय, आगरा, कार्यरत प्राचार्य, बी.एड. संकाय, एकेडमी ऑफ मैनेजमेंट एक्सीलेंस, असोपा रोड, आगरा।
6. डॉ. दीप्ति गुप्ता, प्रवक्ता, शिक्षा विभाग, बैकुण्ठी देवी कन्या महविद्यालय, आगरा–01
7. डॉ. (श्रीमती) नीलम भटनागर, प्रवाचक एवं अध्यक्षा. हिन्दी विभाग, बैकुण्ठी देवी कन्या महाविद्यालय, आगरा–01
8. डॉ. प्रमोद कुमार दुबे, प्रवक्ता, राष्ट्रीय शैक्षिक अनुसंधान एवं प्रशिक्षण परिषद्, नई दिल्ली–16
9. सुश्री प्रियंका वर्मा, प्रवक्ता, बी.एड. विभाग, पुष्प इंस्टीट्यूट ऑफ सांइसेज एण्ड हायर स्टडीज, पीलीभीत।
10. डॉ. (श्रीमती) बिन्दु अवस्थी, वरिष्ठ प्रवक्ता, चित्रकला विभाग, बैकुण्ठी देवी कन्या महाविद्यालय, आगरा–01
11. डॉ. (श्रीमती) बीना कुमारी गुप्ता, प्रवाचक एवं अध्यक्षा, संस्कृत विभाग, बैकुण्ठी देवी कन्या महाविद्यालय, आगरा–01

12. श्री राकेश कुमार शर्मा, प्रवक्ता, बी.एड. विभाग, पुष्प इंस्टीट्यूट ऑफ साइंसेज एण्ड डायर स्टडीज, पीलीभीत।
13. प्रो. राजेन्द्र पाल सिंह, निवर्तमान डीन एवं अध्यक्ष, एरिक, राष्ट्रीय अनुसंधान एवं प्रशिक्षण परिषद्, नई दिल्ली–16
14. डॉ. (श्रीमती) रुचि सिन्हा, प्रवक्ता शिक्षा विभाग, आर.बी.पी.जी. कॉलिज, आगरा।
15. डॉ. रेखा कक्कड़, प्रवाचक एवं अध्यक्षा, चित्रकला विभाग, बैकुण्ठी देवी कन्या महाविद्यालय, आगरा–01
16. डॉ. एम.एस. सिरोही, निवर्तमान प्रवाचक, राष्ट्रीय शैक्षिक अनुसंधान एवं प्रशिक्षण परिषद्, नई दिल्ली–16
17. डॉ. लता चन्दोला, प्रवाचक, शिक्षा विभाग, बैकुण्ठी देवी कन्या महाविद्यालय, आगरा–01
18. सुश्री विभा लक्ष्मी, शोधार्थी, शिक्षा संकाय, दयालबाग विश्वविद्यालय, आगरा।
19. सुश्री शालिनी दीक्षित, शोधार्थी, शिक्षा संकाय, दयालबाग विश्वविद्यालय, आगरा।
20. डॉ. (श्रीमती) शिव कुमारी अग्रवाल, प्रवाचक, शिक्षा विभाग, बैकुण्ठी देवी कन्या महाविद्यालय, आगरा–01
21. प्रो. शंभुनाथ, निदेशक, केन्द्रीय हिन्दी संस्थान, आगरा–05
22. डॉ. स्मितल अरुण शेल्के, प्राचार्या, राजाश्री शिवराय प्रतिष्ठान मुक्ताई सुतार अध्यापक विद्यालय, कोठरूड, पुणे–411038
23. डॉ. (श्रीमती) सुनीता चौहान, प्रवक्ता शिक्षा विभाग, बैकुण्ठी देवी कन्या महाविद्यालय, आगरा–01।
24. डॉ. (श्रीमती) सुशीला सिंह, प्रवाचक, शिक्षा विभाग, बैकुण्ठी देवी कन्या महाविद्यालय, आगरा–01।
25. श्री हरीश कुमार गंगवार, प्रवक्ता, शिक्षा विभाग, श्रीराम इन्स्टीट्यूट ऑफ मैनेजमैंट टेक्नोलॉजी, काशीपुर, उत्तराखंड।